쉽게 읽는 좌우 뜻풀이

周易解(全)

뜻풀이:海山 李 龍 林

도서출판 고륜 出輪

본서의 특징 –

주역을 손에 들고 공부하는 이, 簡易하게 할 수 있도록 매 쪽 마다 괘순에 따른 번호와 좌측에 경전 원문과 정음을 달았고, 우측에 축자역로 접근하여 뜻을 풀었다. 용이하게 좌우를 살피며 해독하고 이해하는데 도움이 되도록 안내 한 것이다. 그래서 책명을 '쉽게 읽는 좌우 뜻풀이 周易解(全)'라 하였다.

본서 경전 원문은 『周易』四册 (庚辰新刊 內閣藏板. 學民文化社, 1990)과 眞山『周易講座』(眞山 文明洙 著. 眞山學會, 乙亥年)을 주본으로 삼았다. 경전 원문에서 【傳】과【本義】에 衍文으로 밝힌 구는 학습에 도움 되도록 감히 수정 호환하였고, 그 근거는 하단에 '△'표로 바르게 밝혀 놓았다.

〈보기〉

○ **後得하야**
　후득

　○ 뒤에 얻어서

主利而有常하며
주 리 이 유 상

　이를 주장하여 떳떳함이 있으며

△ '主而有常'을 ☞ '主(利)而有常'으로 기록 함
　(學民文化社. 『周易』附諺解 元, 412쪽 本義참조)

2. 重地坤	2. 중지곤

正音과 현토, 뜻풀이는 眞山『周易講座』(眞山學會, 乙亥年), 『周易傳義大全譯解』(金碩鎭 譯解. 大有學堂, 1996), 『周易印解』(德山 金秀吉 · 乾元 尹相喆 共譯, 1977)의 3권의 도서를 참조하면서 축자 직역에 가깝게 뜻풀이를 하되, 의미전달에 부족하다고 하는 부분은 (…)으로 풀었다.

〈보기〉

○ 初九는
　초 구

壯于趾니 征하면 凶이 有孚ㅣ리라
장우지　　정　　흉　　유부

○ 초구는

발꿈치에 장함이니 가면 흉함이
믿음이 있으리라.(틀림없으리라)

---

34. 雷天大壯

34. 뢰천대장

○ 初九는
　초 구

閑有家ㅣ면 悔ㅣ 亡하리라
한유가　　　회　 망

○ 초구는

집에 있으며 (家道를) 익히면 후회가
없어지리라.

---

37. 風火家人

37. 풍화가인

卦辭, 彖傳, 大象傳에는 '●'표시하였고, 乾文言, 坤文言, 爻辭(小象傳), 繫辭上·
繫辭下·說卦·序卦·雜卦傳 各 文章段落 始作部分에 '○'로 표시하여 주역을 공부
하는 이가 편리하도록 편집하였다. 그간 주역 공부하면서 필요했던 부분을 애써
채운다고는 했으나 펼쳐보니 미숙한 점이 많다. 후에 점차 채워가겠다. 본서와 인연
된 모든 이, 주역공부에 悅樂하고 日就月將을 빈다.

壬寅年 乾月

小學堂에서　海山 李龍林

1. [周易] 上經

2. [周易] 下經

3. 繫辭傳外

3－1. [繫辭] 上傳   ## 3－2. [繫辭] 下傳

3. 繫辭傳外

3−3. 說卦傳 3−4. 序卦傳 3−5. 雜卦傳

1
[周易] 上經

1-1 ――――――――――

● 乾은
　건

元코 亨코 利코 貞하니라
원　형　이　정

――――――――――――

● 건은

원하고 형하고 이하고 정하니라.

1-2 ――――――――――

○ 初九는
　초 구

潛龍이니 勿用이니라
잠 룡　　　물 용

――――――――――――

○ 초구는

잠룡이니 쓰지 말지니라.

1-3 ――――――――――

○ 九二는
　구 이

見龍在田이니
현 룡 재 전

利見大人이니라
이 견 대 인

――――――――――――

○ 구이는

나타난 용이 밭에 있으니

대인을 봄이 이로우니라.

1-4 ――――――――――

○ 九三은
　구 삼

君子ㅣ
군 자

終日乾乾하야
종 일 건 건

夕惕若하면
석 척 약

厲하나 无咎ㅣ리라
어　　　무 구

――――――――――――

○ 구삼은

군자가

종일토록 굳세고 굳세게 하야

저녁에 두려워 할 것 같으면

위태하나 허물이 없으리라.

○ 九四는
   구 이

○ 구사는

或躍在淵하면 无咎ㅣ리라
혹 약 재 연　　　무 구

혹 뛰어서 연못에 있으면 허물이 없으리라.

○ 九五는
   구 오

○ 구오는

飛龍在天이니
비 룡 재 천

나는 용이 하늘에 있으니

利見大人이니라
이 견 대 인

대인을 봄이 이로우니라.

○ 上九는
   상 구

○ 상구는

亢龍이니 有悔리라
항 룡　　　유 회

(지나치게) 높은 용이니 후회가 있으리라.

○ 用九는
   용 구

○ 용구는

見羣龍호대
견 군 룡

뭇 용을 보되

无首하면 吉하리라
무 수　　　길

머리함이 없으면 길하리라.

● 彖曰
   단 왈

● 단에 가로되

大哉라 乾元이여
대 재　　건 원

크도다! 건의 원이여

萬物이 資始하나니
만 물　　자 시

만물이 바탕으로 비롯하나니

乃統天이로다
내 통 천

이에 하늘을 거느리도다.

○ 雲行雨施하야
   운 행 우 시

○ 구름이 운행하고 비가 베풀어

品物이 流形하나니라
품물　유형

품물이 형체로 흐르나니라.

1 – 11 ――――――――　――――――――

○ 大明終始하면
대명 종 시

○ 크게 종과 시를 밝히면

六位時成하나니
육 위 시 성

여섯 자리가 때로 이루나니

時乘六龍하야
시 승 육 용

때로 여섯용을 타서

以御天하나니라
이 어 천

하늘을 어거하느니라.

1 – 12 ――――――――　――――――――

○ 乾道ㅣ 變化에
건 도　변 화

○ 건의 도가 변화함에

各正性命하나니
각 정 성 명

각각 성명을 바르게 하나니

保合大和하야
보 합 대 화

크게 화함을 보호하고 합하야

乃利貞하나니라
내 이 정

이에 이하고 정하니라.

1 – 13 ――――――――　――――――――

○ 首出庶物에
수 출 서 물

서물에 으뜸으로 나옴에

萬國이 咸寧하나니라
만 국　함 녕

만국이 다 편안하나니라.

1 – 14 ――――――――　――――――――

● 象曰
상 왈

● 상에 가로되

天行이 健하니
천 행　건

하늘의 운행함이 굳세니

君子ㅣ 以하야
군 자　이

군자가 본 받아서

自彊不息하나니라
자 강 불 식

스스로 굳세어 쉬지 아니 하나니라.

1 – 15 ――――――――　――――――――

○ 潛龍勿用은
잠 룡 물 용

○ '잠긴 용이니 쓰지 말라' 함은

13

陽在下也ㅣ오
양 재 하 야

양이 아래에 있음이요

1 - 16 —————————

—————————

○ 見龍在田은
현 룡 재 전

○ '나타난 용이 밭에 있다' 함은

德施普也ㅣ오
덕 시 보 야

덕 베풂이 넓음이고

1 - 17 —————————

—————————

○ 終日乾乾은
종 일 건 건

○ '종일토록 굳세고 굳셈은'

反復道也ㅣ오
반 복 도 야

반복함을 도로 함이고

1 - 18 —————————

—————————

○ 或躍在淵은
혹 약 재 연

○ '혹 뛰어서 연못에 있다' 함은

進이 无咎也ㅣ오
진   무 구 야

나아감이 허물이 없음이고

1 - 19 —————————

—————————

○ 飛龍在天은
비 룡 재 천

○ '나는 용이 하늘에 있다' 함은

大人造也ㅣ오
대 인 조 야

대인의 지음이고

1 - 20 —————————

—————————

○ 亢龍有悔는
항 룡 유 회

○ '높은 용이니 후회가 있다' 함은

盈不可久也ㅣ오
영 불 가 구 야

차서 가히 오래하지 못함이고

1 - 21 —————————

—————————

○ 用九는 天德은
용 구   천 덕

○ '구를 쓴다' 함은 하늘의 덕은

不可爲首也ㅣ라
불 가 위 수 야

가히 머리하지 못함이라.

건괘 문언전 제1절

○ **文言曰**
문 언 왈

　　○ 문언전에 가로되

元者는
원 자

　　　원은

善之長也ㅣ오
선 지 장 야

　　　선의 어른이고

亨者는
형 자

　　　형은

嘉之會也ㅣ오
가 지 회 야

　　　아름다움의 모임이고

利者는
이 자

　　　이는

義之和也ㅣ오
의 지 화 야

　　　의로움의 화함이고

貞者는
정 자

　　　정은

事之幹也ㅣ니
사 지 간 야

　　　일을 주장함이니

○ **君子ㅣ 體仁이**
　군 자　　체 인

　　○ 군자가 인을 체득함이

足以長人이며
족 이 장 인

　　　족히 써 사람에 어른이며

○ **嘉會ㅣ**
　가 회

　　○ 모임을 아름답게 함이

足以合禮며
족 이 합 례

　　　족히 써 예에 합함이며

○ **利物이**
　이 물

　　○ 물건을 이롭게 함이

足以和義ㅣ며
족 이 화 의

　　　족히 써 의리에 화함이며

○ 貞固ㅣ
정 고

足以幹事ㅣ니
족 이 간 사

○ 바르고 굳음이

족히 써 일을 주장함이니

○君子ㅣ
군 자

行此四德者ㅣ라
행 차 사 덕 자

故로
고

曰乾元亨利貞이라
왈 건 원 형 이 정

○ 군자가

이 네 가지 덕을 행하는 자라.

고로

가로되 '건원형이정'이라.

건괘 문언전 제2절

○ 初九曰
초 구 왈

潛龍勿用은
잠 룡 물 용

何謂也ㅣ오
하 위 야

子ㅣ曰
자 왈

龍德而隱者也ㅣ니
용 덕 이 은 자 야

不易乎世하며
불 역 호 세

不成乎名하야
불 성 호 명

遯世无悶하며
돈 세 무 민

○ 초구에 가로되

'잠룡물용'은

무엇을 말함인고

공자 가라사대

용의 덕이요 숨은 자이니

세상을 바꾸지 아니하며

이름을 이루지 아니하야

세상을 도망해도 민망하지 아니하며

不見是而无悶하야
불 견 시 이 무 민

옳다고 알아주지 않아도 민망함이 없어

樂則行之하고
락 즉 행 지

즐거우면 행하고

憂則違之하야
우 즉 위 지

근심하면 어겨

確乎其不可拔이
확 호 기 불 가 발

확고하여 그 가히 뺄 수 없음이

潛龍也ㅣ라
잠 룡 야

'잠룡'이니라.

1 - 29 ────────── ──────────────────────

○ 九二曰
구 이 왈

○ 구이에 가로되

見龍在田利見大人은
현 룡 재 전 이 견 대 인

'현룡재전이견대인'은

何謂也ㅣ오
하 위 야

무엇을 말함인고

子ㅣ曰
자   왈

공자가라사대

龍德而正中者也ㅣ니
용 덕 이 정 중 자 야

용의 덕이오 정중한 자이니

庸言之信하며
용 언 지 신

평상시에 말이 미덥게하며

庸行之謹하야
용 행 지 근

평상시에 행동이 삼가하야

閑邪存其誠하며
한 사 존 기 성

간사함을 막고 그 정성을 보존하며

善世而不伐하며
선 세 이 불 벌

세상을 선하게 해도 자랑하지 아니하며

德博而化ㅣ니
덕 박 이 화

덕이 넓어서 감화하니

易曰
역 왈

역에 가로되

見龍在田利見大人이라하니
현 룡 재 전 이 견 대 인

'현룡재전이견대인'이라하니

君德也ㅣ라
군 덕 야

군자의 덕이니라.

○ 九三曰
　구삼왈

　　　　　　　　　　　　○ 구삼에 가로되

君子終日乾乾夕惕若厲无咎는
군 자 종 일 건 건 석 척 약 여 무 구

　　　　　　　　　　　　'군자종일건건석척약여무구'는

何謂也ㅣ오
하 위 야

　　　　　　　　　　　　무엇을 말함인고

子ㅣ曰
자　　왈

　　　　　　　　　　　　공자 가라사대

君子ㅣ
군 자

　　　　　　　　　　　　군자가

進德脩業하나니
진 덕 수 업

　　　　　　　　　　　　덕에 나아가 업을 닦나니

忠信이
충 신

　　　　　　　　　　　　충성하고 신의가

所以進德也ㅣ오
소 이 진 덕 야

　　　　　　　　　　　　써 덕에 나가는 바요

修辭立其誠이
수 사 입 기 성

　　　　　　　　　　　　말을 닦고 그 정성을 세움이

所以居業也ㅣ라
소 이 거 업 야

　　　　　　　　　　　　써 업에 거하는 바이라

知至至之라
지 지 지 지

　　　　　　　　　　　　이를 때를 알아 이르는지라

可與幾也ㅣ며
가 여 기 야

　　　　　　　　　　　　가히 더불어 기미할 수 있으며

知終終之라
지 종 종 지

　　　　　　　　　　　　마칠 때를 알아 마치는 지라

可與存義也ㅣ니
가 여 존 의

　　　　　　　　　　　　가히 더불어 의를 보존함이니

是故로
시 고

　　　　　　　　　　　　이런 고로

居上位而不驕하며
거 상 위 이 불 교

　　　　　　　　　　　　윗 자리에 거해도 교만하지 아니하며

在下位而不憂하나니
재 하 위 이 불 우

　　　　　　　　　　　　아랫자리에 거해도 근심하지 아니하나니

故로 乾乾하야
고　　건 건

　　　　　　　　　　　　고로 굳세고 굳세게 하야

因其時而惕하면
인 기 시 이 척

그 때를 인해서 두려워하면

雖危나 无咎矣리라
수 위　　무 구 의

비록 위태하나 허물이 없으리라.

1 – 31 ─────────────

○ 九四日
구 사 왈

○ 구사에 가로되

或躍在淵无咎는 何謂也ㅣ오
혹 약 재 연 무 구　　하 위 야

'혹약재연무구'는 무엇을 말함인고

子ㅣ曰
자　왈

공자 가라사대

上下无常이
상 하 무 상

오르고 내림에 항상함이 없으니

非爲邪也ㅣ며
비 위 사 야

간사함이 아니며

進退无恒이
진 퇴 무 항

나아가고 물러섬에 항상함이 없음이

非離羣也ㅣ라
비 이 군 야

무리를 떠나려 함이 아니니라.

君子進德修業은
군 자 진 덕 수 업

'군자진덕수업'은

欲及時也ㅣ니
욕 급 시 야

때에 미치고자 함이니

故로 无咎ㅣ니라
고　　무 구

고로 허물이 없느니라.

1 – 32 ─────────────

○ 九五日
구 오 왈

○ 구오에 가로대

飛龍在天利見大人은
비 룡 재 천 이 견 대 인

'비룡재천이견대인'은

何謂也ㅣ오
하 위 야

무엇을 말함인고

子ㅣ曰
자　왈

공자 가라사대

同聲相應하며
동 성 상 응

같은 소리는 서로 응하며

同氣相求하야
동 기 상 구

같은 기운은 서로 구하야

水流濕하며
수 류 습

물은 젖은 데로 흐르며

火就燥하며
화 취 조

불은 마른 데로 나아가며

雲從龍하며
운 종 용

구름은 용을 따르며

風從虎ㅣ라
풍 종 호

바람은 범을 따르니라.

聖人이
성 인

성인이

作而萬物이 覩하나니
작 이 만 물　　도

일어남에 만물이 바라보나니

本乎天者는
본 호 천 자

하늘에 근본한 것은

親上하고
친 상

위를 친하고

本乎地者는
본 호 지 자

땅에 근본한 것은

親下하나니
친 하

아래를 친하나니

則各從其類也ㅣ니라
즉 각 종 기 류 야

곧 각각 그 유를 따르느니라.

1 - 33 ━━━━━━━━━━━　━━━━━━━━━━━━━━━━━━━

○ 上九曰
상 구 왈

○ 상구에 가로되

亢龍有悔는
항 룡 유 회

'항룡유회'는

何謂也ㅣ오
하 위 야

무엇을 말함인고.

子ㅣ曰
자　왈

공자 가라사대

貴而无位하며
귀 이 무 위

귀하여도 자리가 없으며

高而无民하며
고 이 무 민

높아도 백성이 없으며

20

賢人이
현인

在下位而无輔ㅣ라
재 하 위 이 무 보

是以動而有悔也ㅣ니라
시 이 동 이 유 회 야

현인이

아랫자리에 있어도 도와주는 이가 없는지라.

이렇기 때문에 후회가 있느니라

건괘 문언전 제3절

1 – 34 ——————————

○ **潛龍勿用은 下也ㅣ오**
　　잠 룡 물 용 　　하 야

○ '잠룡물용'은 아래함이고

1 – 35 ——————————

○ **見龍在田은 時舍也ㅣ오**
　　현 룡 재 전 　　시 사 야

○ '현룡재전'은 때로 그침이고

1 – 36 ——————————

○ **終日乾乾은 行事也ㅣ오**
　　종 일 건 건 　　행 사 야

○ '종일건건'은 일을 행함이고

1 – 37 ——————————

○ **或躍在淵은 自試也ㅣ오**
　　혹 약 재 연 　　자 시 야

○ '혹약재연'은 스스로 시험함이고

1 – 38 ——————————

○ **飛龍在天은 上治也ㅣ오**
　　비 룡 재 천 　　상 치 야

○ '비룡재천'은 위에서 다스림이고

1 – 39 ——————————

○ **亢龍有悔는 窮之災也ㅣ오**
　　항 룡 유 회 　　궁 지 재 야

○ '항룡유회'는 궁해서 재앙이 됨이고

1 – 40 ——————————

○ **乾元用九는 天下ㅣ 治也ㅣ라**
　　건 원 용 구 　　천 하 　　치 야

○ '건원용구'는 천하가 다스림이라.

건괘 문언전 제4절

건괘 문언전 제5절

能以美利로 利天下ㅣ라
능 이 미 리   이 천 하

능히 아름다운 이로써 천하를 이롭게 하니라.

不言所利하니 大矣哉라
불 언 소 리   대 의 재

이로운 바를 말하지 아니하니 크도다.

1 – 50 ————————————————

○ 大哉라 乾乎여
　 대 재 　건 호

————————————————

○ 크도다! 건이여!

剛健中正純粹ㅣ
강 건 중 정 순 수

강하고 굳세며 중하고 정하며 純全(순전)
하고 純粹(순수)함이

精也ㅣ오
정 야

정미롭고

1 – 51 ————————————————

○ 六爻發揮는
　 육 효 발 휘

————————————————

○ 여섯 효가 발휘하는 것은

旁通情也ㅣ오
방 통 정 야

두루두루 뜻을 통함이고

1 – 52 ————————————————

○ 時乘六龍하야
　 시 승 육 룡

————————————————

○ 때로 여섯용을 타서

以御天也ㅣ니
이 어 천 야

써 하늘을 어거하니

雲行雨施ㅣ라
운 행 우 시

구름이 행하고 비가 베푸는지라.

天下平也ㅣ라
천 하 평 야

천하가 평안하니라.

건괘 문언전 제6절

1 – 53 ————————————————

○ 君子ㅣ
　 군 자

————————————————

○ 군자가

以成德爲行하나니
이 성 덕 위 행

덕을 이룸으로써 행실을 삼나니

日可見之ㅣ 行也ㅣ라
일 가 견 지　　행 야

날마다 가히 볼수 있는 것이 행실이라.

潛之爲言也는
잠 지 위 언 야

잠겼다고 말하는 것은

隱而未見하며
은 이 미 현

숨어서 나타나지 않으며

行而未成이라.
행 이 미 성

행하여도 이루지 못하는지라.

是以君子ㅣ
시 이 군 자

이렇기 때문에 군자가

弗用也하나니라
불 용 야

쓰지 않느니라.

1 – 54 ──────────　──────────────────────

○ 君子ㅣ
　　군 자

○ 군자가

學以聚之하고
학 이 취 지

배워서 모으고

問以辨之하며
문 이 변 지

물어서 분별하며

寬以居之하고
관 이 거 지

너그러움으로써 거하고

仁以行之하나니
인 이 행 지

인으로써 행하나니

易曰
역 왈

역에 가로대

見龍在田利見大人이라하니
현 룡 재 전 이 견 대 인

'현룡재전이견대인'이라하니

君德也ㅣ라
군 덕 야

군자의 덕이니라.

1 – 55 ──────────　──────────────────────

○九三은
　구 삼

○ 구삼은

重剛而不中하야
중 강 이 부 중

거듭 강하고 부중하야

上不在天하며
상 부 재 천

위로는 하늘에 있지 않으며

下不在田이라 　　　　　　　　　 아래로는 밭에 있지 않음이라
하 부 재 전

故로 乾乾하야 　　　　　　　　　 고로 굳세고 굳세게하야
고 　　건 건

因其時而惕하면 　　　　　　　　 그 때를 따라서 두려워하면
인 기 시 이 척

雖危나 无咎矣리라 　　　　　　　 비록 위태하나 허물이 없으리라.
수 위 　　무 구 의

1－56 －－－－－－－－－－－－　　－－－－－－－－－－－－－－－－－

○ 九四는 　　　　　　　　　　　 ○ 구사는
　 구 사

重剛而不中하야 　　　　　　　　 거듭 강하고 부중하야
중 강 이 부 중

上不在天하며 　　　　　　　　　 위로는 하늘에 있지 아니하며
상 부 재 천

下不在田하며 　　　　　　　　　 아래로는 밭에 있지 않으며
하 부 재 전

中不在人이라 　　　　　　　　　 가운데로는 사람에 있지 않음이라
중 부 재 인

故로 或之하니 　　　　　　　　　 고로 혹이라 하니
고 　 혹 지

或之者는 　　　　　　　　　　　 혹이라는 것은
혹 지 자

疑之也ㅣ니 　　　　　　　　　　 의심함이니
의 지 야

故로 无咎ㅣ라 　　　　　　　　　 고로 허물이 없는 것이라.
고 　　무 구

1－57 －－－－－－－－－－－－　　－－－－－－－－－－－－－－－－－

○ 夫大人者는 　　　　　　　　　 ○ 무릇 대인이라는 것은
　 부 대 인 자

與天地合其德하며 　　　　　　　 천지와 더불어 그 덕을 합하며
여 천 지 합 기 덕

與日月合其明하며 　　　　　　　 해와 달과 더불어 그 밝음을 합하며
여 일 월 합 기 명

與四時合其序하며 　　　　　　　 사시와 더불어 그 차례를 합하며
여 사 시 합 기 서

與鬼神合其吉凶하야
여 귀 신 합 기 길 흉

귀신과 더불어 그 길흉을 합하야

先天而天弗違하며
선 천 이 천 불 위

하늘보다 먼저 하여도 하늘이 어기지 아니하며

後天而奉天時하나니
후 천 이 봉 천 시

하늘보다 뒤에 하여도 하늘 때를 받드나니

天且弗違온
천 차 불 위

하늘 또한 어기지 아니함이온

而況於人乎ㅣ며
이 황 어 인 호

하물며 사람에게 있어서이며

況於鬼神乎ㅣ여
황 어 귀 신 호

하물며 귀신에 있어서야!

1-58 ——————————   ——————————————————

○ 亢之爲言也는
항 지 위 언 야

○ '항'이라고 말함은

知進而不知退하며
지 진 이 부 지 퇴

나아갈줄만 알고 물러설 줄 모르며

知存而不知亡하며
지 존 이 부 지 망

보존할 줄만 알고 망함을 알지 못하며

知得而不知喪이니
지 득 이 부 지 상

얻을 줄만 알고 잃음을 알지 못하니

1-59 ——————————   ——————————————————

○ 其唯聖人乎아
기 유 성 인 호

○ 그 오직 성인이야

知進退存亡而不失其正者ㅣ
지 진 퇴 존 망 이 불 실 기 정 자

진퇴존망을 알아서 그 바름을 잃지 않는 자

其唯聖人乎ㄴ뎌
기 유 성 인 호

그야말로 오직 성인인져!

2. 重地坤　　　2. 중지곤

2 − 1 ――――――――――　　――――――――――――

● 坤은　　　　　　　　● 곤은
　곤

　元코 亨코 利코　　　　원하고 형하고 이하고
　원　　형　　이

　牝馬之貞이니　　　　　암 말의 바름이니
　빈마지정

2 − 2 ――――――――――　　――――――――――――

○ 君子의 有攸往이니라　○ 군자의 갈바를 두니라.
　군자　　유유왕

2 − 3 ――――――――――　　――――――――――――

○ 先하면 迷하고　　　　○ 먼저하면 아득하고
　선　　　미

　後하면 得하리니　　　　뒤에 하면 얻으리니
　후　　　득

　主利하니라　　　　　　이를 주장하니라.
　주리

2 − 4 ――――――――――　　――――――――――――

○ 西南은 得朋이오　　　○ 서남은 벗을 얻고
　서남　　득붕

　東北은 喪朋이니　　　　동북은 벗을 잃게 되니
　동북　　상붕

　安貞하야 吉하니라　　　편안하고 바르게하면 길하리라.
　안정　　　길

2 − 5 ――――――――――　　――――――――――――

● 彖曰　　　　　　　　● 단에 가로되
　단왈

至哉라
지재

지극하도다

坤元이여
곤 원

곤의 원이여

萬物이 資生하나니
만물 자생

만물이 바탕으로 하여 생하나니

乃順承天이니
내순승천

이에 순히 하늘을 이으나니

2-6 ——————————

————————————————

○ 坤厚載物이
곤후 재물

○ 곤의 두터움으로 만물을 실음이

德合无疆하며
덕합무강

덕이 무강한데 합함이며

2-7 ——————————

————————————————

○ 含弘光大하야
함홍 광대

○ 머금으며 넓으며 빛나며 커서

品物이 咸亨하나니라
품물 함형

품물이 다 형통하나니라.

2-8 ——————————

————————————————

○ 牝馬는 地類니
빈마 지류

○ 암말은 땅의 류이니

行地无疆하며
행지무강

땅위로 다님에 지경이 없으며

柔順利貞이
유순 이정

유순하고 이정함이

君子攸行이라
군자유행

군자가 행할 바이니라.

2-9 ——————————

————————————————

○ 先하면 迷하야 失道하고
선   미   실도

○ 먼저하면 아득하야 도를 잃고

後하면 順하야
후   순

뒤에 하면 순하야

得常하리니
득상

떳떳함을 얻으리니

西南得朋은
서남득붕

'서남득붕'은

乃與類行이오
내 여 유 행

이에 류와 더불어 행함이오

東北喪朋은
동 북 상 붕

'동북상붕'은

乃終有慶하리니
내 종 유 경

이에 마침내 경사가 있으리니

2－10 ————————

○ 安貞之吉이
안 정 지 길

○ 편안하고 곧게 해서 길함이

應地无疆이니라
응 지 무 강

땅이 한량 없음으로 응하니라.

2－11 ————————

● 象日
상 왈

● 상에 가로되

地勢ㅣ 坤이니
지 세   곤

땅의 형세가 곤 이니

君子ㅣ 以하야
군 자   이

군자가 본 받아서

厚德으로
후 덕

후한 덕으로

載物하나니라
재 물

만물을 싣느니라.

2－12 ————————

○ 初六은
초 육

○ 초육은

履霜하면 堅氷이
이 상   견 빙

서리를 밟으면 굳은 얼음이

至하나니라
지

이르느니라.

2－13 ————————

○ 象日
상 왈

○ 상에 가로되

履霜堅氷은
이 상 견 빙

'이상견빙'은

陰始凝也ㅣ니
음 시 응 야

음이 비로서 엉김이니

馴致其道하야
순 치 기 도

그 도를 순하게 길들여 이루어서

至堅氷也하나니라
지 견 빙 야

굳은 얼음에 이르게 하나니라.

2 – 14 ――――――――――

――――――――――――

○ 六二는
육 이

○ 육이는

直方大라
직 방 대

곧고 모나고 큰지라

不習이라도
불 습

익히지 아니하여도

无不利하니라
무 불 리

이롭지 않음이 없느니라.

2 – 15 ――――――――――

――――――――――――

○ 象曰
상 왈

○ 상에 가로되

六二之動이
육 이 지 동

육이의 움직임이

直以方也ㅣ니
직 이 방 야

곧으면서 모나니

不習无不利는
불 습 무 불 리

'불습무불리'는

地道ㅣ 光也ㅣ라
지 도   광 야

땅의 도가 빛남이라.

2 – 16 ――――――――――

――――――――――――

○ 六三은
육 삼

○ 육삼은

含章可貞이니
함 장 가 정

빛남을 머금어 가히 바르니

或從王事하야
혹 종 왕 사

혹 왕의 일을 좇아서

无成有終이니라
무 성 유 종

이룸은 없고 마침은 있느니라.

2 – 17 ――――――――――

――――――――――――

○ 象曰
상 왈

○ 상에 가로되

含章可貞이나
함 장 가 정

以時發也ㅣ오
이 시 발 야

或從王事는
혹 종 왕 사

知光大也ㅣ라
지 광 대 야

'함장가정'이나

때로써 발함이고

'혹종왕사'는

앎이 빛나고 큼이라.

2 - 18 ―――――――――――   ――――――――――――

○ **六四는**
　　육 사

括囊이면
괄 낭

无咎ㅣ며 无譽리라
무 구　　　　무 예

○ 육사는

주머니를 묶으면

허물이 없으며 명예도 없느니라.

2 - 19 ―――――――――――   ――――――――――――

○ **象曰**
　　상 왈

括囊无咎는 愼不害也ㅣ라
괄 낭 무 구　　　신 불 해 야

○ 상에 가로되

'괄낭무구'는 조심하면 해가 없느니라.

2 - 20 ―――――――――――   ――――――――――――

○ **六五는**
　　육 오

黃裳이면 元吉이리라
황 상　　　원 길

○ 육오는

누런 치마면 크게 길하리라.

2 - 21 ―――――――――――   ――――――――――――

○ **象曰**
　　상 왈

黃裳元吉은 文在中也ㅣ라
황 상 원 길　　문 재 중 야

○ 상전에 가로되

'황상원길'은 문채가 중에 있음이라.

2 - 22 ―――――――――――   ――――――――――――

○ **上六은**
　　상 육

龍戰于野하니
용 전 우 야

○ 상육은

용이 들에서 싸우니

其血이 玄黃이로다
기혈　　현황

그 피가 검고 누렇도다.

2 - 23

○ 象曰
상왈

○ 상에 가로되

龍戰于野는
용전우야

'용전우야'는

其道ㅣ 窮也ㅣ라
기도　　궁야

그 도가 궁함이라.

2 - 24

○ 用六은
용육

○ 용육은

利永貞하니라
이영정

오래하고 바르게 함이 이로우니라.

2 - 25

○ 象曰
상왈

○ 상에 가로되

用六永貞은 以大終也ㅣ라
용육영정　　이대종야

'용육영정'은 큼으로써 마침이라.

곤괘 문언전 제1절

2 - 26

○ 文言曰
문언왈

○ 문언전에 가로되

坤은 至柔而動也ㅣ 剛하고
곤　　지유이동야　　강

곤은 지극히 유순하고도 움직임이 강하고

至靜而德方하니
지정이덕방

지극히 고요하되 덕이 방정하니

2 - 27

○ 後得하야
후득

○ 뒤에 얻어서

主利而有常하며
주리이유상

이를 주장하여 떳떳함이 있으며

△'主而有常'을 ☞'主(利)而有常'으로 기록함
　(學民文化社.『周易』附諺解 元, 412쪽 本義참조)

2 - 28 ーーーーーーーーーーー　ーーーーーーーーーーーーーーーー
○ 含萬物而化ㅣ 光하니
　함 만 물 이 화　　광
○ 만물을 머금어 화함이 빛나니

2 - 29 ーーーーーーーーーーー　ーーーーーーーーーーーーーーーー
○ 坤道ㅣ 其順乎ㄴ뎌
　곤 도　　기 순 호
○ 곤의 도가 그야말로 순함인져

　承天而時行하나니라
　승 천 이 시 행
　하늘을 이어 때로 행 하나니라.

곤괘 문언전 제2절

2 - 30 ーーーーーーーーーーー　ーーーーーーーーーーーーーーーー
○ 積善之家는
　적 선 지 가
○ 선을 쌓는 집안은

　必有餘慶하고
　필 유 여 경
　반드시 남은 경사가 있고

　積不善之家는
　적 불 선 지 가
　불선을 쌓는 집안은

　必有餘殃하나니
　필 유 여 앙
　반드시 남은 재앙이 있나니

　臣弑其君하며
　신 시 기 군
　신하가 그 임금을 시해하며

　子弑其父ㅣ
　자 시 기 부
　자식이 그 아비를 시해함이

　非一朝一夕之故ㅣ라
　비 일 조 일 석 지 고
　하루아침 하루저녁의 연고가 아니라.

　其所由來者ㅣ 漸矣니
　기 소 유 래 자　　점 의
　그 말미암아 오는 바자가 점점한 것이니

　由辯之不早辯也ㅣ니
　유 변 지 부 조 변 야
　분별함이 일찍 분별하지 못함을 말미암음이니

易曰 履霜堅氷至라하니
역왈 이상견빙지

역에 가로되 '이상견빙지'라하니

蓋言順也ㅣ라
개 언 순 야

아마 순을 말함이니라.

○ 直은 其正也ㅣ오
직　　기정야

○ '직'은 그 바름이오

方은 其義也ㅣ니
방　　기의야

'방'은 그 의로운 것이니

君子ㅣ 敬以直內하고
군자　　경이직내

군자가 공경을 바탕으로 해서 안을 곧게 하고

義以方外하야
의이방외

의를 바탕으로 해서　밖을 방정하게 하야

敬義立而德不孤하나니
경의입이덕불고

경과 의가 섬에 덕은 외롭지 않나니

直方大不習无不利는
직방대불습무불리

'직방대불습무불리'는

則不疑其所行也ㅣ라
즉불의기소행야

곧 그 행하는 바를 의심하지 않음이라.

○ 陰雖有美나
음 수 유 미

○ 음이 비록 아름다움이 있으나

含之하야 以從王事하야
함지　　이종왕사

머금어서 왕의 일을 좇아서

弗敢成也ㅣ니
불감성야

감히 이루지 못하니

地道也ㅣ며
지도야

땅의 도이며

妻道也ㅣ며
처도야

아내의 도이며

臣道也ㅣ니
신도야

신하의 도이니

地道는
지도

땅의 도는

无成而代有終也ㅣ니라
무성이대유종야

이룸은 없되 대신해서 마침이 있느니라.

○ 天地變化하면　　　　　　　　○ 천지가 변화하면
　천지변화

　草木이 蕃하고　　　　　　　　　초목이 무성하고
　초목　번

　天地閉하면　　　　　　　　　　천지가 닫히면
　천지폐

　賢人이 隱하나니　　　　　　　　현인이 숨나니
　현인　은

　易曰 括囊无咎无譽ㅣ라하니　　　역에 말하기를 '괄낭무구무예'라하니
　역왈　괄낭무구무예

　蓋言謹也ㅣ라　　　　　　　　　아마 삼가 함을 말함이라.
　개언근야

○ 君子ㅣ 黃中通理하야　　　　　　○ 군자가 황중에서 이치를 통하야
　군자　황중통리

○ 正位居體하야　　　　　　　　　○ 자리를 바르게하고 몸을 거하야
　정위거체

○ 美在其中而暢於四支하며　　　　○ 아름다움이 그 가운데 있어 사지에 빛나며
　미재기중이창어사지

　發於事業하나니　　　　　　　　사업에 발하나니
　발어사업

　美之至也ㅣ라　　　　　　　　　아름다움이 지극함이라.
　미지지야

○ 陰疑於陽하면　　　　　　　　　○ 음이 양을 의심하면
　음의어양

　必戰하나니　　　　　　　　　　반드시 싸우나니
　필전

　爲其嫌於无陽也ㅣ라　　　　　　그 양이 없음을 의심하니라.
　위기혐어무양야

　故로 稱龍焉하고　　　　　　　　고로 용이라 일컫고
　고　칭용언

　猶未離其類也ㅣ라　　　　　　　오히려 그 유를 떠나지 못하느니라.
　유미리기류야

故로 稱血焉하니
고　칭혈언

고로 혈이라 일컬으니

夫玄黃者는
부 현 황 자

무릇 '현황'이라는 것은

天地之雜也ㅣ니
천 지 지 잡 야

천지가 섞임이니

天玄而地黃하니라
천 현 이 지 황

하늘은 검고 땅은 누르니라.

3 - 1 ——————————————
——————————————

● **屯은**
　둔

● 둔은

　元亨코 利貞하니
　　원형　　이정

　크게 형통하고 바르게 함이 이로우니

　勿用有攸往이오
　　물용유유왕

　가는 바를 두지 말고

　利建侯하니라
　　이건후

　제후를 세움이 이로우니라.

3 - 2 ——————————————
——————————————

● **彖曰**
　단왈

● 단에 가로되

　屯은
　둔

　둔은

　剛柔ㅣ 始交而難生하며
　　강유　　시교이난생

　강과 유가 처음 사귀어서 어려움이 나며

　動乎險中하니
　　동호험중

　험한 가운데 움직이니

　大亨貞은
　　대형정

　크게 형통하고 바름은

　雷雨之動이
　　뢰우지동

　우레와 비의 움직임이

　滿盈ㄹ새라
　　만영

　가득하기 때문이라

　天造草昧에는
　　천조초매

　하늘이 초매를 지음에는

　宜建侯ㅣ오
　　의건후

　후를 세움이 마땅하고

37

而不寧이니라
이 불 녕

편안하지 않느니라.

3 - 3 ────────────

● 象曰
상 왈

● 상에 가로되

雲雷ㅣ 屯이니
운 뢰   둔

구름과 우레가 둔이니

君子ㅣ
군 자

군자가

以하야
이

본 받아서

經綸하나니라
경 륜

경륜하나니라.

3 - 4 ────────────

○ 初九는
초 구

○ 초구는

磐桓이니
반 환

머뭇거림이니

利居貞하며
이 거 정

바른데 거함이 이로우며

利建侯하니라
이 건 후

제후를 세움이 이로우니라.

3 - 5 ────────────

○ 象曰
상 왈

○ 상에 가로되

雖磐桓하나
수 반 환

비록 머뭇거리나

志行正也ㅣ며
지 행 정 야

뜻이 바른 것을 행하며

以貴下賤하니
이 귀 하 천

귀함으로써 천한 데 아래 하니

大得民也ㅣ로다
대 득 민 야

크게 백성을 얻도다.

○ 六二는
　육 이

　屯如邅如하며
　둔 여 전 여

　乘馬班如하니
　승 마 반 여

　匪寇ㅣ면 婚媾리니
　비 구　　　혼 구

　女子ㅣ 貞하야
　여 자　　정

　不字라가
　부 자

　十年에야 乃字ㅣ로다
　십 년　　　내 자

──────────────────

○ 육이는

　어려우며 걷기 어려우며

　말을 탓 다가 내리니

　도적이 아니면 혼인을 얽으려 하리니

　여자가 곧아서

　시집가지 않다가

　십년 만에야 이에 시집감 이로다.

○ 象曰
　상 왈

　六二之難은 乘剛也ㅣ오
　육 이 지 난　　승 강 야

　十年乃字는 反常也ㅣ라
　십 년 내 자　　반 상 야

──────────────────

○ 상에 가로되

　육이의 어려움은 강을 탔음이요

　'십년내자'는 떳떳한 법칙으로 돌아옴이라.

○ 六三은
　육 삼

　卽鹿无虞라
　즉 록 무 우

　惟入于林中이니
　유 입 우 임 중

　君子ㅣ 幾하야
　군 자　　기

　不如舍ㅣ니
　불 여 사

　往하면 吝하리라
　왕　　　인

──────────────────

○ 육삼은

　사슴을 쫓음에 몰이꾼이 없는지라

　오직 숲속으로 들어감이니

　군자가 기미를 보아

　멈추는 것만 같지 못하니

　가면 인색하리라.

3 - 9 ―――――――――――――― ――――――――――――――――――

○ 象曰
상왈

卽鹿无虞는
즉 록 무 우

以從禽也ㅣ오
이 종 금 야

君子舍之는
군 자 사 지

往하면 吝窮也ㅣ라
왕　　　　인 궁 야

○ 상에 가로되

'즉록무우'는

새를 좇음이요

'군자사지'는

가면 인색하고 궁함이라.

3 - 10 ―――――――――――― ――――――――――――――――――

○ 六四는
육 사

乘馬班如ㅣ니
승 마 반 여

求婚媾하야
구 혼 구

往하면 吉하야
왕　　　　길

无不利하리라
무 불 리

○ 육사는

말을 탔다가 도로 내리니

청혼을 구하야

가면 길하야

이롭지 않음이 없으리라.

3 - 11 ―――――――――――― ――――――――――――――――――

○ 象曰
상왈

求而往은 明也ㅣ라
구 이 왕　　　명 야

○ 상에 가로되

구해서 가는 것은 밝음이라

3 - 12 ―――――――――――― ――――――――――――――――――

○ 九五는
구 오

屯其膏ㅣ니
둔 기 고

小貞이면 吉코
소 정　　　　길

大貞이면 凶하리라
대 정　　　　흉

○ 구오는

그 고택이 어려우니

조금 바르게 하면 길하고

크게 바르게 하려면 흉하리라.

3 – 13 ──────────   ─────────────────────

○ 象曰
　　상 왈

　　屯其膏는
　　둔 기 고

　　施ㅣ 未光也ㅣ라
　　시　 미 광 야

○ 상에 가로되

　　'둔기고'는

　　베풂이 빛나지 못함이라.

3 – 14 ──────────   ─────────────────────

○ 上六은
　　상 육

　　乘馬班如하야
　　승 마 반 여

　　泣血漣如ㅣ로다
　　읍 혈 연 여

○ 상육은

　　말을 탔다가 도로 내려

　　피눈물이 물 흐르듯 함이로다.

3 – 15 ──────────   ─────────────────────

○ 象曰
　　상 왈

　　泣血漣如ㅣ어니
　　읍 혈 연 여

　　何可長也ㅣ리오
　　하 가 장 야

○ 상에 가로되

　　'읍혈연여'니

　　어찌 가히 오래 가리오.

4 - 1 ――――――――――   ――――――――――――

● 蒙은
　몽

● 몽은

　亨하니
　형

　형통하니

　匪我ㅣ 求童蒙이라
　비아　　구동몽

　내가 동몽을 구함이 아니라

　童蒙이 求我ㅣ니
　동몽　　구아

　동몽이 나를 구함이니

　初筮어든 告하고
　초서　　곡

　처음 묻거든 일깨워주고

　再三이면 瀆이라
　재삼　　독

　두 번 세 번하면 더럽힘이라

　瀆則不告이니
　독즉불곡

　더럽히면 깨우쳐줌이 아니니

　利貞하니라
　이정

　바르게 함이 이로우니라.

4 - 2 ――――――――――   ――――――――――――

● 彖曰
　단왈

● 단에 가로되

　蒙은
　몽

　몽은

　山下有險하고
　산하유험

　산 아래 험함이 있고

　險而止ㅣ 蒙이라
　험이지　　몽

　험해서 그침이 몽이라

　蒙亨은
　몽형

　'몽형'은

以亨行이니
이 형 행

형통함으로써 행함이니

時中也ㅣ오
시 중 야

때에 맞춰 중도를 행함이오

匪我求童蒙童蒙求我는
비 아 구 동 몽 동 몽 구 아

'비아구동몽동몽구아'는

志應也ㅣ오
지 응 야

뜻을 응함이고

初筮告은
초 서 곡

'초서곡'은

以剛中也ㅣ오
이 강 중 야

강으로써 가운데 함이오

再三瀆瀆則不告은
재 삼 독 독 즉 불 곡

'재삼독독즉불곡'은

瀆蒙也ㄹ새니
독 몽 야

몽을 더럽히기 때문이니

蒙以養正이
몽 이 양 정

몽으로써 바름을 기름이

聖功也ㅣ라
성 공 야

성인이 되는 공이니라

4 - 3 ─────────────   ──────────────────────────

● 象曰
상 왈

● 상에 가로되

山下出泉이 蒙이니
산 하 출 천   몽

산 아래 샘이 솟음이 몽이니

君子ㅣ
군 자

군자가

以하야
이

본 받아서

果行하며
과 행

과감히 행하며

育德하나니라
육 덕

덕을 기르느니라.

4 - 4 ─────────────   ──────────────────────────

○ 初六은
초 육

○ 초육은

發蒙호대
발몽

利用刑人하야
이용형인

用說桎梏이니
용탈질곡

以往이면 吝하리라
이왕   인

몽을 열어주되

사람에게 형벌을 사용하야

질곡을 벗김이 이로우니

형벌로써만 나가면 인색하리라.

4 - 5 ──────────────   ───────────────────

○ 象曰
상왈

利用刑人은
이용형인

以正法也ㅣ라
이정법야

○ 상에 가로되

'이용형인'은

써 법을 바르게 함이니라.

4 - 6 ──────────────   ───────────────────

○ 九二는
구이

包蒙이면 吉하고
포몽   길

納婦ㅣ면 吉하리니
납부   길

子ㅣ克家ㅣ로다
자   극가

○ 구이는

몽을 감싸면 길하고

지어미를 들이면 길하리니

자식이 집을 다스림이로다.

4 - 7 ──────────────   ───────────────────

○ 象曰
상왈

子克家는
자극가

剛柔ㅣ接也ㅣ라
강유   접야

○ 상에 가로되

'자극가'는

강과 유가 사귐이니라.

4 - 8 ──────────────   ───────────────────

○ 六三은
육삼

勿用取女ㅣ니
물용취녀

○ 육삼은

여자를 취하지 말지니

見金夫하고
견금부

돈 많은 사내를 보고

不有躬하니
불유궁

몸을 두지 못하니

无攸利하니라
무유리

이로울 바가 없느니라.

4 - 9 ─────────────

─────────────

○ 象曰
상왈

○ 상에 가로되

勿用取女는
물용 취녀

'물용취녀'는

行이 不順也ㅣ라
행　　불순야

행실이 순하지 않음이라.

4 - 10 ─────────────

─────────────

○ 六四는
육 사

○ 육사는

困蒙이니 吝토다
곤몽　　　인

곤한 몽이니 인색하도다.

4 - 11 ─────────────

─────────────

○ 象曰
상왈

○ 상에 가로되

困蒙之吝은
곤몽지린

'곤몽의 인색함'은

獨遠實也ㅣ라
독원실야

홀로 실에서 멂이라.

4 - 12 ─────────────

─────────────

○ 六五는
육오

○ 육오는

童蒙이니
동몽

어린 몽이니

吉하니라
길

길하니라.

4 - 13 ─────────────

─────────────

○ 象曰
상왈

○ 상에 가로되

童蒙之吉은
동몽지길

'동몽의 길하다'함은

順以巽也ᄅ새라
순 이 손 야

순하고 겸손하기 때문 일새라.

4 - 14 ――――――――――   ――――――――――――――――

○ 上九는
　　상구

○ 상구는

撃蒙이니
격 몽

몽을 침이니

不利爲寇ㅣ오
불 리 위 구

도적됨이 이롭지 않고

利禦寇하니라
이 어 구

도적을 막음이 이로우니라.

4 - 15 ――――――――――   ――――――――――――――――

○ 象曰
　　상왈

○ 상에 가로되

利用禦寇는
이 용 어 구

'도적 막음을 씀이 이로움'은

上下ㅣ 順也ㅣ라
상 하　　순 야

위와 아래가 순함이니라.

5 - 1 ――――――――――

● 需는
수

有孚하야
유부

光亨코 貞吉하니
광형   정길

利涉大川하니라
이섭대천

――――――――――

● 수는

믿음을 두어

빛나서 형통하고 바르게 해서 길하니

대천을 건넘이 이로우니라.

5 - 2 ――――――――――

● 彖曰
단왈

需는 須也ㅣ니
수   수야

險이 在前也ㅣ니
험   재전야

剛健而不陷하니
강건이불함

其義ㅣ 不困窮矣라
기의   불곤궁의

需有孚光亨貞吉은
수유부광형정길

位乎天位하야
위호천위

以正中也ㅣ오
이정중야

利涉大川은
이섭대천

往有功也ㅣ라
왕유공야

――――――――――

● 단에 가로되

수는 기다리는 것이니

험한 것이 앞에 있으니

강건하되 빠지지 아니하니

그 의가 곤궁하지 않느니라.

'수유부광형정길'은

하늘자리에 자리해서

정중하기 때문이고

'이섭대천'은

가서 공이 있음이라.

● 象曰
　상왈

　雲上於天이 需ㅣ니
　운상어천　　수

　君子ㅣ 以하야
　군자　　이

　飮食宴樂하나니라
　음식연락

● 상에 가로되

　구름이 하늘에 오르는 것이 수이니

　군자가 본 받아서

　마시고 먹으며 잔치 벌여 즐기느니라.

○ 初九는
　초구

　需于郊ㅣ라
　수우교

　利用恒이니
　이용항

　无咎ㅣ리라
　무구

○ 초구는

　들에서 기다림이라

　항구함을 씀이 이로우니

　허물이 없으리라.

○ 象曰
　상왈

　需于郊는
　수우교

　不犯難行也ㅣ오
　불범난행야

　利用恒无咎는
　이용항무구

　未失常也ㅣ라
　미실상야

○ 상에 가로되

　'수우교'는

　어려움을 범하여 행하지 않음이고

　'이용항무구'는

　상도를 잃지 않음이라.

○ 九二는
　구이

　需于沙ㅣ라
　수우사

　小有言하나 終吉하리라
　소유언　　　종길

○ 구이는

　모래에서 기다림이라

　조금 말이 있으나 마침내 길하리라.

5 - 7 ――――――――――――   ――――――――――――――――――――

○ 象曰
　상왈

○ 상에 가로되

　需于沙는
　수우사

　'수우사'는

　衍으로 在中也ㅣ니
　연　　 재중야

　너그러움으로 가운데 있음이니

　雖小有言하나
　수소유언

　비록 조금 말이 있으나

　以吉로 終也리라
　이길　 종야

　길함으로써 마치리라.

5 - 8 ――――――――――――   ――――――――――――――――――――

○ 九三은
　구삼

○ 구삼은

　需于泥니 致寇至리라
　수우니　 치구지

　진흙에서 기다리니 도적이 이름을 이르도다.

5 - 9 ――――――――――――   ――――――――――――――――――――

○象曰
　상왈

○ 상에 가로되

　需于泥는 災在外也ㅣ라
　수우니　 재재 외야

　'수우니'는 재앙이 밖에 있음이라

　自我致寇하니
　자아 치구

　나로부터 도적을 이르게 했으니

　敬愼이면 不敗也ㅣ리라
　경신　　 불패야

　공경하고 조심하면 패하지 않으리라.

5 - 10 ――――――――――――   ――――――――――――――――――――

○ 六四는
　육사

○ 육사는

　需于血이니
　수우혈

　피에서 기다리니

　出自穴이로다
　출자혈

　구멍으로부터 나옴이로다.

5 - 11 ――――――――――――   ――――――――――――――――――――

○ 象曰
　상왈

○상에 가로되

　需于血은
　수우혈

　'수우혈'은

順以聽也ㅣ라
순 이 청 야

순함으로써 들음이라.

5 - 12 ─────────────

─────────────────────

○ 九五는
구 오

○ 구오는

需于酒食이니
수 우 주 식

술과 음식으로 기다림이니

貞코 吉하니라
정 　 길

바르고 길하니라.

5 - 13 ─────────────

─────────────────────

○ 象曰
상 왈

○ 상에 가로되

酒食貞吉은
주 식 정 길

'주식정길'은

以中正也ㅣ라
이 중 정 야

중정으로 하기 때문이라.

5 - 14 ─────────────

─────────────────────

○ 上六은
상 육

○ 상육은

入于穴이니
입 우 혈

구멍에 들어감이니

有不速之客三人이 來하리니
유 불 속 지 객 삼 인 　 　래

청하지 않은 손 세 사람이 오리니

敬之면 終吉이리라
경 지 　 종 길

공경하면 마침내 길하리라.

5 - 15 ─────────────

─────────────────────

○ 象曰
상 왈

○ 상에 가로되

不速之客來敬之終吉은
불 속 지 객 래 경 지 종 길

'불속지객래경지종길'은

雖不當位나 未大失也ㅣ라
수 부 당 위 　 미 대 실 야

비록 위는 부당하나 크게 잃지 아니함이라.

6 - 1 ─────────────

● 訟은
　송

　有孚ㅣ나 窒하야 惕하니
　유부　　질　　척

　中은 吉코 終은 凶하나니
　중　　길　종　　흉

　利見大人이오
　이견대인

　不利涉大川하니라
　불리섭대천

────────────────────

● 송은

　믿음이 있으나 막혀서 두려워하니

　중함은 길하고 끝까지 함은 흉하나니

　대인을 봄이 이롭고

　큰 내를 건넘이 이롭지 아니하니라.

6 - 2 ─────────────

● 彖曰
　단 왈

　訟은 上剛下險하야
　송　　상강하험

　險而健이 訟이라
　험이건　　송

　訟有孚窒惕中吉은
　송유부질척중 길

　剛來而得中也ㅣ오
　강래이득중야

　終凶은 訟不可成也ㅣ오
　종흉　　송불가성야

　利見大人은 尙中正也ㅣ오
　이견대인　　상중정야

　不利涉大川은 入于淵也ㅣ라
　불리섭대천　　입우연야

────────────────────

● 단에 가로되

　송은 위는 강하고 아래는 험하야

　험하고 굳셈이 송이라.

　'송유부질척중길'은

　강이 와서 중을 얻음이고

　'종흉'은 송사는 가히 이룰 수 없는 것이고

　'이견대인'은 중정을 숭상함이고

　'이섭대천'은 못에 들어감이라.

● 象曰
상 왈

天與水ㅣ 違行이 訟이니
천 여 수　위 행　송

君子ㅣ 以하야
군 자　이

作事謀始하나니라
작 사 모 시

● 상에 가로되

하늘과 물이 어긋나게 행함이 송이니

군자가 본 받아서

일을 지음에 처음을 꾀 하나니라.

○ 初六은 不永所事ㅣ면
초 육　불 영 소 사

小有言하나 終吉이리라
소 유 언　종 길

○ 초육은 송사하는 바가 길지 아니하면

조금 말은 있으나 마침내 길하니라.

○ 象曰
상 왈

不永所事는
불 영 소 사

訟不可長也ㅣ니
송 불 가 장 야

雖小有言이나
수 소 유 언

其辯이 明也ㅣ라
기 변　명 야

○ 상에 가로되

'불영소사'는

송사는 가히 오래하지 못하니

비록 조금 말은 있으나

그 분변함이 밝음이라.

○ 九二는
구 이

不克訟이니 歸而逋하야
불 극 송　귀 이 포

其邑人이
기 읍 인

三百戶ㅣ면 无眚하리라
삼 백 호　무 생

○ 구이는

송사를 이기지 못하니 돌아가 숨어

그 읍사람이

삼백호면 재앙이 없으리라.

○ 象曰
상 왈

○ 상에 가로되

不克訟하야
불극송

송사를 이기지 못해서

歸逋竄也ㅣ니
귀포찬야

돌아가 도망하여 숨으니

自下訟上이
자하송상

아래로부터 위를 송사함이

患至ㅣ 掇也ㅣ리라
환지　철야

근심이 이름이　스스로 취함이라.

6 – 8 ———————————— ————————————————————

○ 六三은
육삼

○ 육삼은

食舊德하야 貞하면
식구덕　　　정

옛 덕을 먹어 바르게 하면

厲하나 終吉이리니
여　　종길

위태하기는 하나 마침내 길하리니

或從王事하야 无成이로다
혹종왕사　　　무성

혹 왕의 일을 쫓아 이룸이 없도다.

6 – 9 ———————————— ————————————————————

○ 象曰
상왈

○ 상에 가로되

食舊德하니
식구덕

옛 덕을 먹으니

從上이라도 吉也ㅣ리라
종상　　　길야

위를 쫓을 지라도 길하리라.

6 – 10 ———————————— ————————————————————

○ 九四는
구사

○ 구사는

不克訟이라 復卽命하야
불극송　　복즉명

송사를 이기지 못함이라 돌아와 명에 나가서

渝하야 安貞하면 吉하리라
유　　안정　　길

변해서 편안하고 바르게 하면 길하리라.

6 – 11 ———————————— ————————————————————

○ 象曰
상왈

○ 상에 가로되

復卽命渝安貞은 不失也ㅣ라
복즉명유안정　　불실야

'복즉명유안정'은 잃지 않음이라.

6 - 12 ─────────────────   ──────────────────────────

○ 九五는
　　구오

　　訟에 元吉이라
　　송　　원길

○ 구오는

　　송에 크게 길하리라.

6 - 13 ─────────────────   ──────────────────────────

○ 象曰
　　상왈

　　訟元吉은 以中正也ㅣ라
　　송원길　　이중정야

○ 상에 가로되

　　'송원길'은 중정함으로 써라.

6 - 14 ─────────────────   ──────────────────────────

○ 上九는
　　상구

　　或錫之鞶帶라도
　　혹석지반대

　　終朝三褫之리라
　　종조삼치지

○ 상구는

　　혹 반대를 주더라도

　　조회를 마치는 동안 세 번 빼앗으리라.

6 - 15 ─────────────────   ──────────────────────────

○ 象曰
　　상왈

　　以訟受服이
　　이송수복

　　亦不足敬也ㅣ라
　　역부족경야

○ 상에 가로되

　　송사로써 항복을 받음이

　　또한 족히 공경할 만한 것이 못 되니라.

7 - 1 ――――――――――

● 師는
  사

  貞이니 丈人이라아 吉코
  정   장인   길

  无咎하리라
  무구

――――――――――――

● 사는

  바름이니 장인이라야 길하고

  허물이 없으리라.

7 - 2 ――――――――――

● 彖曰
  단왈

  師는 衆也ㅣ오
  사   중야

  貞은 正也ㅣ니
  정   정야

  能以衆正하면
  능이중정

  可以王矣리라.
  가이왕의

  剛中而應하고 行險而順하니
  강중이응   행험이순

  以此毒天下而民이 從之하니
  이차독천하이민   종지

  吉코 又何咎矣리오
  길   우하구의

――――――――――――

● 단에 가로되

  사는 무리요

  정은 바름이니

  능히 무리를 바르게 하면

  가히 써 왕 노릇할 수 있으리라.

  강중하면서 응하고 험함을 행하되 순하니

  이로써 천하를 독하게 해도 백성이 따르니

  길하고 또 무슨 허물이리오.

7 - 3 ――――――――――

● 象曰
  상왈

  地中有水ㅣ 師ㅣ니
  지중유수   사

――――――――――――

● 상에 가로되

  땅 속에 물이 있는 것이 사니

君子ㅣ 以하야
군자　　이

容民畜衆하나니라
용 민 휵 중

군자가 본 받아서

백성을 포용하고 무리를 기르느니라.

7 – 4 –––––––––––––––　　　　––––––––––––––––––––

○ 初六은
　　초 육

師出以律이니
사 출 이 율

否ㅣ면 臧이라도 凶하니라
부　　　 장　　　　흉

○ 초육은

군사를 내는데 군율로써 함이니

그렇지 않으면 좋을 지라도 흉하니라.

7 – 5 –––––––––––––––　　　　––––––––––––––––––––

○象曰
　상 왈

師出以律이니
사 출 이 율

失律하면 凶也ㅣ리라
실 율　　　 흉 야

○ 상에 가로되

'사출이율'이니

군율을 잃으면 흉하리라.

7 – 6 –––––––––––––––　　　　––––––––––––––––––––

○九二는
　구 이

在師하야
재 사

中할새 吉코 无咎하니
중　　　 길　 무 구

王三錫命이로다
왕 삼 석 명

○구이는

군사에 있어

중도로 해서 길하고 허물이 없으니

왕이 세 번 명을 줌이로다.

7 – 7 –––––––––––––––　　　　––––––––––––––––––––

○象曰
　상 왈

在師中吉은 承天寵也ㅣ오
재 사 중 길　　승 천 총 야

王三錫命은 懷萬邦也ㅣ라
왕 삼 석 명　　회 만 방 야

○ 상에 가로되

'재사중길'은 하늘의 총애를 이음이요

'왕삼석명'은 만방을 품음이라.

7 – 8 –––––––––––––––　　　　––––––––––––––––––––

○六三은
　육 삼

○ 육삼은

師或輿尸면 凶하리라
사 혹 여 시　　흉

군사가 혹 여럿이 주장하면 흉하리라.

7 - 9 －－－－－－－－－－　　　　－－－－－－－－－－－－－－－－

○象曰
상 왈

○ 상에 가로되

師或輿尸면 大无功也ㅣ리라
사 혹 여 시　　대 무 공 야

'사혹여시'면 크게 공이 없음이라.

7 - 10 －－－－－－－－－－　　　　－－－－－－－－－－－－－－－－

○六四는
육 사

○ 육사는

師左次ㅣ니 无咎ㅣ로다
사 좌 차　　　무 구

군사가 진영으로 물러남이니 허물이 없음이로다.

7 - 11 －－－－－－－－－－　　　　－－－－－－－－－－－－－－－－

○象曰
상 왈

○ 상에 가로되

左次无咎는 未失常也ㅣ라
좌 차 무 구　　미 실 상 야

'좌차무구'는 상도를 잃음이 아니다.

7 - 12 －－－－－－－－－－　　　　－－－－－－－－－－－－－－－－

○六五는
육 오

○ 육오는

田有禽이어든
전 유 금

밭에 새가 있거든

利執言하니 无咎ㅣ리라
이 집 언　　　무 구

잡으라고 말함이 이로우니 허물이 없으리라.

長子ㅣ 帥師ㅣ니
장 자　　솔 사

장자가 군사를 거느리니

弟子ㅣ 輿尸하면
제 자　　여 시

제자가 여럿이 주장하면

貞이라도 凶하리라
정　　　　흉

바를지라도 흉하니라.

7 - 13 －－－－－－－－－－　　　　－－－－－－－－－－－－－－－－

○象曰
상 왈

○ 상에 가로되

長子帥師는 以中行也ㅣ오
장 자 솔 사　　이 중 행 야

'장자솔사'는 중도로써 행하기 때문이오,

弟子輿尸는 使不當也ㅣ라
제 자 여 시　　사 부 당 야

'제자여시'는 부림이 마땅하지 않기 때문이라.

7 - 14 ─────────────── ───────────────────────

○ 上六은
상육

　大君이 有命이니
　대군　　유명

　開國承家에
　개국승가

　小人勿用이니라
　소인물용

○ 상육은

　대군이 명을 둠이니

　나라를 열고 가를 이음에

　소인은 쓰지 말지니라.

7 - 15 ─────────────── ───────────────────────

○ 象曰
상왈

　大君有命은
　대군유명

　以正功也ㅣ오
　이정공야

　小人勿用은
　소인물용

　必亂邦也ㄹ새라
　필란방야

○ 상에 가로되

　'대군유명'은

　공을 바르게 하기 때문이오,

　'소인물용'은

　반드시 나라를 어지럽히기 때문 일새라.

8-1 ————————————   ————————————————

● 比는   ● 비는
  비

  吉하니 原筮호대   길하고 처음 점을 하되
  길   원 서

  元永貞이면 无咎ㅣ리라   선하고 항구하고 정고하면 허물이 없으리라.
  원영정   무구

  不寧이어야 方來니   편안치 아니해야 바야흐로 오리니
  불녕   방래

  後ㅣ면 夫ㅣ라도 凶이리라   뒤에 하면 대장부라도 흉하리라.
  후   부   흉

8-2 ————————————   ————————————————

● 彖曰   ● 단에 가로되
  단 왈

  比는 吉也ㅣ며   비는 길함이며
  비   길야

  比는 輔也ㅣ니   비는 돕는 것이니
  비   보야

  下ㅣ 順從也ㅣ라   아랫사람들이 순종하는 것이라.
  하   순종야

  原筮元永貞无咎는   '원서원영정무구'는
  원 서 원 영 정 무 구

  以剛中也ㅣ오   강으로써 가운데 했기 때문이고
  이 강 중 야

  不寧方來는   '불녕방래'는
  불 녕 방 래

  上下ㅣ 應也ㅣ오   위와 아래가 응하는 것이고,
  상 하   응 야

  後夫凶은   '후부흉'은
  후 부 흉

59

其道ㅣ 窮也ㅣ라
기도 궁야

그 도가 궁한 것이라.

8 - 3 ――――――――――   ――――――――――

● 象曰
상왈

● 상에 가로되

地上有水ㅣ 比니
지상유수   비

땅위에 물이 있음이 비니

先王이 以하야
선왕   이

선왕이 본받아서

建萬國하고 親諸侯하니라
건만국   친제후

만국을 세우고 제후를 친히 하니라.

8 - 4 ――――――――――   ――――――――――

○ 初六은
초육

○ 초육은

有孚比之라아
유부비지

믿음을 두고 도와야

无咎ㅣ리니
무구

허물이 없으리니

有孚ㅣ 盈缶ㅣ면
유부   영부

믿음을 둠이 질그릇에 가득하면

終에 來有他吉하리라
종   래유타길

마침내 다른데서 길함이 있어 오리라.

8 - 5 ――――――――――   ――――――――――

○ 象曰
상왈

○ 상에 가로되

比之初六은
비지초육

‘비지초육은’

有他吉也ㅣ니라
유타길야

다른데서 길함이 있어 오리라.

8 - 6 ――――――――――   ――――――――――

○ 六二는
육이

○ 육이는

比之自內니
비지자내

돕는 것을 안으로부터 함이니

貞하야 吉토다
정   길

바르게 해서 길하도다.

8 - 7 ——————————   ——————————————

○ 象曰
　상왈

　比之自内는 不自失也라
　비지자내　부자실야

○ 상에 가로되

　'비지자내'는 스스로 잃지 아니함이라.

8 - 8 ——————————   ——————————————

○ 六三은
　육삼

　比之匪人이라
　비지비인

○ 육삼은

　돕는데 사람이 아니라.

8 - 9 ——————————   ——————————————

○ 象曰
　상왈

　比之匪人이
　비지비인

　不亦傷乎아
　불역상호

상에 가로되

　'비지비인'이

　또한 다치지 않겠는가?

8 - 10 ——————————   ——————————————

○ 六四는
　육사

　外比之하니
　외비지

　貞하야 吉토다
　정　　길

○ 육사는

　밖으로 도우니

　바르게 해서 길하도다.

8 - 11 ——————————   ——————————————

○ 象曰
　상왈

　外比於賢은
　외비어현

　以從上也ㅣ라
　이종상야

○ 상에 가로되

　밖으로 현인에게 돕는다는 것은

　위에 군주에게 순종함이라.

8 - 12 ——————————   ——————————————

○ 九五는
　구오

　顯比니 王用三驅에
　현비　왕용삼구

○ 구오는

　나타나게 돕는 것이니 왕이 삼구법을 사용함에

失前禽하며
실전금

앞의 새를 잃으며

邑人不誡니 吉토다
읍인불계   길

읍 사람들이 경계하지 않으니 길하도다.

8 - 13 ―――――――――――   ――――――――――――――

○ 象曰
상왈

○ 상에 가로되

顯比之吉은
현비지길

나타나게 도와서 길하다 함은

位正中也ㅣ오
위정중야

위가 정히 가운데 함이고

舍逆取順이
사역취순

거스림을 버리고 순을 취함이

失前禽也ㅣ오
실전금야

앞으로 달아나는 짐승을 잃음이고

邑人不誡는
읍인불계

읍 사람이 경계하지 않음은

上使ㅣ中也ㄹ새라
상사   중야

위에서 부림이 중용지도로 하기 때문일 새라.

8 - 14 ―――――――――――   ――――――――――――――

○ 上六은
상육

○ 상육은

比之无首ㅣ니 凶하니라
비지무수   흉

돕는 데 머리가 없으니 흉하니라.

8 - 15 ―――――――――――   ――――――――――――――

○ 象曰
상왈

○ 상에 가로되

比之无首ㅣ
비지무수

'비지무수'는

无所終也ㅣ니라
무소종야

마칠 바가 없느니라.

9 - 1 ————————

● 小畜은
　소축

　亨하니 密雲不雨는
　형　　　밀운불우

　自我西郊닐새니라
　자아서교

● 소축은

　형통하니 빽빽한 구름이 비 오지 않음은

　내가 서쪽 교외로부터 하기 때문 일새라.

9 - 2 ————————

● 彖曰
　단왈

　小畜은 柔ㅣ 得位而上下ㅣ
　소축　유　득위이상하

　應之할새 曰小畜이라
　응지　　　왈소축

　健而巽하며
　건이손

　剛中而志行하야 乃亨하니라
　강중이지행　　　내형

　密雲不雨는 尙往也ㅣ오
　밀운불우　상왕야

　自我西郊는 施未行也ㅣ라
　자아서교　　시미행야

● 단에 가로되

　소축은 유가 위를 얻고 위와 아래가

　응할새 가로되 소축이니라.

　굳세고 공손하며

　강한 것이 가운데하고 뜻이 행하야 곧 형통하니라.

　'밀운불우'는 오히려 감이요,

　'자아서교'는 베품이 행하지 못함이니라.

9 - 3 ————————

● 象曰
　상왈

　風行天上이 小畜이니
　풍행천상　　소축

　君子ㅣ 以하야
　군자　이

● 상에 가로되

　바람이 하늘위에 행하는 것이 소축이니

　군자가 본받아서

懿文德하나니라
의 문 덕

문덕을 아름답게 하나니라.

─────────────

○ 初九는
　　초 구

○ 초구는

復이 自道 ㅣ어니
복　　자 도

회복함이 도로부터 함이니

何其咎 ㅣ리오 吉하니라
하 기 구　　　　길

무슨 허물이리오 길하니라.

─────────────

○ 象曰
　　상 왈

○ 상에 가로되

復自道는 其義吉也 ㅣ라
복 자 도　　기 의 길 야

'복자도'는 그 의리가 길함이라.

─────────────

○ 九二는
　　구 이

○ 구이는

牽復이니 吉하니라
견 복　　　　길

이끌어 회복함이니 길하니라.

─────────────

○ 象曰
　　상 왈

○ 상에 가로되

牽復은 在中이라
견 복　　재 중

'견복'은 가운데에 있음이라.

亦不自失也 ㅣ라
역 부 자 실 야

또한 스스로 잃지 않음이라.

─────────────

○ 九三은
　　구 삼

○ 구삼은

輿說輻이며
여 탈 복

수레 바퀴살을 벗김이며

夫妻反目이로다
부 처 반 목

부처가 반목함로다.

─────────────

○ 象曰
　　상 왈

○ 상에 가로되

夫妻反目은　　　　　　　'부처반목'은
부 처 반 목

不能正室也ㅣ라　　　　능히 집안을 바로하지 못함이라.
불 능 정 실 야

9 - 10 ─────────　　　──────────────

○六四는　　　　　　　　○ 육사는
육 사

有孚ㅣ면 血去코　　　　믿음을 두면 피가 사라져가고
유 부　　　혈 거

惕出하야 无咎ㅣ리라　　두려움에 벗어나서 허물이 없으리라.
척 출　　　무 구

9 - 11 ─────────　　　──────────────

○ 象曰　　　　　　　　　○ 상에 가로되
상 왈

有孚惕出은　　　　　　　'유부척출'은
유 부 척 출

上合志也ㅣ라　　　　　　위와 뜻이 합함이라.
상 합 지 야

9 - 12 ─────────　　　──────────────

○ 九五는　　　　　　　　○ 구오는
구 오

有孚ㅣ라 攣如하야　　　믿음을 둠이라 이끌어
유 부　　　연 여

富以其鄰이로다　　　　　부를 그 이웃을 좌우지 하도다.
부 이 기 린

9 - 13 ─────────　　　──────────────

○ 象曰　　　　　　　　　○ 상에 가로되
상 왈

有孚攣如는 不獨富也ㅣ라　'유부연여'는 홀로 부하지 않음이라.
유 부 연 여　　부 독 부 야

9 - 14 ─────────　　　──────────────

○ 上九는　　　　　　　　○ 상구는
상 구

旣雨旣處는　　　　　　　이미 비 오고 이미 그침은
기 우 기 처

尙德하야 載니　　　　　덕을 숭상해서 가득함이니
상 덕　　　재

婦ㅣ 貞이면 厲하리라
부　　정　　　여

지어미가 고집하면 위태하리라.

月幾望이니
월기망

달이 거의 보름이니

君子ㅣ 征이면 凶하리라
군자　　정　　　흉

군자가 가면 흉하리라.

9 - 15 ━━━━━━━━━━━━━━━　　　━━━━━━━━━━━━━━━━━━━━━

○ 象曰
상왈

○ 상에 가로되

旣雨旣處는
기우 기처

'기우기처'는

德이 積載也ㅣ오
덕　 적재야

덕이 쌓여 가득함이요

君子征凶은 有所疑也ㅣ니라
군자정흉　 유소의야

'군자정흉'은 의심하는 바가 있음이라.

66

10 – 1 ————————————

● 履虎尾라도
　이호미

不咥人이라 亨하니라
부질인　　　형

————————————

● 호랑이 꼬리를 밟더라도

사람을 물지 않음이라 형통하니라.

10 – 2 ————————————

● 彖曰
　단왈

履는 柔履剛也ㅣ니
이　　유이강야

說而應乎乾이라
열이응호건

是以履虎尾不咥人亨이라
시이이호미부질인형

剛中正으로 履帝位하야
강중정　　　이제위

而不疚ㅣ면 光明也ㅣ라
이불구　　　광명

————————————

● 단에 가로되

이는 유가 강에게 밟힘이니

기뻐서 건에 응하는지라

이로써 '이호미부질인형'이라

강하고 중하며 바름으로 제위를 밟아

병폐가 없으니 빛나고 밝으리라.

10 – 3 ————————————

● 象曰
　상왈

上天下澤이 履니
상천하택　　이

君子ㅣ 以하야
군자　　이

辯上下하야 定民志하나니라
변상하　　　정민지

————————————

● 상에 가로되

위에는 하늘이 있고 아래는 못이 있음이 리니

군자가 본 받아서

위와 아래를 분별하여 백성의 뜻을 정하나니라.

10 - 4 ――――――――――――　　　――――――――――――

○ 初九는
　　초구

　素履로 往하면 无咎ㅣ리라.
　　소리　　왕　　　무구

○ 초구는

　　본래 밟은 대로 가면 허물이 없으리라.

10 - 5 ――――――――――――　　　――――――――――――

○ 象曰
　　상왈

　素履之往은 獨行願也ㅣ라
　　소리지왕　　독행원야

○ 상에 가로되

　　'소리지왕'은　홀로 원하는 것을 행함이라.

10 - 6 ――――――――――――　　　――――――――――――

○ 九二는
　　구이

　履道ㅣ 坦坦하니
　　이도　　탄탄

　幽人이라야 貞코 吉하리라
　　유인　　　　정　길

○ 구이는

　　밟는 도가 탄탄하니

　　유인이어야 바르고 길하리라.

10 - 7 ――――――――――――　　　――――――――――――

○ 象曰
　　상왈

　幽人貞吉은
　　유인정길

　中不自亂也ㅣ라
　　중부자란야

○ 상에 가로되

　　'유인정길'은

　　중이 스스로 어지럽지 않음이라.

10 - 8 ――――――――――――　　　――――――――――――

○ 六三은
　　육삼

　眇能視며 跛能履라
　　묘능시　　파능리

　履虎尾하야 咥人이니 凶하고
　　이호미　　　질인　　　흉

　武人이 爲于大君이로다
　　무인　　위우대군

○ 육삼은

　　소경이 능히 보며 절름발이가 능히 밟음이라

　　호랑이 꼬리를 밟아서 사람을 무니 흉하고

　　무인이 대군이 됨이로다.

10 - 9 ――――――――――――　　　――――――――――――

○ 象曰
　　상왈

○ 상에 가로되

68

眇能視는
묘능시

'묘능시'는

不足以有明也ㅣ오
부족 이유 명야

족히 써 밝음이 있지 아니하고

跛能履는
파능리

'파능리'는

不足以與行也ㅣ오
부족 이여 행야

족히 써 더불어 행할 수 없고

咥人之凶은
질 인 지 흉

'질인지흉'은

位不當也ㅣ오
위 부당 야

자리가 마땅치 않음이요

武人爲于大君은
무 인 위 우 대 군

'무인위우대군'은

志剛也ㅣ라
지 강 야

뜻이 강함이라.

10 − 10 ────────────   ──────────────────

○ 九四는
구 사

○ 구사는

履虎尾니
이 호 미

호랑이 꼬리를 밟으니

愬愬이면 終吉이리라
삭삭   종 길

조심하고 조심하면 마침내 길하리라.

10 − 11 ────────────   ──────────────────

○ 象曰
상 왈

○ 상에 가로되

愬愬終吉은
삭삭 종 길

'삭삭종길'은

志行也ㅣ라
지 행 야

뜻이 행해짐이라.

10 − 12 ────────────   ──────────────────

○九五는
구 오

○ 구오는

夬履니 貞이라도 厲하리라
쾌 리   정   려

결단하며 밟아가니 바르더라도 위태하리라.

10 – 13 ————————————— ——————————————————————

○ 象曰
  상 왈

  夬履貞厲는 位正當也ㄹ새라
  쾌 리 정 려   위 정 당 야

○ 상에 가로되

  '쾌리정여'는 위가 바르고 정당하기 때문 일새라.

10 – 14 ————————————— ——————————————————————

○ 上九는
  상 구

  視履하야 考祥호대
  시 리   고 상

  其旋이면 元吉이리라
  기 선   원 길

○ 상구는

  밟아온 것을 봐서 상서로운 것을 상고하되

  자신이 두루두루 잘했으면 크게 길하리라.

10 – 15 ————————————— ——————————————————————

○ 象曰
  상 왈

  元吉在上이 大有慶也ㅣ니라
  원 길 재 상   대 유 경 야

○ 상에 가되

  '원길재상'이 크게 경사가 있음이라.

11 – 1 ————————————

————————————————

● 泰는
태

● 태는

小ㅣ 往코 大ㅣ 來하니
소　왕　대　래

작은 것은 가고 큰 것이 오니

吉하야 亨하니라
길　　　형

길해서 형통하니라.

11 – 2 ————————————

————————————————

● 彖曰
단왈

● 단에 가로되

泰小往大來吉亨은
태소왕대래길형

'태소왕대래길형'이라 함은

則是天地ㅣ
즉시천지

곧 이것은 하늘과 땅이

交而萬物이 通也ㅣ며
교이만물　통야

사귀어 만물이 통하며

上下ㅣ 交而其志ㅣ 同也ㅣ라
상하　교이기지　동야

위와 아래가 사귀어 그 뜻이 같음이라.

內陽而外陰하며
내양이외음

안은 양이고 밖은 음이며

內健而外順하며
내건이외순

안은 굳세고 밖은 순하며

內君子而外小人하니
내군자이외소인

안은 군자이고 밖은 소인이니

君子道ㅣ 長하고
군자도　장

군자의 도는 자라고

小人道ㅣ 消也ㅣ라
소인도　소야

소인의 도는 사라지니라.

● 象曰
상 왈

● 상에 가로되

天地交ㅣ泰니
천지교　　태

천지의 사귐이 태이니

后ㅣ 以하야
후　　이

후가 본받아서

財成天地之道하며
재성천지지도

천지의 도를 마름질하야 이루며

輔相天地之宜하야
보상천지지의

천지의 마땅함을 서로도와

以左右民하나니라
이좌우민

백성을 좌우로 도와야 하나니라.

○ 初九는
초구

○ 초구는

拔茅茹ㅣ라
발모여

띠 뿌리를 뽑음이라

以其彙로 征이니 吉하니라
이기휘　　정　　길

그 무리로써 가는 것이니 길하니라.

○ 象曰
상왈

○ 상에 가로되

拔茅征吉은
발모정길

'발모정길'은

志在外也ㅣ라
지재외야

뜻이 밖에 있음이라.

○九二는
구이

○ 구이는

包荒하며 用馮河하며
포황　　　용빙하

거친 것을 포용하며 하수를 건넘을 쓰며

不遐遺하며 朋亡하면
불하유　　　붕망

먼 것을 버리지 않으며 붕당을 없애면

得尙于中行하리라
득상우중행

중도로 행함에 숭상함을 얻으리라.

11 – 7 ————————————— —————————————————————

○ 象曰
　상 왈

　包荒得尙于中行은
　포 황 득 상 우 중 행

　以光大也ㅣ라
　이 광 대 야

○ 상에 가로되

　'포황득상우중행'은

　빛나고 큼이라.

11 – 8 ————————————— —————————————————————

○ 九三은
　구 삼

　无平不陂며
　무 평 불 피

　无往不復이니
　무 왕 불 복

　艱貞이면 无咎하야
　간 정　　　무 구

　勿恤이라도 其孚ㅣ라
　물 휼　　　　기 부

　于食에 有福하리라
　우 식　　유 복

○ 구삼은

　평평한 것은 언덕지지 않음이 없으며

　간 것은 돌아오지 않음이 없으니

　어렵고 바르게 하면 허물이 없으리라.

　근심치 않더라도 미더운지라

　먹는데 복이 있으리라.

11 – 9 ————————————— —————————————————————

○ 象曰
　상 왈

　无往不復은 天地際也ㅣ라
　무 왕 불 복　　천 지 제 야

○ 상에 가로되

　'무왕불복'은 천지가 사귐이라.

11 – 10 ———————————— —————————————————————

○ 六四는
　육 사

　翩翩히 不富以其鄰하야
　편 편　　불 부 이 기 린

　不戒以孚로다
　불 계 이 부

○ 육사는

　편편히 (홀로) 부하지 않아도 그 이웃으로써 하야

　경계하지 않아도 믿도다.

11 – 11 ———————————— —————————————————————

○ 象曰
　상 왈

　翩翩不富는 皆失實也ㅣ오
　편 편 불 부　　개 실 실 야

○ 상에 가로되

　'편편불부'는 다 실지를 잃음이요

不戒以孚는 中心願也ㅣ라
불계이부　중심원야

'불계이부'는 중심으로 원함이라.

11 - 12 ――――――――――　――――――――――――――

○ 六五는
육오

○ 육오는

帝乙歸妹니
제을귀매

제을의 누이동생을 시집보냄이니

以祉며 元吉이리라
이지　원길

복으로 써하며 크게 길하도다.

11 - 13 ――――――――――　――――――――――――――

○ 象曰
상왈

○ 상에 가로되

以祉元吉은 中以行願也ㅣ라
이지원길　중심행원야

'이지원길'은 중도로써 원함을 행함이라.

11 - 14 ――――――――――　――――――――――――――

○上六은
상육

○ 상육은

城復于隍이라
성복우황

성이 모퉁이에 무너짐이라

勿用師ㅣ오 自邑告命이니
물용사　자읍고명

군사를 쓰지 말고 읍으로부터 명을 고함이니

貞이라도 吝하니라
정　　　인

바를지라도 인색하니라.

11 - 15 ――――――――――　――――――――――――――

○ 象曰
상왈

○ 상에 가로되

城復于隍은
성복우황

'성복우왕'은

其命이 亂也ㅣ라
기명　란야

그 명이 어지러워짐이라.

12 - 1 ──────────── ────────────────────────

● 否之匪人이니
비 지 비 인

● 비색한 도는 사람의 도가 아니니

不利君子貞하니
불 리 군 자 정

군자의 바름이 이롭지 아니하니

大往小來니라
대 왕 소 래

큰 것은 가고 작은 것은 오느니라.

12 - 2 ──────────── ────────────────────────

● 彖曰
단 왈

● 단에 가로되

否之匪人不利君子貞大往小來는
비 지 비 인 불 리 군 자 정 대 왕 소 래

'비지비인불리군자정대왕소래'는

則是天地ㅣ 不交
즉 시 천 지　　불 교

곧 이 하늘과 땅이 사귀지 않아서

而萬物이 不通也ㅣ며
이 만 물　　불 통 야

만물이 통하지 않으며

上下ㅣ 不交
상 하　　불 교

위와 아래가 사귀지 않아서

而天下ㅣ 无邦也ㅣ라
이 천 하　　무 방 야

천하가 나라의 도가 없는 것이라.

內陰而外陽하며
내 음 이 외 양

안은 음이고 밖은 양이며

內柔而外剛하며
내 유 이 외 강

안은 유하고 밖은 강하며

內小人而外君子하니
내 소 인 이 외 군 자

안은 소인이고 밖은 군자이니

小人道ㅣ 長하고
소 인 도　　장

소인의 도는 자라고

君子道ㅣ 消也ㅣ라
군 자 도　　 소 야

군자의 도는 사라지니라.

12 - 3 ━━━━━━━━━━　　━━━━━━━━━━━━

● 象曰
상 왈

● 상에 가로되

天地不交ㅣ 否니
천 지 불 교　　비

천지가 사귀지 않는 것이 비이니

君子ㅣ 以하야
군 자　　이

군자가 본 받아서

儉德辟難하야
검 덕 피 난

덕을 검소하게 하고 어려움을 피하야

不可榮以祿이니라
불 가 영 이 록

가히 녹으로써 영화를 부리지 않느니라.

12 - 4 ━━━━━━━━━━　　━━━━━━━━━━━━

○ 初六
초 육

○ 초육은

拔茅茹ㅣ라
발 모 여

띠 뿌리를 뽑음이라

以其彙로 貞이니
이 기 휘　　정

그 무리로써 바르게 함이니

吉하야 亨하나니라
길　　형

길하야 형통하나니라.

12 - 5 ━━━━━━━━━━　　━━━━━━━━━━━━

○ 象曰
상 왈

○상에 기로되

拔茅貞吉은 志在君也ㅣ라
발 모 정 길　　 지 재 군 야

'발모정길'은 뜻이 인군에게 있음이라.

12 - 6 ━━━━━━━━━━　　━━━━━━━━━━━━

○ 六二는
육 이

○ 육이는

包承이니 小人은 吉코
포 승　　 소 인 길

포용하여 이음이니 소인은 길하고

大人은 否니 亨이라
대 인　　비 형

대인은 비색함이 형통하나니라.

12 - 7 ━━━━━━━━━━　　━━━━━━━━━━━━

○ 象曰
상 왈

○ 상에 가로되

大人否亨은 不亂群也ㅣ라
대인비형　불란군야

'대인비형'은 무리에 어지럽히지 않음이라.

12 - 8 ―――――――――――　――――――――――――――――――

○ 六三은
　　육삼

○ 육삼은

包ㅣ 羞ㅣ로다.
포　　수

포용함이 부끄럽도다.

12 - 9 ―――――――――――　――――――――――――――――――

○ 象曰
　　상왈

○ 상에 가로되

包羞는 位不當也ㄹ새라
포수　　위부당야

'포수'는 위가 마땅치 않기 때문 일새라.

12 - 10 ――――――――――　――――――――――――――――――

○ 九四는
　　구사

○ 구사는

有命이면 无咎하야
유명　　　무구

명을 두면 허물이 없어

疇ㅣ 離祉리라
주　　리지

동무가 복에 걸리도다.

12 - 11 ――――――――――　――――――――――――――――――

○ 象曰
　　상왈

○ 상에 가로되

有命无咎는 志行也ㅣ라
유명무구　　지행야

'유명무구'는 뜻이 행하는 것이라.

12 - 12 ――――――――――　――――――――――――――――――

○ 九五는
　　구오

○ 구오는

休否라 大人의 吉이니
휴비　　대인　길

비색한 것을 그치게 함이라 대인의 길함이니

其亡其亡이라아
기망 기망

그 망할 듯 망할 듯해야

繫于苞桑이리라
계우포상

우묵한 뽕나무에 매리라.

12 - 13 ――――――――――　――――――――――――――――――

○ 象曰
　　상왈

○ 상에 가로되

大人之吉은
대인지길

'대인지길'은

位ㅣ正當也닐새라
위   정당야

위가 바르고 마땅하기 때문일새라.

12 - 14 ──────────────　　──────────────────

○ 上九는
상구

○ 상구는

傾否니
경비

비색한 것이 기울어짐이니

先否코 後喜로다
선비   후희

먼저는 비색하고 뒤에는 기뻐함이로다.

12 - 15 ──────────────　　──────────────────

○ 象曰
상왈

○ 상에 가로되

否終則傾하나니
비 종 즉 경

비색한 것이 마치면 기울어지나니

何可長也ㅣ리오
하 가 장 야

어찌 가히 오래 갈 수 있으리오.

13 - 1 ─────────────────   ─────────────────────

● 同人于野ㅣ면
동 인 우 야

  亨하리니
  형

  利涉大川이며
  이 섭 대 천

  利君子의 貞하니라
  이 군 자   정

● 들에서 사람들과 같이 하면

  형통하리니

  대천을 건넘이 이로우며

  군자의 바름이 이로우니라.

13 - 2 ─────────────   ─────────────────────

● 彖曰
  단 왈

  同人은 柔ㅣ 得位하며
  동 인   유   득 위

  得中而應乎乾할새
  득 중 이 응 호 건

  曰同人이라
  왈 동 인

  同人于野亨利涉大川은
  동 인 우 야 형 이 섭 대 천

● 단에 가로되

  동인은 유가 위를 얻었으며

  중을 얻어서 건에 응 할새

  가로되 동인이라.

  '동인우야형이섭대천'은

△'(同人曰) 同人于野亨利涉大川'을 ☞'同人于野亨利涉大川'으로 기록 함
   (전게 書 亨, 87쪽 傳과 本義참조)

  乾行也ㅣ오
  건 행 야

  文明以健하고
  문 명 이 건

  中正而應이 君子正也ㅣ니
  중 정 이 응   군 자 정 야

  건의 행함이고,

  문명해서 굳세고

  중정해서 응함이 군자의 바름이니

唯君子ㅣ아
유 군 자

오직 군자라야

爲能通天下之志하나니라
위능통 천 하 지 지

능히 천하의 뜻을 통할 수 있나니라.

13 - 3 —————————— —————————————————

● 象曰
상 왈

● 상에 가로되

天與火ㅣ同人이니
천 여 화　　동 인

하늘과 불이 동인이니

君子ㅣ 以하야
군 자　　이

군자가 본받아서

類族으로 辨物하나니라
유 족　　　변 물

유와 족으로 물을 분별 하나니라.

13 - 4 —————————— —————————————————

○ 初九는
추 구

○ 초구는

同人于門이니 无咎ㅣ리라
동 인 우 문　　　무 구

동인을 문 밖에서 함이니 허물이 없으리라.

13 - 5 —————————— —————————————————

○ 象曰
상 왈

○ 상에 가로되

出門同人을 又誰咎也ㅣ리오
출 문 동 인　　우 수 구 야

문에 나가 동인함을 또 누가 허물하리오.

13 - 6 —————————— —————————————————

○ 六二는
육 이

○ 육이는

同人于宗이니 吝토다
동 인 우 종　　　인

동인을 일가끼리 함이니 인색하도다.

13 - 7 —————————— —————————————————

○ 象曰
상 왈

○ 상에 가로되

同人于宗이 吝道也ㅣ라
동 인 우 종　　인 도 야

'동인우종'이 인색한 도니라.

13 - 8 —————————— —————————————————

○ 九三은
구 삼

○ 구삼은

伏戎于莽하고
복융우망

군사를 숲에 매복시키고

升其高陵하야
승 기 고 릉

그 높은 언덕에 올라

三歲不興이로다
삼 세 불 흥

삼년이 되어도 일어나지 못하도다.

13 - 9 ———————————— ————————————————

○ 象曰
상 왈

○ 상에 가로되

伏戎于莽은 敵剛也ㅣ오
복융우망   적 강 야

'복융우망'은 적이 강함이요

三歲不興이어니
삼 세 불 흥

'삼세불흥'이니

安行也ㅣ리오
안 행 야

어디를 가리오.

13 - 10 ———————————— ————————————————

○ 九四는
구 사

○ 구사는

乘其墉호대
승 기 용

그 담에 오르되

弗克攻이니 吉하니라
불 극 공   길

능히 치지 않음이니 길하니라.

13 - 11 ———————————— ————————————————

○ 象曰
상 왈

○ 상에 가로되

乘其墉은 義弗克也ㅣ오
승 기 용   의 불 극 야

'승기용'은 의리가 이기지 못함이요

其吉은
기 길

그 길함은

則困而反則也ㅣ라
즉 곤 이 반 칙 야

곧 곤해서 법칙에 돌아옴이라.

13 - 12 ———————————— ————————————————

○ 九五는
구 오

○ 구오는

同人이 先號咷而後笑ㅣ니
동 인   선 호 조 이 후 소

동인이 먼저 울부짖고 뒤에는 웃으니

大師克이라야 相遇로다
대 사 극   상 우

큰 군사로 이겨야 서로 만날 것이로다.

13 – 13 ------------------------ ------------------------------

○ 象曰
상 왈

○ 상에 가로되

同人之先은
동 인 지 선

동인이 먼저는

以中直也ㅣ오
이 중 직 야

중직하기 때문이요

大師相遇는
대 사 상 우

큰 군사로 서로 만난다함은

言相克也ㅣ라
언 상 극 야

서로 이김을 말하는 것이라.

13 – 14 ------------------------ ------------------------------

○ 上九는
상 구

○ 상구는

同人于郊ㅣ니 无悔니라
동 인 우 교   무 회

동인이 들에서 함이니 뉘우침이 없느니라.

13 – 15 ------------------------ ------------------------------

○ 象曰
상 왈

○ 상에 가로되

同人于郊ㅣ는 志未得也라
동 인 우 교   지 미 득 야

'동인우교'는 뜻을 얻지 못함이라.

14 - 1 ――――――――――

● 大有는
  대유

  元亨하니라
  원형

――――――――――――

● 대유는

  크게 형통 하니라.

14 - 2 ――――――――――

● 彖曰
  단 왈

  大有는 柔ㅣ 得尊位하고
  대유   유   득 존 위

  大中而上下ㅣ 應之할새
  대중 이 상 하   응 지

  曰大有니
  왈 대 유

  其德이 剛健而文明하고
  기 덕   강 건 이 문 명

  應乎天而時行이라
  응 호 천 이 시 행

  是以元亨하니라
  시 이 원 형

――――――――――――

● 단에 가로되

  대유는 유가 높은 자리를 얻고

  크게 가운데 하여 위와 아래가 응할새

  가로되 대유니

  그 덕이 강건해서 문명하고

  하늘에 응해서 때로 행함이라

  이렇기 때문에 '원형'이니라.

14 - 3 ――――――――――

● 象曰
  상 왈

  火在天上이 大有니
  화 재 천 상   대 유

  君子ㅣ 以하야
  군 자   이

  遏惡揚善하야
  알 악 양 선

――――――――――――

● 상에 가로되

  불이 하늘위에 있음이 대유니

  군자가 본받아서

  악을 막고 선을 드날려

順天休命하나니라
순천휴명

하늘의 아름다운 명을 따르나니라.

14 - 4 ─────────── ─────────────────────

○ 初九는
초구

○ 초구는

无交害ㅣ니 匪咎나
무교해   비구

해로운대 사귐이(사귐에는 해가) 없으니
허물이 아니나

艱則无咎ㅣ리라
간즉무구

어렵게 하면 허물이 없으리라.

14 - 5 ─────────── ─────────────────────

○ 象曰
상왈

○ 상에 가로되

大有初九는
대유초구

대유의 초구는

无交害也ㅣ라
무교해야

해로운대 사귀지 않음이라.

14 - 6 ─────────── ─────────────────────

○ 九二는
구이

○ 구이는

大車以載ㅣ니
대거이재

큰 수레로 실음이니

有攸往하야 无咎ㅣ리라
유유왕   무구

가는 바를 두어 허물이 없으리라.

14 - 7 ─────────── ─────────────────────

○ 象曰
상왈

○ 상에 가로되

大車以載는 積中不敗也ㅣ라
대거이재   적중불패야

'대거이재'는 중도를 쌓아서 패하지 않음이라.

14 - 8 ─────────── ─────────────────────

○ 九三은
구삼

○ 구삼은

公用亨于天子ㅣ니
공용향우천자

공이 천자에게 조공을 바치니

小人은 弗克이니라
소인   불극

소인은 능하지 못하니라.

14 - 9 ────────────── ──────────────────

○ **象曰**
　상 왈

　公用亨于天子는
　공 용 향 우 천 자

　小人은 害也ㅣ리라
　소 인　　해 야

○ 상에 가로되

　'공용향우천자'는

　소인은 해로움이라.

14 - 10 ────────────── ──────────────────

○ **九四는**
　구 사

　匪其彭이면 无咎ㅣ리라
　비 기 방　　무 구

○ 구사는

　그 (세력을)성대하지 않으면 허물이 없으리라.

14 - 11 ────────────── ──────────────────

○ **象曰**
　상 왈

　匪其彭无咎는
　비 기 방 무 구

　明辨晢也ㅣ라
　명 변 제 야

○ 상에 가로되

　'비기방무구'는

　분별하는 지혜가 밝음이라.

14 - 12 ────────────── ──────────────────

○ **六五는**
　육 오

　厥孚ㅣ交如ㅣ니
　궐 부　　교 여

　威如ㅣ면 吉하리라
　위 여　　길

○ 육오는

　그 믿음이 사귀는 것이니

　위엄 있게 하면 길하리라.

14 - 13 ────────────── ──────────────────

○ **象曰**
　상 왈

　厥孚交如는
　궐 부 교 여

　信以發志也ㅣ오
　신 이 발 지 야

　威如之吉은
　위 여 지 길

　易而无備也ㅣㄹ새라
　이 이 무 비 야

○ 상에 가로되

　'궐부교여'는

　믿음으로써 뜻을 발함이고

　'위여지길'은

　안이해서 체통이 갖춤이 없기 때문 일새라.

85

○ 上九는
상구

自天祐之라
자 천 우 지

吉无不利로다
길 무 불 리

○ 상구는

하늘로부터 돕는지라.

길해서 이롭지 않음이 없음이로다.

○ 象曰
상 왈

大有上吉은 自天祐也ㅣ라
대유 상 길   자 천 우 야

○ 상에 가로되

대유의 상구가 길함은 하늘로부터 도움이라.

15 - 1 ━━━━━━━━━━━━━━

● 謙은
　겸

　亨하니 君子ㅣ 有終이니라
　형　　　군자　　유종

● 겸은

　형통하니 군자가 마침이 있느니라.

15 - 2 ━━━━━━━━━━━━━━

● 彖曰
　단 왈

　謙亨은
　겸 형

　天道ㅣ 下濟而光明하고
　천도　　하제이광명

　地道ㅣ 卑而上行이라
　지도　　비이상행

　天道는
　천도

　虧盈而益謙하고
　휴영이익겸

　地道는
　지도

　變盈而流謙하고
　변영이유겸

　鬼神은
　귀신

　害盈而福謙하고
　해영이복겸

　人道는
　인도

● 단에 가로되

　'겸형'은

　하늘의 도가 내려가 사귀어서 광명하고

　땅의 도가 낮추어서 올라가 행함이라.

　하늘의 도는

　가득 찬 것을 이지러지게 하여 겸손한데 더하고

　땅의 도는

　가득 찬 것을 변하게 하여 겸손한데 흐르고

　귀신은

　가득 찬 것을 해롭게 하여 겸손한데 복되게 하고

　사람의 도는

惡盈而好謙하나니
오 영 이 호 겸

가득찬 것을 미워하고 겸손한 것을 좋아하나니

謙은
겸

겸은

尊而光하고
존 이 광

높아도 빛나고

卑而不可踰ㅣ니
비 이 불 가 유

낮아도 가히 넘지 않으니

君子之終也ㅣ니라
군 자 지 종 야

군자의 마침이니라.

15 - 3 ───────────── ──────────────────

● 象曰
상 왈

● 상에 가로되

地中有山이 謙이니
지 중 유 산   겸

땅 속에 산이 있는 것이 겸이니

君子ㅣ 以하야
군 자   이

군자가 본 받아서

裒多益寡하야
부 다 익 과

많은 것을 덜어 적은데 더 하야

稱物平施하나니라
칭 물 평 시

물건을 저울질해서 베풂을 고르게 하나니라.

15 - 4 ───────────── ──────────────────

○ 初六은
초 육

○ 초육은

謙謙君子ㅣ니
겸 겸 군 자

겸손하고 겸손한 군자이니

用涉大川이라도 吉하니라
용 섭 대 천   길

써 대천을 건너도 길하니라.

15 - 5 ───────────── ──────────────────

○ 象曰
상 왈

○ 상에 가로되

謙謙君子는 卑以自牧也ㅣ라
겸 겸 군 자   비 이 자 목 야

'겸겸군자'는 낮춤으로써 스스로 기르는 것이라.

15 - 6 ───────────── ──────────────────

○ 六二는
육 이

○ 육이는

鳴謙이니 貞코 吉하니라
명겸 정 길

겸손에 울림이니 바르고 길하니라.

15 - 7 ─────────────── ───────────────

○ 象曰
상왈

○ 상에 가로되

鳴謙貞吉은 中心得也ㅣ라
명겸정길 중심득야

'명겸정길'은 중심에 얻은 것이라.

15 - 8 ─────────────── ───────────────

○ 九三은
구삼

○ 구삼은

勞謙이니
노겸

수고로움에 겸손함이니

君子ㅣ 有終이니 吉하니라
군자 유종 길

군자가 마침이 있으니 길하니라.

15 - 9 ─────────────── ───────────────

○ 象曰
상왈

○ 상에 가로되

勞謙君子는 萬民의 服也ㅣ라
노겸군자 만민 복야

'노겸군자'는 만민이 복종함이라.

15 - 10 ─────────────── ───────────────

○ 六四는
육사

○ 육사는

无不利撝謙이니라
무불리 휘겸

엄지손가락으로 겸손함이 이롭지 않음이 없느니라.

15 - 11 ─────────────── ───────────────

○ 象曰
상왈

○ 상에 가로되

无不利撝謙은 不違則也ㅣ라
무불리 휘겸 불위칙야

'무불리휘겸'은 법칙에 어긋나지 않음이라.

15 - 12 ─────────────── ───────────────

○ 六五는
육오

○ 육오는

不富以其鄰이니
불부이기린

(홀로) 부하지 않고 그 이웃과 함께하려는 것이니

利用侵伐이니 无不利하리라
이용침벌 무불리

침벌을 씀이 이로우니 이롭지 않음이 없으리라.

15 - 13 ———————————   —————————————

○ 象曰
상 왈

　利用侵伐은 征不服也ㅣ라
　이용침벌　　정불복야

○ 상에 가로되

　'이용침벌'은 복종하지 않는 것을 치는 것이라.

15 - 14 ———————————   —————————————

○ 上六은
　상육

　鳴謙이니
　명겸

　利用行師하야 征邑國이니라
　이용행사　　　정읍국

○ 상육은

　겸손에 우니

　써 군사를 행해서 읍국을 침이 이로우니라.

15 - 14 ———————————   —————————————

○ 象曰
　상왈

　鳴謙은 志未得也ㅣ니
　명겸　　지미득야

　可用行師하야 征邑國也ㅣ라
　가용행사　　　정읍국야

○ 상에 가로되

　'명겸'은 뜻을 얻지 못한 것이니

　가히 군사를 행해서 읍국을 치니라.

16 - 1 ──────────────　──────────────────

● 豫는
　예

● 예는

利建侯行師하니라
이 건 후 행 사

제후를 세우고 군사를 행함이 이로우니라.

16 - 2 ──────────────　──────────────────

● 彖曰
　단 왈

● 단에 가로되

豫는 剛應而志行하고
예　　강 응 이 지 행

예는 강한 것이 응해서 뜻을 행하고

順以動이 豫라
순 이 동　　예

순해서 움직임이 예라.

豫順以動故로
예 순 이 동 고

예가 순해서 움직이기 때문인 고로

天地도 如之온
천 지　　여 지

하늘과 땅도 그렇게 함이 온

而況建侯行師乎여
이 황 건 후 행 사 호

하물며 제후를 세우고 군사를 행함에서야

天地ㅣ 以順動이라
천 지　　이 순 동

천지가 순함으로써 움직임이라

故로 日月이
고　　일 월

고로 해와 달이

不過而四時ㅣ 不忒하고
불 과 이 사 시　　불 특

지나치지 않아서 사시가 어긋나지 아니하고

聖人이 以順動이라
성 인　　이 순 동

성인이 순함으로써 움직임이라

則刑罰이 淸而民이 服하나니
즉 형 벌　　청 이 민　　복

곧 형벌이 맑아서 백성이 복종하나니

豫之時義ㅣ 大矣哉라
예 지 시 의   대 의 재

예의 때와 의가 큼이라.

● 象曰
상 왈

● 상에 가로되

雷出地奮이 豫니
뢰 출 지 분   예

우레가 땅에서 나와 떨침이 예이니

先王이 以하야
선 왕   이

선왕이 본 받아서

作樂崇德하야
작 악 숭 덕

음악을 지어 덕을 높여

殷薦之上帝하야
은 천 지 상 제

성대히 상제께 천신하여

以配祖考하니라
이 배 조 고

써 조상을 배향하느니라.

○ 初六은
초 육

○ 초육은

鳴豫ㅣ니 凶하니라
명 예   흉

우는 예니 흉하니라.

○ 象曰
상 왈

○ 상에 가로되

初六鳴豫는
초 육 명 예

'초육명예'는

志窮하야 凶也ㅣ라
지 궁   흉 야

뜻이 궁해서 흉함이라.

○ 六二는
육 이

○ 육이는

介于石이라
개 우 석

절개가 돌이라

不終日이니 貞코 吉하니라
부 종 일   정   길

날을 마치지 않으니 바르고 길하니라.

○ 象曰
상 왈

○ 상에 가로되

不終日貞吉은
부종일정길

'부종일정길'은

以中正也ㅣ라
이중정야

중정하기 때문이라.

16 - 8 ─────────

○ 六三은
육삼

○ 육삼은

盱豫ㅣ라 悔며
우예   회

쳐다보며 즐거워함이라.

遲하야도 有悔리라
지   유회

더디게 하여도 후회가 있으리라.

16 - 9 ─────────

○ 象曰
상왈

○ 상에 가로되

盱豫有悔는
우예유회

'우예유회'는

位不當也ㅣ새라
위부당야

위가 당치 않기 때문 일새라.

16 - 10 ─────────

○ 九四는
구사

○ 구사는

由豫ㅣ라
유예

즐거움에 말미암음이라

大有得이니
대유득

크게 얻음이 있으니

勿疑면 朋이 盍簪하리라
물의   붕   합잠

의심치 말면 벗이 비녀를 합하리라.

16 - 11 ─────────

○ 象曰
상왈

○ 상에 가로되

由豫大有得은
유예 대유득

'유예대유득'은

志大行也ㅣ라
지대행야

뜻이 크게 행해지는 것이라.

16 - 12 ─────────

○ 六五는
육오

○ 육오는

貞호대 疾하나
정   질

바르되 병드나

恒不死ㅣ로다
항불사

항상 죽지 않도다.

16 - 13 ――――――――   ――――――――――――――

○ 象曰
상왈

○ 상에 가로되

六五貞疾은 乘剛也ㅣ오
육오정질   승강야

'육오정질'은 강을 탔기 때문이고

恒不死는 中未亡也ㅣ라
항불사   중미망야

'항불사'는 중이 없어지지 아니함이라.

16 - 14 ――――――――   ――――――――――――――

○ 上六은
상육

○ 상육은

冥豫니 成하나
명예   성

즐거움에 어두워 졌으니 이루어지나

有渝ㅣ면 无咎ㅣ리라
유유   무구

변함이 있으면 허물이 없으리라.

16 - 15 ――――――――   ――――――――――――――

○象曰
상왈

○ 상에 가로되

冥豫在上이어니
명예재상

즐거움에 어두워 위에 있으니

何可長也ㅣ리오
하가장야

어떻게 가히 오래 갈 수 있으리오.

17 - 1 ─────────────

● 隨는
　수

　元亨하니
　원 형

　利貞이라 无咎ㅣ리라
　이정　　　무구

● 수는

　크게 형통하니

　바름이 이로우니라 허물이 없으리라.

17 - 2 ─────────────

● 彖曰
　단 왈

　隨는 剛來而下柔하고
　수　　강래이하유

　動而說이 隨ㅣ니
　동이열　　수

　大亨코 貞하야 无咎하야
　대형　　정　　　무구

　而天下ㅣ 隨時하나니
　이천하　　수시

　隨之時義ㅣ 大矣哉라
　수시지의　　대의재

● 단에 가로되

　수는 강이 와서 유에 아래하고

　움직임에 기뻐함이 수니

　크게 형통하고 바르게 하야 허물이 없어서

　천하가 때를 따르니

　따르려는 때의 뜻이 큼이라.

　△'隨(時之)義ㅣ 大矣哉'를 ☞ '隨之時義ㅣ 大矣哉'로 기록 함
　　(전게 書〈亨〉, 197쪽 本義 참조)

17 -3 ────────────

● 象曰
　상 왈

　澤中有雷ㅣ 隨ㅣ니
　택중유뢰　　수

● 상에 가로되

　못 속에 우뢰가 있는 것이 수이니

君子ㅣ 以하야
군자 이

군자가 본 받아서

嚮晦入宴息하나니라
향 회 입 연 식

어두움을 향하여 들어가 잔치하고 쉬느니라.

17 - 4 ――――――――   ―――――――――――――

○ 初九는
　　초 구

○ 초구는

官有渝ㅣ니
관 유 유

주장함에 변함이 있으니

貞이면 吉하니
정 　　　길

바르게 하면 길하니

出門交ㅣ면 有功하리라
출 문 교 　　　유 공

문 밖에 나가서 사귀면 공이 있으리라.

17 - 5 ――――――――   ―――――――――――――

○ 象曰
　　상 왈

○ 상에 가로되

官有渝에 從正이면 吉也ㅣ니
관 유 유 　　종 정 　　　길 야

'관유유'에 바름을 좇으면 길하니

出門交有功은 不失也ㅣ라
출 문 교 유 공 　　불 실 야

'출문교유공'은 잃지 아니함이라.

17 - 6 ――――――――   ―――――――――――――

○ 六二는
　　육 이

○ 육이는

係小子ㅣ면 失丈夫하리라
계 소 자 　　　실 장 부

소자에게 매이면 장부를 잃으리라.

17 - 7 ――――――――   ―――――――――――――

○ 象曰
　　상 왈

○ 상에 가로되

係小子ㅣ면 弗兼與也ㅣ라
계 소 자 　　　불 겸 여 야

'계소자'면 겸하여 더불지 못하리라.

17 - 8 ――――――――   ―――――――――――――

○ 六三은
　　육 삼

○ 육삼은

係丈夫하고 失小子하니
계 장 부 　　　실 소 자

장부에 매이고 소자를 잃으니

隨에 有求를 得하나
수 　　유 구 　　득

따름에 구하는 것을 얻으나

利居貞하니라.
이 거 정

바른데 거처함이 이로우니라.

17 – 9 ––––––––––––––   ––––––––––––––––––––––––

○ 象曰
   상 왈

○ 상에 가로되

係丈夫는 志舍下也ㅣ라
계 장 부   지 사 하 야

'계장부'는 뜻이 아래를 버림이라.

17 – 10 ––––––––––––   ––––––––––––––––––––––––

○ 九四는
   구 사

○ 구사는

隨에 有獲이면
수   유 획

따름에 얻음이 있으면

貞이라도 凶하니
정   흉

바르게 하더라도 흉하니

有孚코 在道코
유 부   재 도

믿음을 두고 도에 있고

以明이면 何咎ㅣ리오
이 명   하 구

밝음으로써 하면 무슨 허물이리오.

17 – 11 ––––––––––––   ––––––––––––––––––––––––

○ 象曰
   상 왈

○ 상에 가로되

隨有獲은
수유 획

'수유획'은

其義ㅣ 凶也ㅣ오
기 의   흉 야

그 의가 흉하고

有孚在道는 明功也ㅣ라
유 부 재 도   명 공 야

'유부재도'는 밝은 공이라.

17 – 12 ––––––––––––   ––––––––––––––––––––––––

○ 九五는
   구 오

○ 구오는

孚于嘉ㅣ니 吉하니라
부 우 가   길

믿는 바가 아름다우니 길하리라.

17 – 13 ––––––––––––   ––––––––––––––––––––––––

○ 象曰
   상 왈

○ 상에 가로되

孚于嘉吉은 位正中也ㅣ새라
부 우 가 길   위 정 중 야

'부우가길'은 위가 정중했기 때문 일새라.

17 - 14 ─ ─ ─ ─ ─ ─ ─ ─ ─ ─ ─ ─   ─ ─ ─ ─ ─ ─ ─ ─ ─ ─ ─ ─ ─ ─ ─ ─

○上六은

상육

拘係之오 乃從維之니

구계지　　내종유지

王用亨于西山이로다

왕용향우서산

○ 상육은

붙들어 매고 이에 좇아서 얽음이니

왕이 써 서산에 제향을 올리도다.

17 - 15 ─ ─ ─ ─ ─ ─ ─ ─ ─ ─ ─ ─   ─ ─ ─ ─ ─ ─ ─ ─ ─ ─ ─ ─ ─ ─ ─ ─

○象曰

상왈

拘係之는 上窮也ㅣ라

구계지　　상궁야

○ 상에 가로되

'구계지'는 위에서 궁함이라.

18 - 1 ————————————

● 蠱는
고

　元亨하니 利涉大川이니
　원형　　이섭대천

　先甲三日하며
　선갑삼일

　後甲三日이니라
　후갑삼일

● 고는

　크게 형통하니 대천을 건넘이 이로우니

　갑으로 먼저 사흘하며

　갑으로 뒤에 사흘하니라.

18 - 2 ————————————

● 彖曰
단왈

　蠱는 剛上而柔下하고
　고　　강상이유하

　巽而止ㅣ 蠱ㅣ라
　손이지　　고

　蠱ㅣ 元亨하야
　고　　원형

　而天下ㅣ 治也ㅣ오
　이천하　　치야

　利涉大川은
　이섭대천

　往有事也ㅣ오
　왕유사야

　先甲三日後甲三日은
　선갑삼일후갑삼일

　終則有始ㅣ 天行也ㅣ라
　종즉유시　　천행야

● 단에 가로되

　고는 강이 올라가고 유가 내려오며

　공손해서 그침이 고라.

　고가 크게 형통하야

　천하가 다스려짐이요

　'이섭대천'은

　가서 일이 있음이요

　'선갑삼일 후갑삼일'은

　마치면 시작함이 있음이 하늘의 행함이라.

18 - 3 ━━━━━━━━━━━━━━━━━━━━   ━━━━━━━━━━━━━━━━━━━━━

● 象曰
　상왈

　　● 상에 가로되

山下有風이 蠱ㅣ니
산 하 유 풍　　　고

　　산 아래 바람이 있음이 고이니

君子ㅣ 以하야
군 자　　이

　　군자가 본 받아서

振民하며 育德하나니라
진 민　　　육 덕

　　백성을 진작시키고 덕을 기르나니라.

18 - 4 ━━━━━━━━━━━━━━━━━━━━   ━━━━━━━━━━━━━━━━━━━━━

○ 初六은
　초육

　　○ 초육은

幹父之蠱ㅣ니 有子ㅣ면
간 부 지 고　　　유 자

　　아버지의 허물을 주장함이니 자식이 있으면

考ㅣ 无咎하리니
고　　무 구

　　아버지가 허물이 없으리니

厲하여야 終吉이리라
려　　　　종 길

　　조심하여야 마침내 길하리라.

18 - 5 ━━━━━━━━━━━━━━━━━━   ━━━━━━━━━━━━━━━━━━━━━

○ 象曰
　상왈

　　○ 상에 가로되

幹父之蠱는 意承考也ㅣ라
간 부 지 고　　　의 승 고 야

　　'간부지고'는 뜻이 죽은 아버지를 이음이라.

18 - 6 ━━━━━━━━━━━━━━━━━━   ━━━━━━━━━━━━━━━━━━━━━

○ 九二는
　구 이

　　○ 구이는

幹母之蠱ㅣ니 不可貞이니라
간 모 지 고　　　불 가 정

　　어머니의 허물을 주장함이니 가히
　　바르게 하지 못하니라.

18 - 7 ━━━━━━━━━━━━━━━━━━   ━━━━━━━━━━━━━━━━━━━━━

○ 象曰
　상왈

　　○ 상에 가로되

幹母之蠱는 得中道也ㅣ라
간 모 지 고　　　득 중 도 야

　　'간모지고'는 중도를 얻음이라.

18 - 8 ━━━━━━━━━━━━━━━━━━   ━━━━━━━━━━━━━━━━━━━━━

○ 九三은
　구삼

　　○ 구삼은

幹父之蠱ㅣ니
간부지고

아버지의 허물을 주장함이니

小有悔나 无大咎ㅣ리라
소유회   무대구

조금 후회는 있으나 큰 허물은 없느니라.

18 – 9 ––––––––––––––   ––––––––––––––––––––

○ **象曰**
상왈

○ 상에 가로되

幹父之蠱는 終无咎也ㅣ니라
간부지고   종무구야

'간부지고'는 마침내 허물이 없느니라.

18 – 10 ––––––––––––––   ––––––––––––––––––––

○ **六四는**
육사

○ 육사는

裕父之蠱ㅣ니
유부지고

아버지의 허물을 너그럽게 함이니

往하면 見吝하리라
왕   견린

가면 부끄러움을 보리라.

18 – 11 ––––––––––––––   ––––––––––––––––––––

○ **象曰**
상왈

○ 상에 가로되

裕父之蠱는 往엔 未得也ㅣ라
유부지고   왕   미득야

'유부지고'는 가면 얻지 못하니라.

18 – 12 ––––––––––––––   ––––––––––––––––––––

○ **六五는**
육오

○ 육오는

幹父之蠱ㅣ니 用譽리라
간부지고   용예

아버지의 허물을 주장함이니 써 영예로우리라.

18 – 13 ––––––––––––––   ––––––––––––––––––––

○ **象曰**
상왈

○ 상에 가로되

幹父用譽는 承以德也ㅣ라
간부용예   승이덕야

'간부용예'는 덕으로써 잇기 때문이라.

18 – 14 ––––––––––––––   ––––––––––––––––––––

○ **上九는**
상구

○ 상구는

不事王侯하고 高尙其事ㅣ로다
불사왕후   고상기사

왕후를 섬기지 아니하고 그 일을 높이 숭상함이로다.

○ 象曰
　상 왈

不事王侯는 志可則也ㅣ라
불 사 왕 후　　지 가 칙 야

○ 상에 가로되

'불사왕후'는 뜻을 가히 본받을 만 하니라.

19 - 1 ————————

● 臨은
　림

　元亨코 利貞하니
　원형　이정

　至于八月하야 有凶하리라
　지우팔월　　유흉

● 림은

　크게 형통하고 바르게 함이 이로우니라.

　팔월에 이르러서는 흉함이 있으리라.

19 - 2 ————————

● 彖曰
　단왈

　臨은 剛浸而長하며
　림　강침이장

　說而順하고
　열이순

　剛中而應하야
　강중이응

　大亨以正하니
　대형이정

　天之道也ㅣ라
　천지도야

　至于八月有凶은
　지우팔월유흉

　消不久也ㅣ라
　소불구야

● 단에 가로되

　림은 강이 젖어들어 자라며

　기뻐하면서 순하고

　강이 가운데하고 응하야

　크게 형통하고 바름으로써 하니

　하늘의 도이니라.

　'지우팔월유흉'은

　사라져서 오래가지 못함이라.

19 - 3 ————————

● 象曰
　상왈

　澤上有地ㅣ 臨이니
　택상유지　림

● 상에 가로되

　못 위에 땅이 있음이 림이니

君子ㅣ 以 하야
군자　　이

군자가 본 받아서

教思ㅣ 无窮하며
교사　　무궁

가르치려는 생각이 끝이 없으며

容保民이 无疆하나니라
용보민　　무강

백성을 포용해서 보호함이 지경이 없느니라.

19 − 4 ————————————　　————————————————

○ 初九는
　 초구

○ 초구는

咸臨이니 貞하야 吉하니라
함림　　정　　길

느껴 임하니 바르게 하야 길하니라.

19 − 5 ————————————　　————————————————

○ 象曰
　 상왈

○ 상에 가로되

咸臨貞吉은 志行正也ㅣ라
함림정길　　지행정야

'함림정길'은 뜻이 바름을 행함이라.

19 − 6 ————————————　　————————————————

○ 九二는
　 구이

○ 구이는

咸臨이니 吉하야 无不利하리라
함림　　길　　무불리

느껴 임하니 길해서 이롭지 않음이 없으리라.

19 − 7 ————————————　　————————————————

○ 象曰
　 상왈

○ 상에 가로되

咸臨吉无不利는 未順命也ㅣ라
함림길무불리　　미순명야

'함림길무불리'는 아니해도 천명에 순함이라.

19 − 8 ————————————　　————————————————

○ 六三은
　 육삼

○ 육삼은

甘臨이라 无攸利하니
감림　　무유리

감언이설로 임하는지라 이로울 바가 없으니

旣憂之라 无咎ㅣ리라
기우지　　무구

이미 근심하는지라 허물이 없으리라.

19 − 9 ————————————　　————————————————

○ 象曰
　 상왈

○ 상에 가로되

甘臨은 位不當也ㅣ오
감림　　위부당야

'감림'은 위가 마땅치 않음이고

旣憂之하니 咎不長也ㅣ리라
기우지　　구부장야

이미 근심하니 허물이 오래하지 않음이라.

19 – 10 ————————————

○ 六四는
　육사

○ 육사는

至臨이니 无咎하니라
지림　　무구

지극하게 임하니 허물이 없느니라.

19 – 11 ————————————

○ 象曰
　상왈

○ 상에 가로되

至臨无咎는 位當也ㅣ새라
지림무구　　위당야

'지림무구'는 위가 마땅하기 때문 일새라.

19 – 12 ————————————

○ 六五는
　육오

○ 육오는

知臨이니
지림

지혜로 임하니

大君之宜니 吉하니라
대군지의　　길

대군의 마땅함이니 길하니라.

19 – 13 ————————————

○ 象曰
　상왈

○ 상에 가로되

大君之宜는 行中之謂也ㅣ라
대군지의　　행중지위야

'대군지의'는 중도를 행함을 이름이라.

19 – 14 ————————————

○ 上六은
　상육

○ 상육은

敦臨이니 吉하야 无咎하니라
돈림　　길　　무구

돈독하게 임하니 길하야 허물이 없느니라.

19 – 16 ————————————

○ 象曰
　상왈

○ 상에 가로되

敦臨之吉은 志在內也ㅣ라
돈림지길　　지재내야

'돈림지길'은 뜻이 안에 있음이라.

20 - 1 ——————————————————

● 觀은
　관

盥而不薦이면
관 이 불 천

有孚하야 顒若하리라
유 부　　옹 약

——————————————————

● 관은

관수하고 흐트러지지 않으면

믿음을 두어서 우러러보니라.

20 - 2 ——————————————————

● 彖曰
　단 왈

大觀으로 在上하야
대 관　　　재 상

順而巽하고 中正으로
순 이 손　　중 정

以觀天下ㅣ니
이 관 천 하

觀盥而不薦有孚顒若은
관 관 이 불 천 유 부 옹 약

下ㅣ 觀而化也ㅣ라
하　　관 이 화 야

觀天之神道而四時ㅣ 不忒하니
관 천 지 신 도 이 사 시　　불 특

聖人이
성 인

以神道設敎而天下ㅣ 服矣니라
이 신 도 설 교 이 천 하　　복 의

——————————————————

● 단에 가로되

대관으로 위에 있어

순하고 공손하며 중정으로써

천하에 보임이니

'관관이불천유부옹약'은

아래 사람이 보고서 감화하니라.

하늘의 신묘한 도를 봄에 사시가
어긋나지 않으니

성인이

신묘한 도로써 가르침을 베풀어 천하가
복종 하니라.

20 - 3 ―――――――――― ――――――――――――――

● 象曰
　상왈

● 상에 가로되

風行地上이 觀이니
풍행지상　　관

바람이 땅위에 행하는 것이 관이니

先王이 以하야
선왕　　이

선왕이 본받아

省方觀民하야 設教하니라
성방관민　　　설교

사방을 살피고 백성을 관찰하야 가르침을
베푸느니라.

20 - 4 ―――――――――― ――――――――――――――

○ 初六은
　초육

○ 초육은

童觀이니 小人은 无咎ㅣ오
동관　　　소인　　무구

어린 아이가 봄이니 소인은 허물이 없고

君子는 吝이니라
군자　　인

군자는 인색하니라.

20 - 5 ―――――――――― ――――――――――――――

○ 象曰
　상왈

○ 상에 가로되

初六童觀은 小人道也ㅣ라
초육동관　　소인도야

초육의 '동관'은 소인의 도이니라.

20 - 6 ―――――――――― ――――――――――――――

○ 六二는
　육이

○ 육이는

闚觀이니 利女貞하니라
규관　　　이여정

엿보는 관이니 여자의 바름이 이로우니라.

20 - 7 ―――――――――― ――――――――――――――

○ 象曰
　상왈

○ 상에 가로되

闚觀女貞이 亦可醜也ㅣ니라
규관여정　　역가추야

'규관여정'이 또한 가히 추하니라.

20 - 8 ―――――――――― ――――――――――――――

○ 六三은
　육삼

○ 육삼은

觀我生하야 進退로다
관아생　　　진퇴

나의 생김새를 관찰하야 나아가고 물러남이로다

○ 象曰
상 왈

  ○ 상에 가로되

觀我生進退하니
관 아 생 진 퇴

  '관아생진퇴'라 하니

未失道也ㅣ라
미 실 도 야

  도를 잃지 않음이니라.

○ 六四는
육 사

  ○ 육사는

觀國之光이니
관 국 지 광

  나라의 빛을 봄이니

利用賓于王하니라
이 용 빈 우 왕

  왕에게 손 대접을 받음이 이로우니라.

○ 象曰
상 왈

  ○ 상에 가로되

觀國之光은 尙賓也ㅣ라
관 국 지 광   상 빈 야

  '관국지광'은 빈을 숭상해주기 때문이라.

○ 九五는
구 오

  ○ 구오는

觀我生호대
관 아 생

  나의 생김새를 보되

君子ㅣ면 无咎ㅣ리라
군 자   무 구

  군자이면 허물이 없으리라.

○ 象曰
상 왈

  ○ 상에 가로되

觀我生은 觀民也ㅣ라
관 아 생   관 민 야

  '관아생'은 백성을 봄이라.

○ 上九는
상 육

  ○ 상구는

觀其生호대
관 기 생

  그 생김새를 보되

君子ㅣ면 无咎리라
군자　　무구

군자이면 허물이 없으리라.

20 - 15 ─────────────　　─────────────────

○ **象曰**
상왈

○ 상에 가로되

觀其生은 志未平也ㅣ라
관기생　　지미평야

'관기생'은 뜻이 편안치 못함이라.

21 - 1 ———————————— ————————————

● 噬嗑은
　서합

　亨하니 利用獄하니라
　형　　　이용옥

● 서합은

　형통하니 옥을 씀이 이로우니라.

21 - 2 ———————————— ————————————

● 彖曰
　단왈

　頤中有物일새 曰噬嗑이니
　이중유물　　　왈 서합

　噬嗑하야 而亨하니라
　서합　　　이형

　剛柔ㅣ 分하고 動而明하고
　강유　　분　　동이명

　雷電이 合而章하고
　뢰전　　합이장

　柔得中而上行하니
　유득중이상행

　雖不當位나 利用獄也ㅣ니라
　수부당위　　이용옥야

● 단에 가로되

　턱 속에 음식물이 있기 때문에 가론 서합이니

　잘 씹어서 형통하게 하니라.

　강과 유가 나뉘고 움직여서 밝고

　우레와 번개가 합쳐져 빛나고

　유가 득중해서 위로 가니

　비록 위는 마땅하지 않으나 옥을 씀이 이로우니라.

21 - 3 ———————————— ————————————

● 象曰
　상왈

　雷電이 噬嗑이니
　뢰전　　서합

　先王이 以하야
　선왕　　이

　明罰勅法하니라
　명벌칙법

● 상에 가로되

　우뢰와 번개가 서합이니

　선왕이 본받아

　형벌을 밝게 하고 법령을 조심히 하니라.

21 – 4 ―――――――――― ―――――――――――――――――

○ 初九는
　初九

　履校하야 滅趾니 无咎하니라
　履校　　滅趾　无咎

○ 초구는

　형틀을 신겨서 발꿈치를 멸하니 허물이 없느니라.

21 – 5 ―――――――――― ―――――――――――――――――

○ 象曰
　象曰

　履校滅趾는 不行也ㅣ라
　履校滅趾　不行也

○ 상에 가로되

　'구교멸지'는 행하지 못하게 함이라.

21 – 6 ―――――――――― ―――――――――――――――――

○ 六二는
　六二

　噬膚호대 滅鼻니 无咎하니라
　噬膚　　滅鼻　无咎

○ 육이는

　살을 씹되 코를 멸하게 함이니 허물이 없느니라.

21 – 7 ―――――――――― ―――――――――――――――――

○ 象曰
　象曰

　噬膚滅鼻는 乘剛也ㅣㄹ새라
　噬膚滅鼻　乘剛也

○ 상에 가로되

　'서부멸비'는 강을 탓기 때문 일새라.

21 – 8 ―――――――――― ―――――――――――――――――

○ 六三은
　六三

　噬腊肉하다가 遇毒이니
　噬腊肉　　遇毒

　小吝이나 无咎리라
　小吝　　无咎

○ 육삼은

　말린 고기를 씹다가 독을 만나니

　조금은 인색하나 허물이 없으리라.

21 – 9 ―――――――――― ―――――――――――――――――

○ 象曰
　象曰

　遇毒은 位不當也ㅣㄹ새라
　遇毒　位不當也

○ 상에 가로되

　'독을 만남'은 위가 마땅하지 못하기 때문일새라.

21 – 10 ――――――――― ―――――――――――――――――

○ 九四는
　九四

○ 구사는

噬乾胏하야 得金矢나
서간치　　득금 시

마른고기를 씹다가 금과 화살을 얻었으나

利艱貞하니 吉하리라
이간정　　길

어렵고 바르게 함이 이로우니 길하리라.

21 - 11 ────────────　　──────────────

○ 象曰
상왈

○ 상에 가로되

利艱貞吉은 未光也ㅣ라
이간정길　　미광야

'이간정길'은 빛나지 못함이라.

21 - 12 ────────────　　──────────────

○ 六五는
육오

○ 육오는

噬乾肉하야 得黃金이니
서간육　　득황금

마른 고기를 씹어서 황금을 얻으니

貞厲ㅣ면 无咎ㅣ리라
정려　　무구

바르고 위태롭게 여기면 허물이 없으리라.

21 - 13 ────────────　　──────────────

○ 象曰
상왈

○ 상에 가로되

貞厲无咎는 得當也ㄹ새라
정려무구　　득당야

'정려무구'는 마땅함을 얻었기 때문일새라.

21 - 14 ────────────　　──────────────

○ 上九는
상구

○ 상구는

何校하야 滅耳니 凶토다
하교　　멸이　　흉

형틀을 메어서 귀를 멸하니 흉하도다.

21 - 15 ────────────　　──────────────

○ 象曰
상왈

○ 상에 가로되

何校滅耳는 聰不明也ㄹ새라
하교멸이　　총불명야

'하교멸이'는 귀 밝음이 밝지 못하기
때문일새라.

112

22 - 1 ――――――――――　――――――――――――――

● 賁는
　비

　亨하니 小利有攸往하니라
　형　　　소리유유왕

● 비는

　형통하니 가는 바를 둠이 조금 이로우니라.

22 - 2 ――――――――――　――――――――――――――

● 彖曰
　단 왈

　賁는
　비

● 단에 가로되

　'비'는

△원문'賁亨'을 ☞'賁'로 기록 함(전게 書 亨, 197쪽 本義 참조)

柔ㅣ 來而文剛故로 亨하고
유　래이문강고　　형

分剛하야 上而文柔故로
분강　　　상이문유고

小利有攸往하니 天文也ㅣ오
소리유유왕　　　천문야

文明以止하니 人文也ㅣ니
문명이지　　　인문야

觀乎天文하야 以察時變하며
관호천문　　　이찰시변

觀乎人文하야
관호인문

以化成天下하나니라
이화성천하

유가 와서 강을 꾸미는 고로 형통하고

강을 나누어 올라가서 유를 무늬 하는 고로

'소리유유왕'이라하니 천문이고

문명해서 그치니 인문이니

천문을 봐서 때의 변함을 살피며

인문을 봐서

교화로써 천하를 이루게 하나니라.

22 - 3 ―――――――――   ―――――――――――――

● 象曰
　상왈

● 상에 가로되

山下有火ㅣ 賁니
산하유화　비

산 아래 불이 있음이 비이니

君子ㅣ 以하야
군자　이

군자가 본 받아서

明庶政호대 无敢折獄하나니라
명서정　　　무감절옥

뭇 정사를 밝히되 함부로 옥사를 판별하지
않느니라.

22 - 4 ―――――――――   ―――――――――――――

○ 初九는
　초구

○ 초구는

賁其趾니 舍車而徒ㅣ로다
비기지　사거이도

그 발꿈치를 꾸밈이니 수레를 버리고
맨몸으로 걸음이로다.

22 - 5 ―――――――――   ―――――――――――――

○ 象曰
　상왈

○ 상에 가로되

舍車而徒는 義弗乘也ㅣ라
사거이도　　의불승야

'사거이도'는 의리가 타지 않음이라.

22 - 6 ―――――――――   ―――――――――――――

○ 六二는
　육이

○ 육이는

賁其須ㅣ로다
비기수

그 수염을 꾸밈이로다.

22 - 7 ―――――――――   ―――――――――――――

○ 象曰
　상왈

○ 상에 가로되

賁其須는 與上興也ㅣ라
비기수　　여상흥야

'비기수'는 위와 더불어 일어나니라.

22 - 8 ―――――――――   ―――――――――――――

○ 九三은
　구삼

○ 구삼은

賁如ㅣ 濡如하니
비여　유여

꾸밈이 윤택하니

永貞하면 吉하리라
영정　　길

오래하고 바르게 하면 길하리라.

22 - 9 ──────────── ────────────────────────

○ 象曰
　상왈

　　　　　　　　　　　　　　○ 상에 가로되

　永貞之吉은 終莫之陵也ㅣ니라
　영정지길　　종막지릉야

　　　　　　　　　　　　　　'영정지길'은 마침내 능멸하지 못함이라.

22 - 10 ──────────── ────────────────────────

○ 六四는
　육사

　　　　　　　　　　　　　　○ 육사는

　賁如ㅣ皤如하며 白馬ㅣ翰如하니
　비여　파여　　백마　한여

　　　　　　　　　　　　　　꾸밈이 희며 흰 말이 나는 듯하니

　匪寇ㅣ면 婚媾ㅣ리라
　비구　　　혼구

　　　　　　　　　　　　　　도적이 아니면 혼인하여 얽으리라.

22 - 11 ──────────── ────────────────────────

○ 象曰
　상왈

　　　　　　　　　　　　　　○ 상에 가로되

　六四는
　육사

　　　　　　　　　　　　　　육사는

　當位疑也ㅣ니
　당위의야

　　　　　　　　　　　　　　위를 맡음이 의심스러우니

　匪寇婚媾는 終无尤也ㅣ라
　비구혼구　　종무우야

　　　　　　　　　　　　　　도적이 아니면 혼인하여 얽으려함은
　　　　　　　　　　　　　　마침내 허물함이 없느니라.

22 - 12 ──────────── ────────────────────────

○ 六五는
　육오

　　　　　　　　　　　　　　○ 육오는

　賁于丘園이니
　비우구원

　　　　　　　　　　　　　　언덕과 동산에 꾸밈이니

　束帛이 戔戔이면
　속백　　잔잔

　　　　　　　　　　　　　　묶은 비단이 잘잘하면

　吝하나 終吉이리라
　인　　　종길

　　　　　　　　　　　　　　인색하나 마침내 길하리라.

22 - 13 ──────────── ────────────────────────

○ 象曰
　상왈

　　　　　　　　　　　　　　○ 상에 가로되

　六五之吉은 有喜也ㅣ라
　육오지길　　유희야

　　　　　　　　　　　　　　'육오지길'은 기쁨이 있음이라.

22 - 14 ---------------- ----------------------------

○ **上九는**
상구

白賁면 无咎ㅣ리라
백비   무구

○ 상구는

희게 꾸미면 허물이 없으리라.

22 - 15 ---------------- ----------------------------

○ **象曰**
상왈

白賁无咎는 上得志也ㅣ라
백비무구   상득지야

○ 상에 가로되

'백비무구'는 위에서 뜻을 얻음이라.

23 - 1 ——————————— ———————————————

● 剝은
　박

　　不利有攸往하니라
　　불 리 유 유 왕

● 박은

　가는 바를 둠이 이롭지 않음이라.

23 - 2 ——————————— ———————————————

● 彖曰
　단 왈

　　剝은 剝也ㅣ니 柔ㅣ 變剛也ㅣ니
　　박　 박야　　 유　 변강야

　　不利有攸往은
　　불리유유왕

　　小人이 長也ㄹ새라
　　소인　 장야

　　順而止之는 觀象也ㅣ니
　　순이지지　　관상야

　　君子ㅣ 尙消息盈虛ㅣ
　　군자　 상소식영허

　　天行也ㅣ라
　　천행야

● 단에 가로되

　박은 剝落(박락)이니 유가 강을 변하게 함이니

　‘불리유유왕’은

　소인이 자라기 때문일새라.

　순하게 해서 그치는 것은 상을 관찰함이니

　군자가 사라지고 불어나고 차고 비는
　이치를 숭상함이

　하늘의 운행함이라.

23 - 3 ——————————— ———————————————

● 象曰
　상 왈

　　山附於地ㅣ 剝이니
　　산부어지　 박

　　上이 以하야 厚下하야
　　상　 이　　 후하

　　安宅하나니라
　　안 택

● 상에 가로되

　산이 땅에 붙어 있는 것이 박이니

　상이 본 받아서 아래를 두텁게 하야

　집을 편안하게 하느니라.

23 - 4 ————————

○ 初六은
초 육

剝牀以足이니 蔑貞이라 凶토다
박 상 이 족　　　　멸 정　　　흉

○ 초육은

상을 깎되 발로써 함이니 바름을 멸함이라
흉하도다.

23 - 5 ————————

○ 象曰
상 왈

剝牀以足은 以滅下也ㅣ라
박 상 이 족　　　이 멸 하 야

○ 상에 가로되

'박상이족'은 아래를 멸함이라.

23 - 6 ————————

○ 六二는
육 이

剝牀以辨이니 蔑貞이라 凶토다
박 상 이 변　　　　멸 정　　　흉

○ 육이는

상을 깎되 변두리로써 깎음이니 바름을
멸함이라 흉하도다.

23 - 7 ————————

○ 象曰
상 왈

剝牀以辨은 未有與也ㅣㄹ새라
박 상 이 변　　　미 유 여 야

○ 상에 가로되

'박상이변'은 더부는 이가 없기 때문일새라.

23 - 8 ————————

○ 六三은
육 삼

剝之无咎ㅣ니라
박 지 무 구

○ 육이는

깎는데 허물이 없느니라.

23 - 9 ————————

○ 象曰
상 왈

剝之无咎는 失上下也ㅣㄹ새라
박 지 무 구　　　실 상 하 야

○ 상에 가로되

'박지무구'는 위와 아래를 잃었기 때문일새라.

23 - 10 ————————

○ 六四는
육 사

剝牀以膚ㅣ니 凶하니라
박 상 이 부　　　흉

○ 육사는

상을 깎되 살로써 함이니 흉하니라.

23 - 11 ──────────── ────────────────────────

○ 象曰
　상 왈

　剝牀以膚는 切近災也ㅣ라
　박 상 이 부 　절 근 재 야

○ 상에 가로되

　'박상이부'는 재앙이 절박하게 가까움이라.

23 - 12 ──────────── ────────────────────────

○ 六五는
　육 오

　貫魚하야 以宮人寵이면
　관 어 　　이 궁 인 총

　无不利리라
　무 불 리

○ 육오는

　고기를 꿰어서 궁인으로써 총애를 받으면

　이롭지 않음이 없으리라.

23 - 13 ──────────── ────────────────────────

○ 象曰
　상 왈

　以宮人寵은 終无尤也ㅣ리라
　이 궁 인 총 　종 무 우 야

○ 상에 가로되

　'이궁인총'이라 함은 마침내 허물이 없으리라.

23 - 14 ──────────── ────────────────────────

○ 上九는
　상 구

　碩果不食이니
　석 과 불 식

　君子는 得輿하고
　군 자 　득 여

　小人은 剝廬ㅣ리라
　소 인 　박 려

○ 상구는

　큰 과일을 먹지 않음이니

　군자는 수레를 얻고

　소인은 집을 깎으리라.

23 - 15 ──────────── ────────────────────────

○ 象曰
　상 왈

　君子得輿는 民所載也ㅣ오
　군 자 득 여 　민 소 재 야

　小人剝廬는 終不可用也ㅣ라
　소 인 박 려 　종 불 가 용 야

○ 상에 가로되

　'군자득여'는 백성들이 받드는 바이고

　'소인박려'는 마침내 가히 쓰지 못함이라.

24 - 1 ––––––––––––– –––––––––––––––––––––––––

● 復은
　복

亨하니 出入에 无疾하야
형　　　출입　　무질

朋來라야 无咎ㅣ리라
붕래　　　무구

反復其道하야
반복기도

七日에 來復하니 利有攸往이니라
칠일　　래복　　　이유유왕

● 복은

형통하니 나가고 들어옴에 병이 없어

벗이 와야 허물이 없으리라.

그 도를 반복하야

칠일 만에 와서 회복하니 가는 바를 둠이
이로우니라.

24 - 2 ––––––––––––– –––––––––––––––––––––––––

● 彖曰
　단왈

復亨은 剛反이니
복형　　강반

動而以順行이라
동이이순행

是以出入无疾朋來无咎ㅣ니라
시이출입무질붕래무구

反復其道七日來復은 天行也ㅣ오
반복기도칠일래복　　천행야

利有攸往은 剛長也ㄹ새니
이유유왕　　강장야

復에 其見天地之心乎ㄴ뎌
복　　기견천지지심호

● 단에 가로되

'복이 형통하다'함은 강이 돌아옴이니

움직여 순한 것으로써 행함이라

이로써 '출입무질붕래무구'니라.

'반복기도칠일래복'은 하늘의 운행함이요

'이유유왕'은 강이 자라기 때문이니

복에서 그 천지의 마음을 봄인 져!

24 - 3 ––––––––––––– –––––––––––––––––––––––––

● 象曰
　상왈

● 상에 가로되

雷在地中이 復이니
뢰 재 지 중　복

우레가 땅 속에 있는 것이 복이니

先王이 以 하야
선 왕　이

선왕이 본 받아서

至日에 閉關하야
지 일　폐 관

동짓날에 관문을 닫아

商旅ㅣ 不行하며 后不省方하니라
상 려　불 행　후 불 성 방

장사와 여행을 하지 아니하며
후는 지방을 살피지 아니하니라.

24 - 4 ――――――――　――――――――――――――

○ **初九는**
　초 구

○ 초구는

不遠復이라 无祗悔니 元吉하니라
불 원 복　무 지 회　원 길

멀지 않아 회복함이라 뉘우치는데
이르지 아니하니 크게 길하리라.

24 - 5 ――――――――　――――――――――――――

○ **象曰**
　상 왈

○ 상에 가로되

不遠之復은 以脩身也ㅣ라
불 원 지 복　이 수 신 야

'불원지복'은 몸을 닦기 때문이라.

24 - 6 ――――――――　――――――――――――――

○ **六二는**
　육 이

○ 육이는

休復이니 吉하니라
휴 복　길

아름답게 회복함이니 길하니라.

24 - 7 ――――――――　――――――――――――――

○ **象曰**
　상 왈

○ 상에 가로되

休復之吉은 以下仁也ㅣ라
휴 복 지 길　이 하 인 야

'휴복지길'은 어진 이에게 낮추기 때문이라.

24 - 8 ――――――――　――――――――――――――

○ **六三**
　육 삼

○ 육삼은

頻復이니 厲하나 无咎ㅣ리라
빈 복　려　무 구

자주 회복함이니 위태하나 허물이 없으리라.

24 - 9 ────────────── ──────────────────────

○ 象曰
상왈

○ 상에 가로되

頻復之厲는 義无咎也ㅣ니라
빈복지려   의무구야

'빈복지려'는 의리가 허물이 없느니라.

24 - 10 ────────────── ──────────────────────

○ 六四는
육사

○ 육사는

中行호대 獨復이로다
중행   독복

중도로써 행하되 홀로 회복함이로다.

24 - 11 ────────────── ──────────────────────

○ 象曰
상왈

○ 상에 가로되

中行獨復은 以從道也ㅣ라
중행독복   이종도야

'중행독복'은 도를 쫓기 때문이다.

24 - 12 ────────────── ──────────────────────

○ 六五는
육오

○ 육오는

敦復이니 无悔하니라
돈복   무회

돈독하게 회복하니 후회가 없느니라.

24 - 13 ────────────── ──────────────────────

○ 象曰
상왈

○ 상에 가로되

敦復无悔는 中以自考也ㅣ라
돈복무회   중이자고야

'돈복무회'는 중도로써 스스로 이루기 때문이라.

24 - 14 ────────────── ──────────────────────

○ 上六은
상육

○ 상육은

迷復이라 凶하니 有災眚하야
미복   흉   유재생

아득하게 회복함이라 흉하니 재앙이 있어서

用行師ㅣ면 終有大敗하고
용행사   종유대패

군사를 쓰면 마침내 크게 패하고

以其國이면 君이 凶하야
이기국   군   흉

그 나라로써 하면 인군이 흉하야

至于十年히 不克征하리라
지우십년   불극정

십년에 이르도록 능히 가지 못하리라.

○ 象曰
　상　왈

迷復之凶은 反君道也ㄹ새라
미 복 지 흉　　반 군 도 야

○ 상에 가로되

'회복하는데 아득해서 흉하다'함은 군도에
반해겼기 때문 일새라.

25. 天雷无妄　　25. 천뢰무망

25 - 1

● 无妄은
　무 망

元亨하고 利貞하니
원형　　이정

其匪正이면 有眚하릴새
기비정　　유생

不利有攸往하니라
불리유유왕

● 무망은

크게 형통하고 바르게 함이 이로우니

그 바르지 않으면 재앙이 있기 때문일새

가는 바를 둠이 이롭지 않으니라.

25 - 2

● 彖曰
　단왈

无妄은 剛이 自外來而爲主於內하니
무망　강　자외래이위주어내

動而健하고 剛中而應하야
동이건　　강중이응

大亨以正하니 天之命也ㅣ라
대형이정　　천지명야

其匪正有眚不利有攸往은
기비정유생불리유유왕

无妄之往이 何之矣리오
무망지왕　　하지의

天命不祐를 行矣哉아
천명불우　　행의재

● 단에 가로되

'무망'은 강이 밖으로부터 와서
안에서 주장하니

움직이면서 굳세고 강중하고 응하야

크게 형통하고 바른 것으로써 하니
하늘의 명이라

'기비정유생불리유유왕'은

무망의 감이 어디로 가리요

천명을 돕지 않을 것을 행하겠는가.

25 - 3

● 象曰
　상왈

● 상에 가로되

天下雷行하야 物與无妄하니
천하뢰행　　　물여무망

하늘 아래 우뢰가 행하야 물건마다
망령됨이 없음을 주니

先王이 以하야
선왕　　이

선왕이 본 받아서

茂對時하야 育萬物하니라
무대시　　　육만물

성하게 때를 대하야 만물을 기르느니라.

25 - 4 ──────────　──────────────

○ 初九는
　초구

○ 초구는

无妄이니 往에 吉하리라
무망　　　왕　길

망령됨이 없으니 감에 길하리라.

25 - 5 ──────────　──────────────

○ 象曰
　상왈

○ 상에 가로되

无妄之往은 得志也ㅣ리라
무망지왕　　　득지야

'망령됨이 없이 감'은 뜻을 얻으리라.

25 - 6 ──────────　──────────────

○ 六二는
　육이

○ 육이는

不耕하야 穫하며
불경　　　확

갈지 않고 거두며

不菑하야 畬ㅣ니
불치　　　여

일구지 않아도 3년 묵은 기름진 밭이 되니

則利有攸往하니라
즉이유유왕

곧 가는 바를 둠이 이로우니라.

25 - 7 ──────────　──────────────

○ 象曰
　상왈

○ 상에 가로되

不耕穫은 未富也ㅣ라
불경확　　　미부야

'불경확'은 부하려고 하지 않음이라.

25 - 8 ──────────　──────────────

○ 六三은
　육삼

○ 육삼은

无妄之災니 或繫之牛하나
무망지재　　　혹계지우

무망의 재앙이니 혹 소를 매어놨으나

行人之得이 邑人之災로다
행인지득　　읍인지재

다니는 사람의 얻음이 읍 사람의 재앙이로다.

25 - 9 ━━━━━━━━━━━━━　　━━━━━━━━━━━━━

○ 象日
상왈

○ 상에 가로되

行人得牛ㅣ 邑人災也ㅣ라
행인득우　　읍인재야

다니는 사람이 소를 얻음은 읍 사람의
재앙이니라.

25 - 10 ━━━━━━━━━━━━━　　━━━━━━━━━━━━━

○ 九四는
구사

○ 구사는

可貞이니 无咎ㅣ리라
가정　　　무구

가히 바르니 허물이 없으리라.

25 - 11 ━━━━━━━━━━━━━　　━━━━━━━━━━━━━

○ 象日
상왈

○ 상에 가로되

可貞无咎는 固有之也ㅣㄹ새라
가정무구　　고유지야

'가정무구'는 굳게 두기 때문일새라.

25 - 12 ━━━━━━━━━━━━━　　━━━━━━━━━━━━━

○ 九五는
구오

○ 구오는

无妄之疾은 勿藥이면 有喜리라
무망지질　　물약　　　유희

무망의 병은 약을 쓰지 않으면 기쁨이
있으리라.

25 - 13 ━━━━━━━━━━━━━　　━━━━━━━━━━━━━

○ 象日
상왈

○ 상에 가로되

无妄之藥은 不可試也ㅣ니라
무망지약　　불가시야

'무망지약'은 가히 시험할 수 없느니라.

25 - 14 ━━━━━━━━━━━━━　　━━━━━━━━━━━━━

○ 上九는
상구

○ 상구는

无妄에 行이면
무망　　행

망령됨이 없는데 행하면

有眚하야 无攸利하니라
유생　　　무유리

재앙이 있어서 이로운 바가 없느니라.

○ 象曰
상 왈

　无妄之行은 窮之災也ㅣ라
　무망지행　　궁지재야

○ 상에 가로되

　'무망의 행함'은 궁해서 재앙이 있는 것이라.

26 - 1 ————————————   ————————————————

● 大畜은
  대 축

  利貞하니 不家食하면 吉하니
  이 정   불 가 식   길

  利涉大川하니라
  이 섭 대 천

● 대축은

  바르게 함이 이로우니 집에서 먹을 겨를이
  없이하면 길하니

  대천을 건넘이 이로우니라.

26 - 2 ————————————   ————————————————

● 彖曰
  단 왈

  大畜은 剛健코 篤實코
  대 축   강 건   독 실

  輝光하야 日新其德이니
  휘 광   일 신 기 덕

  剛上而尙賢하고
  강 상 이 상 현

  能止健이 大正也ㅣ라
  능 지 건   대 정 야

  不家食吉은 養賢也ㅣ오
  불 가 식 길   양 현 야

  利涉大川은 應乎天也ㅣ라
  이 섭 대 천   응 호 천 야

● 단에 가로되

  대축은 강건하고 독실하고

  빛나서 날로 그 덕을 새롭게 함이니

  강한 것이 올라가 어진 이를 숭상하고

  능히 강한 것을 그치게 할 수 있는 것은
  크게 바른 것이니라.

  '불가식길'은 어진 이를 기르는 것이라.

  '이섭대천'은 하늘에 응하는 것이다.

26 - 3 ————————————   ————————————————

● 象曰
  상 왈

  天在山中이 大畜이니
  천 재 산 중   대 축

● 상에 가로되

  하늘이 산 속에 있는 것이 대축이니

君子ㅣ 以하야
군자   이

군자가 본 받아서

多識前言往行하야
다 식 전 언 왕 행

지나간 말과 지나간 행적을 많이 알아서

以畜其德하나니라
이 휵 기 덕

그 덕을 쌓느니라.

26 – 4 ──────────────   ──────────────────

○ 初九는
  초 구

○ 초구는

有厲리니 利已니라
유 여   이 이

위태함이 있으리니 그치는 것이 이로우니라.

26 – 5 ──────────────   ──────────────────

○ 象曰
  상 왈

○ 상에 가로되

有厲利已는 不犯災也ㅣ라
유 여 이 이   불 범 재 야

'유여이이'는 재앙을 범하지 않음이라.

26 – 6 ──────────────   ──────────────────

○ 九二는
  구 이

○ 구이는

輿說輹이로다
여 탈 복

수레의 바큇살을 벗김이로다.

26 – 7 ──────────────   ──────────────────

○ 象曰
  상 왈

○ 상에 가로되

輿說輹은 中이라 无尤也ㅣ라
여 탈 복   중   무 우 야

'여탈복'은 중도로 함이라 허물이 없음이라.

26 – 8 ──────────────   ──────────────────

○ 九三은
  구 삼

○ 구삼은

良馬逐이니 利艱貞하니
양 마 축   이 간 정

좋은 말로 쫓아감이니 어렵고 바르게 함이
이로우니

日閑輿衛면 利有攸往하리라
일 한 여 위   이 유 유 왕

날마다 수레 모는 법과 호위하는 법을
익히면 가는 바를 둠이 이로우리라.

▽ '(日)閑輿衛'을 ☞ '日閑輿衛'로 기록 함 (전게 書 亨, 466쪽 本義 참조)

129

○ **象曰**
상 왈

利有攸往은 上이 合志也ㅣ새라
이유유왕　　상　합지야

○ 상에 가로되

'이유유왕'은 윗사람이 뜻을 합하기 때문 일새라.

○ **六四는**
육사

童牛之牿이니 元吉하니라
동우지곡　　　원길

○ 육사는

어린 소의 빗장이니 크게 길하리라.

○ **象曰**
상 왈

六四元吉은 有喜也ㅣ라
육사원길　유희야

○ 상에 가로되

'육사의 크게 길하다'함은 기쁨이 있음이라.

○ **六五는**
육오

豶豕之牙니 吉하니라
분시지아　길

○ 육오는

불깐 돼지의 어금니이니 길하니라.

○ **象曰**
상 왈

六五之吉은 有慶也ㅣ라
육오지길　유경야

○ 상에 가로되

'육오의 길함'은 경사가 있음이라.

○ **上九는**
상구

何天之衢ㅣ오 亨하니라
하천지구　　형

○ 상구는

무슨 하늘의 거리 인고 형통하니라.

○ **象曰**
상 왈

何天之衢는 道ㅣ 大行也ㅣ라
하천지구　도　대행야

○ 상에 가로되

'하천지구'는 도가 크게 행하기 때문이라.

27 - 1 ─────────────

─────────────

● 頤는
　이

● 이는

　貞하면 吉하니
　정　　　길

　바르게 하면 길하니

　觀頤하며 自求口實이니라
　관이　　　자구구실

　길러짐을 보며 스스로 입의 실상을 구하니라.

27 - 2 ─────────────

─────────────

● 彖曰
　단왈

● 단에 가로되

　頤貞吉은 養正則吉也ㅣ니
　이정길　　양정즉길야

　'이정길'은 바름을 기르면 길하니

　觀頤는 觀其所養也ㅣ오
　관이　　관기소양야

　'관이'는 그 길러지는 바를 봄이고

　自求口實은 觀其自養也ㅣ라
　자구구실　　관기자양야

　'자구구실'은 그 스스로 기름을 관찰함이라.

　天地ㅣ 養萬物하며
　천지　　양만물

　천지가 만물을 기르며

　聖人이 養賢하야
　성인　　양현

　성인이 어진 이를 길러

　以及萬民하나니
　이급만민

　만 백성에게 영향을 미치게 하나니

　頤之時ㅣ 大矣哉라
　이지시　　대의재

　이의 때가 큼이라.

27 - 3 ─────────────

─────────────

● 象曰
　상왈

● 상에 가로되

　山下有雷ㅣ 頤니
　산하유뢰　　이

　산 아래 우레가 있음이 이니

君子ㅣ 以하야 愼言語하며 節飮食하나니라　　　군자가 본 받아서 말을
군자　이　　신언어　　절음식　　　　　　　삼가하여 음식을 절제하나니라.

27 - 4 ————————————　————————————————

○ 初九는　　　　　　　　　　　　　　　　○ 초구는
초구

舍爾靈龜하고 觀我하야　　　　　　　　　신령스런 너의 거북을 버리고 나를 보아
사이영귀　　　관아

朶頤니 凶하니라　　　　　　　　　　　　턱을 벌리니 흉하니라.
타이　　흉

27 - 5 ————————————　————————————————

○ 象曰　　　　　　　　　　　　　　　　　○ 상에 가로되
상왈

觀我朶頤하니　　　　　　　　　　　　　'관아타이'하니
관아타이

亦不足貴也ㅣ로다　　　　　　　　　　　또한 족히 귀하지 못함이로다.
역부족귀야

27 - 6 ————————————　————————————————

○ 六二는　　　　　　　　　　　　　　　　○ 육이는
육이

顚頤라 拂經이니　　　　　　　　　　　　엎어져 기름이라 법도에 어긋나니
전이　　불경

于丘에 頤하야 征하면 凶하리라　　　　　언덕에서 길러 가면 흉하니라.
우구　　이　　　정　　흉

27 - 7 ————————————　————————————————

○ 象曰　　　　　　　　　　　　　　　　　○ 상에 가로되
상왈

六二征凶은 行이 失類也ㅣ라　　　　　'육이정흉'은 행함이 동류를 잃었기
육이정흉　　행　실류야　　　　　　　　때문이라.

27 - 8 ————————————　————————————————

○ 六三은　　　　　　　　　　　　　　　　○ 육삼은
육삼

拂頤貞이라 凶하야　　　　　　　　　　바르게 기름에 어긋 나니라 흉 하야
불이정　　　흉

十年勿用이라 无攸利하니라　　　　　　십년을 쓰지 말지니라
십년물용　　　무유리　　　　　　　　　이로운 바가 없으리라.

132

27 – 9 ――――――――――――――――――――――

○ 象曰
　상왈

○ 상에 가로되

十年勿用은 道ㅣ 大悖也ㅣ라
십년물용　도　대패야

'십년물용'은 도가 크게 거스려짐이라.

27 – 10 ――――――――――――――――――――――

○ 六四는
　육사

○ 육사는

顚頤나 吉하니
전이　길

엎어져 기르나 길하니

虎視耽耽하며
호시탐탐

호랑이가 노려봄이 탐탐하며

其欲逐逐하면 无咎ㅣ리라
기욕축축　　　무구

그 하고자 함이 쫓고 쫓고자하면 허물이 없으리라.

27 – 11 ――――――――――――――――――――――

○ 象曰
　상왈

○ 상에 가로되

顚頤之吉은 上施ㅣ 光也ㅣ새라
전이지길　상시　광야

'엎어져 기르나 길하다'함은 위에서 베품이 빛나기 때문 일새라.

27 – 12 ――――――――――――――――――――――

○ 六五는
　육오

○ 육오는

拂經이나 居貞하면 吉하려니와
불경　　거정　길

법도에 어긋나니 바르게 거하면 길하거니와

不可涉大川이니라
불가섭대천

가히 대천은 건널 수 없느니라.

27 – 13 ――――――――――――――――――――――

○ 象曰
　상왈

○ 상에 가로되

居貞之吉은 順以從上也ㅣ새라
거정지길　순이종상야

'바르게 거하면 길하다'함은 순히해서 위를 따르기 때문일새라.

27 – 14 ――――――――――――――――――――――

○ 上九는
　상구

○ 상구는

由頤니 厲하면 吉하니
유이   려   길

말미암아서 기름이니 위태롭게
여기면 길하니

利涉大川하니라
이 섭 대 천

대천을 건넘이 이로우니라.

27 - 15 ————————————   ————————————

○ **象曰**
상 왈

○ 상에 가로되

由頤厲吉은 大有慶也ㅣ라
유 이 려 길   대 유 경 야

'유이려길'은 크게 경사가 있음이라.

28. 澤風大過	28. 택풍대과

28 - 1 ─────────── ──────────────────

● 大過는
　대 과

● 대과는

棟이 橈ㅣ니
동　요

기둥이 흔들리니

利有攸往하야 亨하니라
이유유왕　　　형

가는 바를 둠이 이로워서 형통하니라.

28 - 2 ─────────── ──────────────────

● 彖曰
　단 왈

● 단에 가로되

大過는 大者ㅣ 過也ㅣ오
대 과　대 자　과 야

'대과'는 큰 것이 지나친 것이고

棟橈는 本末이 弱也ㅣ라
동요　　본 말　약 야

'동요'는 본과 말이 약한 것이라.

剛過而中하고 巽而說行이라
강 과 이 중　　손 이 열 행

강한 것이 지나쳤으나 가운데 하였고
공손하고 기쁨으로 행하는지라.

利有攸往하야 乃亨하니
이유유왕　　　내 형

가는 바를 둠이 이로워서 이에 형통하니

大過之時ㅣ 大矣哉라
대 과 지 시　대 의 재

대과의 때가 큼이라.

28 - 3 ─────────── ──────────────────

● 象曰
　상 왈

● 상에 가로되

澤滅木이 大過ㅣ니
택 멸 목　　대 과

못이 나무를 멸함이 대과이니

君子ㅣ 以하야
군 자　이

군자가 본 받아서

獨立不懼하며 遯世无悶하나니라　　홀로 서도 두려워하지 않으며 세상을
독립불구　　　　돈세무민　　　　　멀리해도 민망하지 않음이라.

28 - 4 ―――――――――　　――――――――――――――

○ 初六은　　　　　　　　　　　○ 초육은
　　초 육

藉用白茅ㅣ니 无咎ㅣ하니라　　까는데 흰 띠를 쓰니 허물이 없느니라.
자용백모　　　무구

28 - 5 ―――――――――　　――――――――――――――

○ 象曰　　　　　　　　　　　　○ 상에 가로되
　　상 왈

藉用白茅는 柔在下也ㅣ라　　'자용백모'는 유가 아래에 있는 것이라.
자용백모　　　유재하야

28 - 6 ―――――――――　　――――――――――――――

○ 九二는　　　　　　　　　　　○ 구이는
　　구 이

枯楊이 生稊하며　　　　　　　마른 버들이 뿌리가 나며
고양　　　생제

老夫ㅣ 得其女妻ㅣ니 无不利하니라　늙은 지아비가 젊은 아내를 얻으니
노부　　득기여처　　　무불리　　이롭지 않음이 없느니라.

28 - 7 ―――――――――　　――――――――――――――

○ 象曰　　　　　　　　　　　　○ 상에 가로되
　　상 왈

老夫女妻는 過以相與也ㅣ라　　'늙은 지아비가 젊은 아내를 얻음'은
노부여처　　　과이상여야　　　지나침으로써 서로 더부는 것이라.

28 - 8 ―――――――――　　――――――――――――――

○ 九三은　　　　　　　　　　　○ 구삼은
　　구 삼

棟이 橈ㅣ니 凶하니라　　　　기둥이 흔드니 흉하니라.
동　　요　　흉

28 - 9 ―――――――――　　――――――――――――――

○ 象曰　　　　　　　　　　　　○ 상에 가로되
　　상 왈

棟橈之凶은 不可以有輔也ㅣ새라　'기둥이 흔들려서 흉함'은 가히써 돕는 것이
동요지흉　　　불가이유보야　　있을 수 없기 때문일새라.

28 – 10 ——————————— ————————————————————

○ 九四는　　　　　　　　　　　　　　　○ 구사는
　　구 사

　棟隆이니 吉커니와　　　　　　　　　기둥이 높아짐이니 길하거니와
　　동 융　　　　길

　有它ㅣ면 吝하리라　　　　　　　　　다른 것을 두면 인색하리라.
　　유 타　　　　인

28 – 11 ——————————— ————————————————————

○ 象曰　　　　　　　　　　　　　　　　○ 상에 가로되
　　상 왈

　棟隆之吉은　　　　　　　　　　　　　'기둥이 높아져서 길하다'함은
　　동 융 지 길

　不橈乎下也ㄹ새라　　　　　　　　　　아래에서 흔들지 않기 때문 일새라.
　　불 요 호 하 야

28 – 12 ——————————— ————————————————————

○ 九五는　　　　　　　　　　　　　　　○ 구오는
　　구 오

　枯楊이 生華하며　　　　　　　　　　마른 버들이 꽃을 피우며
　　고 양　　生화

　老婦ㅣ 得其士夫니 无咎ㅣ나 无譽리라　늙은 지어미가 젊은 지아비를 얻으니
　　노부　　득기사부　　무구　　　무예　　허물은 없으나 명예가 없으리라.

28 – 13 ——————————— ————————————————————

○ 象曰　　　　　　　　　　　　　　　　○ 상에 가로되
　　상 왈

　枯楊生華ㅣ 何可久也ㅣ며　　　　　　'고양생화'는 어찌 오래 갈 수 있으며
　　고 양 생 화　　하 가 구 야

　老婦士夫ㅣ 亦可醜也ㅣ로다　　　　　'늙은 지어미와 젊은 지아비'가
　　노 부 사 부　　역 가 추 야　　　　또한 가히 추함이로다.

28 – 14 ——————————— ————————————————————

○ 上六은　　　　　　　　　　　　　　　○ 상육은
　　상 구

　過涉滅頂이라 凶하니 无咎하니라　　　지나치게 건너다 이마를 멸함이라
　　과 섭 멸 정　　흉　　　무구　　　　흉하니 허물할데 없느니라.

○ 象曰
　상　왈

過涉之凶은 不可咎也ㅣ니라
과 섭 지 흉　　불 가 구 야

○ 상에 가로되

'지나치게 건넘의 흉함'은 가히
허물이라 할 수 없느니라.

29 - 1 ────────────

● 習坎은
습 감

有孚하야 維心亨이니
유부　　유심형

行하면 有尙이리라
행　　유상

● 습감은

믿음이 있어 오직 마음이 형통하니

행하면 가상함이 있으리라.

29 - 2 ────────────

● 彖曰
단왈

習坎은 重險也ㅣ니
습감　　중험야

水ㅣ 流而不盈하며
수　　유이불영

行險而不失其信이니
행험이불실기신

維心亨은 乃以剛中也ㅣ오
유심형　　내이강중야

行有尙은 往有功也ㅣ라
행유상　　왕유공야

天險은 不可升也ㅣ오
천험　　불가승야

地險은 山川丘陵也ㅣ니
지험　　산천구릉야

王公이 設險하야 以守其國하나니
왕공　　설험　　이수기국

險之時用이 大矣哉라
험지시용　　대의재

● 단에 가로되

'습감'은 거듭 험함이니

물이 흘러서 차지 않으며

험 한곳에 행해도 그 믿음을 잃지 않으니

'유심형'은 곧 써 강하고 가운데 하기 때문이고

'행유상'은 가면 공이 있음이라.

하늘의 험함은 가히 오를 수 없음이오

땅의 험함은 산과 내와 언덕이니

왕공이 험한 것을 설정하야 그 나라를 지키나니

험의 때와 쓰임이 크도다.

29 - 3 ──────────── ────────────────

● 象曰
　상 왈

● 상에 가로되

水ㅣ 洊至ㅣ 習坎이니
　수　　천지　　습 감

물이 거듭 이름이 습감이니

君子ㅣ 以하야
　군 자　　이

군자가 본 받아서

常德行하며 習教事하나니라
　상 덕 행　　　습 교 사

덕행을 항상 하게하며 가르치는 일을
계속 하나니라

29 - 4 ────────────── ──────────────

○ 初六은
　초 육

○ 초육은

習坎에 入于坎窞이니 凶하니라
　습 감　　입 우 감 담　　　흉

습감에 구덩이에 들어감이니 흉하니라.

29 - 5 ────────────── ──────────────

○ 象曰
　상 왈

○ 상에 가로되

習坎入坎은 失道ㅣ라 凶也ㅣ라
　습 감 입 감　　실 도　　흉 야

'습감입감'은 길을 잃은 것이니 흉하니라.

29 - 6 ────────────── ──────────────

○ 九二는
　구 이

○ 구이는

坎에 有險하나 求를 小得하리라
　감　　유 험　　구　　소 득

감에 험함이 있으나 구하는 것을 조금 얻으리라.

29 - 7 ────────────── ──────────────

○ 象曰
　상 왈

○ 상에 가로되

求小得은 未出中也ㄹ새라
　구 소 득　　미 출 중 야

'구소득'은 가운데서 나오지 않기 때문 일새라.

29 - 8 ────────────── ──────────────

○ 六三은
　육 삼

○ 육삼은

來之에 坎坎하며
　래 지　　감 감

오고 감에 구덩이와 구덩이 이며

險에 且枕하야
　험　　차 침

험한 것에 또 베개하야

入于坎窞이니 勿用이니라
입우감담　　물용

험한 구덩이로 들어감이니 쓰지 말지니라.

29 - 9 ─────────────── ───────────────

○ 象曰
상왈

○ 상에 가로되

來之坎坎은 終无功也ㅣ리라
래지감감　　종무공야

'래지감감'은 끝내 공이 없음이라.

29 - 10 ─────────────── ───────────────

○ 六四는
육사

○ 육사는

樽酒와 簋貳를 用缶하고
준주　　궤이　　용부

술 동이의 술과 대그릇 두 개를 질그릇에 쓰고

納約自牖ㅣ면 終无咎하리라
납약자유　　종무구

간략하게 드리되 바라지창으로 부터하면
마침내 허물이 없으리라.

29 - 11 ─────────────── ───────────────

○ 象曰
상왈

○ 상에 가로되

樽酒簋貳는 剛柔際也ㄹ새라
준주궤이　　강유제야

'준주궤이'는 강과 유가 사귀는 것일 새라.

29 - 12 ─────────────── ───────────────

○ 九五는
구오

○ 구오는

坎不盈이니
감불영

구덩이가 차지 않으니

祗旣平하면 无咎ㅣ리라
지기평　　무구

이미 평평한데 이르면 허물이 없으리라.

29 - 13 ─────────────── ───────────────

○ 象曰
상왈

○ 상에 가로되

坎不盈은 中이 未大也ㅣ라
감불영　　중　　미대야

'감불영'은 가운데가 크지 못함이라.

29 - 14 ─────────────── ───────────────

○ 上六은
상육

○ 상육은

係用徽纆하야 寘于叢棘하야
계용휘묵　　치우총극

노끈을 묶어서 가시 넝쿨에 두어

三歲라도 不得이니 凶하니라
삼세 　　부득　　흉

삼년이 되도록 얻지 못하니 흉하니라.

29 – 16 ––––––––––––––––　　––––––––––––––––––––––

○ 象曰
상왈

○ 상에 가로되

上六失道는 凶三歲也ㅣ리라
상육실도　　흉삼세야

'상육이 도를 잃음'은 삼년이 흉한 것이라.

30 - 1 ——————————　　——————————

● 離는　　　　　　　　　● 리는
　리

　利貞하니 亨하니 畜牝牛하면 吉하리라　　바르게 함이 이로우니 형통하니
　이정　　형　　흉빈우　　길　　　　　암소를 기르면 길하리라.

30 - 2 ——————————　　——————————

●彖曰　　　　　　　　　● 단에 가로되
　단왈

　離는 麗也ㅣ니 日月이 麗乎天하며　　리는 걸리는 것이니 해와 달이 하늘에 걸리며
　리　리야　　일월　이호천

　百穀草木이 麗乎土하니　　백가지 곡식과 초목이 땅에 걸리니
　백곡초목　　이호토

　重明으로 以麗乎正하야　　거듭된 밝음으로써 바른데 걸려서
　중명　　이이호정

　乃化成天下하나니라　　이에 천하를 변화시키고 이루나니라.
　내화성천하

　柔ㅣ 麗乎中正故로 亨하니　　유가 중정한 데 걸린고로 형통하니
　유　이호중정고　형

　是以畜牝牛吉也ㅣ라　　이로써 '암소를 길러서 길한 것'이라.
　시이흉빈우길야

30 - 3 ——————————　　——————————

● 象曰　　　　　　　　　● 상에 가로되
　상왈

　明兩이 作離하니　　밝은 것 둘이 이를 지었으니
　명량　작리

　大人이　以하야　　대인이 본받아서
　대인　　이

　繼明하야 照于四方하나니라　　밝음을 이어 사방을 비추느니라.
　계명　　조우사방

○ 初九는
초 구

履ㅣ 錯然하니 敬之면 无咎ㅣ리라
리　착연　　경지　무구

○ 초구는

밟는 것이 뒤섞였으니 공경하면 허물이 없으리라.

○ 象曰
상 왈

履錯之敬은 以辟咎也ㅣ라
리 착 지 경　　이 피 구 야

○ 상에 가로되

'밟는 것이 뒤섞였으니 공경하는 것'은 이로써 허물을 피하는 것이라.

○ 六二는
육 이

黃離니 元吉하니라
황 리　　원 길

○ 육이는

누런 걸림이니 크게 길하니라.

○ 象曰
상 왈

黃離元吉은 得中道也ㅣ라
황 리 원 길　　득 중 도 야

○ 상에 가로되

'황리원길'은 중도를 얻었기 때문이라.

○ 九三은
구 삼

日昃之離니 不鼓缶而歌ㅣ면
일 측 지 리　　불 고 부 이 가

則大耋之嗟ㅣ라 凶하리라
즉 대 질 지 차　　　흉

○ 구삼은

해가 기울어지는 걸림이니 장구치고 노래하지 않으면

곧 큰 노인이 슬퍼함이라 흉하니라.

○ 象曰
상 왈

日昃之離ㅣ 何可久也ㅣ리오
일 측 지 리　　하 가 구 야

○ 상에 가로되

'일측지리'는 어찌가히 오래리오.

○ 九四는
구 사

○ 구사는

突如其來如ㅣ라 焚如ㅣ니
돌 여 기 래 여　　분 여

갑자기 오는 것이라 불사른듯하니

死如ㅣ며 棄如ㅣ니라
사 여　　　기 여

죽은 듯하며 버리는 듯 하니라.

30 – 11 ——————————　——————————

○ 象曰
　상 왈

○ 상에 가로되

突如其來如는 无所容也ㅣ니라
돌 여 기 래 여　　무 소 용 야

'돌여기래여'는 용납할 바가 없느니라.

30 – 12 ——————————　——————————

○ 六五는
　육 오

○ 육오는

出涕沱若하며 戚嗟若이니 吉하리라
출 체 타 약　　　척 차 약　　길

눈물 나옴이 물 흐르는 듯하며
슬퍼 탄식하는 듯 하니 길하니라.

30 – 13 ——————————　——————————

○ 象曰
　상 왈

○ 상에 가로되

六五之吉은 離王公也글새라
육 오 지 길　　이 왕 공 야

'육오의 길함'은 왕공에 걸렸기 때문 일새라.

30 – 14 ——————————　——————————

○ 上九는
　상 구

○ 상구는

王用出征이면 有嘉ㅣ니
왕 용 출 정　　　유 희

왕이 직접 출정하면 아름다움이 있으리니

折首코 獲匪其醜ㅣ면 无咎ㅣ리라
절 수　　획 비 기 추　　　무 구

우두머리를 베이고 사로잡는데 졸개가
아니면 허물이 없으리라.

30 – 15 ——————————　——————————

○ 象曰
　상 왈

○ 상에 가로되

王用出征은 以正邦也ㅣ라
왕 용 출 정　　이 정 방 야

'왕용출정'은 이로써 나라를 바로잡는 것이라.

2

[周易] 下經

31 – 1 ──────────────── ────────────────

● 咸은
　함

　亨하니 利貞하니 取女ㅣ면 吉하리라
　형　　이정　　취녀　　길

● 함은

　형통하니 바르게 함이 이로우니 여자를
　취함이 길하리라.

31 – 2 ──────────────── ────────────────

● 彖曰 咸은 感也ㅣ니
　단왈 함　감야

　柔上而剛下하야 二氣ㅣ 感應以相與하야
　유상이강하　　이기　감응이상여

　止而說하고 男下女ㅣ라
　지이열　　　남하녀

　是以亨利貞取女吉也ㅣ니라
　시이형이정취녀길야

　天地ㅣ 感而萬物이 化生하고
　천지　감이만물　화생

　聖人이 感人心而天下ㅣ 和平하나니
　성인　감인심이천하　화평

　觀其所感而天地萬物之情을 可見矣리라
　관기소감이천지만물지정　가견의

● 단전에 가로되 함은 느낌이니

　유가 올라가고 강이 내려와서 두 기가
　감응하고 서로 허여하야

　그쳐서 기뻐하고 남자가 여자의 아래 하니라

　이렇기 때문에 "형통하니 바르게 함이
　이로우니 여자를 취함이 길하다"라고 하니라.

　천지가 감응해서 만물이 화생하고

　성인이 사람 마음을 감동시켜서
　천하가 화평하나니

　그 느끼는 바를 관찰해서 천지만물의
　정을 가히 보리라

31 – 3 ──────────────── ────────────────

● 象曰
　상왈

　山上有澤이 咸이니
　산상유택　함

　君子ㅣ 以하야 虛로 受人하나니라
　군자　이　　허　수인

● 상에 가로되

　산위에 못이 있는 것이 함이니

　군자가 본 받아서 비움으로 사람을
　받아 들이니라.

31 – 4 ──────────── ────────────────────────

○ 初六은　　　　　　　　　　○ 초육은
　　초 육

　　咸其拇ㅣ라　　　　　　　　그 엄지발가락에 느낌이니라.
　　함 기 무

31 – 5 ──────────── ────────────────────────

○ 象曰　　　　　　　　　　　○ 상에 가로되
　　상 왈

　　咸其拇는 志在外也ㅣ라　　'함기무'는 뜻이 밖에 있음이라.
　　함 기 무　　 지 재 외 야

31 – 6 ──────────── ────────────────────────

○ 六二는　　　　　　　　　　○ 육이는
　　육 이

　　咸其腓면 凶하니 居하면 吉하리라　그 장딴지에 느끼면 흉하니 거하면 길하리라.
　　함 기 비　 흉　　 거　　 길

31 – 7 ──────────── ────────────────────────

○ 象曰　　　　　　　　　　　○ 상에 가로되
　　상 왈

　　雖凶居吉은 順하면 不害也ㅣ라　비록 흉하나 거하면 길하다함은 순하면
　　수 흉 거 길　 순　　 불 해 야　　해롭지 않음이라.

31 – 8 ──────────── ────────────────────────

○ 九三은　　　　　　　　　　○ 구삼은
　　구 삼

　　咸其股ㅣ라 執其隨ㅣ니 往하면 吝하리라　그 넓적다리에 느낌이라 그 따르는
　　함 기 고　 집 기 수　　 왕　　 인　　이를 잡으니 가면 인색하리라.

31 – 9 ──────────── ────────────────────────

○ 象曰　　　　　　　　　　　○ 상에 가로되
　　상 왈

　　咸其股는 亦不處也ㅣ니　　'함기고'는 또한 거처할 곳이 아니니
　　함 기 고　 역 불 처 야

　　志在隨人하니 所執이 下也ㅣ라　뜻이 남을 따르는데 있으니 집착하는
　　지 재 수 인　　 소 집　 하 야　바가 아래이니라.

31 – 10 ──────────── ────────────────────────

○ 九四는　　　　　　　　　　○ 구사는
　　구 사

貞이면 吉하야 悔ㅣ 亡하리니
정　길　회　망

바르게 하면 길하야 뉘우침이 없어지리니

憧憧往來면 朋從爾思ㅣ리라
동 동 왕 래　　붕 종 이 사

자주자주 가고 오면 벗이 너의 생각을 따르리라.

31 – 11 ――――――――　――――――――――――――

○ 象曰
　상 왈

○ 상에 가로되

貞吉悔亡은 未感害也오
정 길 회 망　　미 감 해 야

'정길회망'은 느껴서 해롭지 않음이오.

憧憧往來는 未光大也ㅣ라
동 동 왕 래　　미 광 대 야

'동동왕래'는 빛나고 큰 것은 아니니라.

31 – 12 ――――――――　――――――――――――――

○ 九五는
　구 오

○ 구오는

咸其脢니 无悔리라
함 기 매　　무 회

그 등심에 느끼는 것이니 뉘우침이 없으리라.

31 – 13 ――――――――　――――――――――――――

○ 象曰
　상 왈

○ 상에 가로되

咸其脢는 志末也ㄹ새라
함 기 매　　지 말 야

'함기매'는 뜻이 다하기 때문이라.

31 – 14 ――――――――　――――――――――――――

○ 上六은
　상 육

○ 상육은

咸其輔頰舌이라
함 기 보 협 설

그 볼과 뺨과 혀에 느낌이라.

31 – 15 ――――――――　――――――――――――――

○ 象曰
　상 왈

○ 상에 가로되

咸其輔頰舌은 滕口說也ㅣ라
함 기 보 협 설　　등 구 설 야

'함기보협설'은 구설에 오름이라.

32 - 1 ――――――――――――――　　――――――――――――――――

● 恒은
　항

　亨하야 无咎하니
　형　　　무구

　利貞하니 利有攸往하니라
　이정　　　이유유왕

● 항은

　형통해서 허물이 없으니

　바르게 함이 이로우니 가는 바를 둠이
　이로우니라.

32 - 2 ――――――――――――――　　――――――――――――――――

● 彖曰 恒은 久也ㅣ니
　단왈　항　　구야

　剛上而柔下하고 雷風이 相與하고
　강상이유하　　　　뢰풍　상여

　巽而動하고 剛柔ㅣ 皆應이 恒이니
　손이동　　　강유　개응　항

　恒亨无咎利貞은 久於其道也ㅣ니
　항형무구이정　　구어기도야

　天地之道ㅣ 恒久而不已也ㅣ니라
　천지지도　　항구이불이야

　利有攸往은 終則有始也ㅣ새니라
　이유유왕　　종즉유시야

　日月이 得天而能久照하며
　일월　　득천이능구조

　四時ㅣ 變化而能久成하며
　사시　　변화이능구성

　聖人이 久於其道而天下ㅣ 化成하나니
　성인　　구어기도이천하　화성

　觀其所恒而天地萬物之情을 可見矣리라
　관기소항이천지만물지정　가견의

● 단에 가로되 항은 오래함이니

　강이 올라가서 유가 내려오고 우레와
　바람이 서로 더불고

　겸손해서 움직이고 강과 유가 다 응하는
　것이 항이니

　'항형무구이정'은 그 도에 오래 함이니

　천지의 도가 항구해서 그치지 않느니라.

　'이유유왕'은 마친즉 비롯함이 있기 때문이라.

　해와 달이 하늘을 얻어서 능히 오래 비추며

　사계절이 변화해서 능히 오래도록 이루며

　성인이 그 도에 오래해서 천하가
　감화하여 이루나니

　그 항구한 바를 봐서 천지만물의
　실정을 가히 보리라.

● 象曰
상 왈

● 상에 가로되

雷風이 恒이니
뢰풍　　항

우레와 바람이 항이니

君子ㅣ 以하야 立不易方하나니라
군자　　이　　　입불역방

군자가 본받아서 서서 방소를 바꾸지
아니 하나니라.

○ 初六은
초 육

○ 초육은

浚恒이라 貞하야 凶하니 无攸利하니라
준항　　　정　　　흉　　　무유리

파고드는 항이라 고집해서
흉하니 이로울 바가 없느니라.

○ 象曰
상 왈

○ 상에 가로되

浚恒之凶은 始에 求深也ㄹ새라
준항지흉　　시　　구심야

'파고드는 항이 흉함이라'함은 처음부터
깊게 구했기 때문 일새이라.

○ 九二는
구 이

○ 구이는

悔ㅣ 亡하리라
회　　망

뉘우침이 없어지리라.

○ 象曰
상 왈

○ 상에 가로되

九二悔亡은 能久中也ㅣ라
구이회망　　능구중야

'구이의 회망'은 능히 중용의 도를
오래 했기 때문이라.

○ 九三은
구 삼

○ 구삼은

不恒其德이라
불항기덕

그 덕이 항상 하지 않음이라.

或承之羞ㅣ니 貞이면 吝하리라
혹승지수　　　정　　　인

혹 부끄러움을 이음이니 고집하면 인색하리라.

32 – 9 ––––––––––––– ––––––––––––––––––––––

○ 象曰
　상 왈

○ 상에 가로되

不恒其德하니 无所容也ㅣ로다
불 항 기 덕　　　무 소 용 야

'불항기덕'을 했으니 용납할 바가 없음이로다.

32 – 10 ––––––––––––– ––––––––––––––––––––––

○ 九四는
　구 사

○ 구사는

田无禽이라
전 무 금

사냥하는데 새가 없음이라.

32 – 11 ––––––––––––– ––––––––––––––––––––––

○ 象曰
　상 왈

○ 상에 가로되

久非其位어니 安得禽也ㅣ리오
구 비 기 위　　　안 득 금 야

그 자리에 오래 아니했으니 어찌 새를 얻으리오.

32 – 12 ––––––––––––– ––––––––––––––––––––––

○ 六五는
　육 오

○ 육오는

恒其德이면 貞하니
항 기 덕　　　정

그 덕을 항구하게 하면 바르니

婦人은 吉코 夫子는 凶하니라
부 인　 길　 부 자　 흉

부인은 길하고 부자는 흉하니라.

32 – 13 ––––––––––––– ––––––––––––––––––––––

○ 象曰
　상 왈

○ 상에 가로되

婦人은 貞吉하니 從一而終也ㅣㄹ새오
부 인　 정 길　　종 일 이 종 야

부인은 바르고 길하니
한 남편을 쫓아서 마침일새요

夫子는 制義어늘 從婦하면 凶也ㅣ라
부 자　 제 의　　종 부　 흉 야

부자는 의리를 제재하거늘
부인의 도를 따르면 흉하니라.

32 – 14 ––––––––––––– ––––––––––––––––––––––

○ 上六은
　상 육

○ 상육은

振恒이니 凶하니라
진 항　　흉

항구함을 떨쳐버리니 흉하니라.

○ 象日
　　상 왈

振恒在上하니 大无功也ㅣ로다
　진 항 재 상　　　대 무 공 야

○ 상에 가로되

'항구함을 떨쳐버림'이 위에 있으니
크게 공이 없음이로다.

33 - 1 ――――――――――　――――――――――

● 遯은
　돈

　亨하니 小利貞하니라
　형　　소이정

● 돈은

　형통하니 바르게 하면 조금 이로우니라.

33 - 2 ――――――――――

● 彖曰 遯亨은 遯而亨也ㅣ나
　단왈 돈형　　돈이형야

　剛當位而應이라 與時行也ㅣ니라
　강당위이응　　　여시행야

　小利貞은 浸而長也ㅣᆯ새니
　소이정　　침이장야

　遯之時義ㅣ 大矣哉ㅣ라
　돈지시의　　대의재

● 단에 가로되 '돈형'은 물러나서 형통하나

　강이 위에 마땅해서 응함이라 때와
　더불어 행함이니라.

　'소이정'은 (음이) 점점자라기 때문일새니

　돈의 때와 뜻이 큼이라.

33 - 3 ――――――――――　――――――――――

● 象曰
　상왈

　天下有山이 遯이니
　천하유산　　돈

　君子ㅣ 以하야 遠小人호대
　군자　　이　　원소인

　不惡而嚴하나니라
　불악이엄

● 상에 가로되

　하늘 아래에 산이 있는 것이 돈이니

　군자가 본 받아서 소인을 멀리하되

　(남에게) 악하게 아니하고
　(자신에게) 엄하게 하나니라.

33 - 4 ――――――――――　――――――――――

○ 初六은
　초육

　遯尾라 厲하니 勿用有攸往이니라
　돈미　려　　물용유유왕

○ 초육은

　도망하는데 꼬리라 위태하니
　써 가는 바를 두지 말지니라.

33 - 5 ────────────────   ──────────────────────────

○ 象曰
　상 왈

○ 상에 가로되

遯尾之厲는 不往이면 何災也ㅣ리오
돈미지려　　불왕　　　하재야

'돈미의 위태함'은 가지 않으면
　무슨 재앙이 있으리오.

33 - 6 ────────────────   ──────────────────────────

○ 六二는
　육 이

○ 육이는

執之用黃牛之革이라 莫之勝說이니라
집지용황우지혁　　　　막지승설

꽉 잡는데 황소 가죽을 쓰니라.
이기어 말로 할 수 없음이니라.

33 - 7 ────────────────   ──────────────────────────

○ 象曰
　상 왈

○ 상에 가로되

執用黃牛는 固志也ㅣ라
집 용 황 우　　고 지 야

'꽉 잡는데 황소 가죽을 쓴다.'함은
뜻을 견고히 함이라.

33 - 8 ────────────────   ──────────────────────────

○ 九三은
　구 삼

○ 구삼은

係遯이라 有疾하야 厲하니
계 돈　　　유 질　　려

매이는 돈이라 병통이 있어 위태하니

畜臣妾에는 吉하니라
휵 신 첩　　　길

신첩을 기름에는 길하니라.

33 - 9 ────────────────   ──────────────────────────

○ 象曰
　상 왈

○ 상에 가로되

係遯之厲는 有疾하야 憊也ㅣ오
계돈지려　　유질　　　비야

'계돈의 위태함이라'함은 병통이 있어
　피곤함이오.

畜臣妾吉은 不可大事也ㅣ니라
휵 신 첩 길　　불 가 대 사 야

'휵신첩길'이라 함은 가히 큰일은 하지 못함이라.

33 - 10 ───────────────   ──────────────────────────

○ 九四는
　구 사

○ 구사는

好遯이니 君子는 吉코
호 돈　　　군 자　　길

좋아도 물러남이니 군자는 길하고

小人은 **否**하니라
소인　　비

소인은 비색 하니라.

33 – 11 ––––––––––––––　　––––––––––––––––––––––––

○ **象曰**
상왈

○ 상에 가로되

君子는 **好遯**하고 **小人**은 **否也**ㅣ리라
군자　　호돈　　　소인　　비야

군자는 좋아도 피하고 소인은 비색 하리라.

33 – 12 ––––––––––––––　　––––––––––––––––––––––––

○ **九五**는
구오

○ 구오는

嘉遯이니 **貞**하야 **吉**하니라
가돈　　　정　　　길

아름답게 피하니 바르게 해서 길하니라.

33 – 13 ––––––––––––––　　––––––––––––––––––––––––

○ **象曰**
상왈

○ 상에 가로되

嘉遯貞吉은 **以正志也**ㅣ라
가돈정길　　　이정지야

'가돈정길'은 뜻을 바르게 하기 때문이라.

33 – 14 ––––––––––––––　　––––––––––––––––––––––––

○ **上九**는
상구

○ 상구는

肥遯이니 **无不利**하니라
비돈　　　무불리

살찌게 피하니 이롭지 않음이 없느니라.

33 – 15 ––––––––––––––　　––––––––––––––––––––––––

○ **象曰**
상왈

○ 상에 가로되

肥遯无不利는 **无所疑也**ㅣ라
비돈무불리　　　무소의야

'비돈무불리'는 의심할 바가 없느니라.

34 - 1 ----------

● 大壯은 利貞하니라
　대장　　이정

● 대장은 바르게 함이 이로우니라.

34 - 2 ----------

● 彖曰 大壯은 大者ㅣ 壯也ㅣ니
　단왈 대장　대자　　장야

● 단에 가로되 대장은 큰 것이 씩씩함이니

剛以動故로 壯하니
강이동고　　장

강으로써 움직이는 고로 장하니

大壯利貞은 大者ㅣ 正也ㅣ니
대장이정　　대자　　정야

'대장이정'은 큰 것이 바르게 함이니

正大而天地之情을 可見矣리라
정대이천지지정　　가견의

바르고 커서 천지의 실정을 가히 보리라.

34 - 3 ----------

● 象曰 雷在天上이 大壯이니
　상왈 뢰재천상　　대장

● 상에 가로되 우레가 하늘 위에 있는 것이
대장이니

君子ㅣ 以하야 非禮弗履하나니라
군자　　이　　비례불리

군자가 본 받아서 예가 아니면 밟지
아니하나니라.

34 - 4 ----------

○ 初九는
　초구

○ 초구는

壯于趾니 征하면 凶이 有孚ㅣ리라
장우지　정　　흉　유부

발꿈치에 장함이니 가면 흉함이
믿음이 있으리라.(틀림없으리라)

34 - 5 ----------

○ 象曰
　상왈

○ 상에 가로되

壯于趾하니 其孚窮也ㅣ로다
장우지　　기부궁야

'장우지'하니 그 궁함을 믿음이로다.

34 – 6 ————————————— —————————————————

○ 九二는
　　구이

　　貞하야 吉하니라
　　정　　길

○ 구이는

　　바르게 해야 길하니라.

34 – 7 ————————————— —————————————————

○ 象曰
　　상왈

　　九二貞吉은 以中也] 라
　　구이정길　　이중야

○ 상에 가로되

　　'구이정길'은 중도로써 하기 때문이라.

34 – 8 ————————————— —————————————————

○ 九三은
　　구삼

　　小人은 用壯이오
　　소인　　용장

　　君子는 用罔이니 貞이면 厲하니
　　군자　　용망　　정　　　려

　　羝羊이 觸藩하야 羸其角이로다
　　저양　　촉번　　　이기각

○ 구삼은

　　소인은 장함을 쓰고

　　군자는 없음을 쓰니 고집하면 위태하니

　　숫양이 울타리를 들이받아 그 뿔이 걸림이로다.

34 – 9 ————————————— —————————————————

○ 象曰
　　상왈

　　小人은 用壯이오 君子는 罔也] 라
　　소인　　용장　　군자　　망야

○ 상에 가로되

　　소인은 장성함을 쓰고 군자는 없음을 쓰니라.

34 – 10 ————————————— —————————————————

○ 九四는
　　구사

　　貞이면 吉하야 悔] 亡하리니
　　정　　길　　회　망

　　藩決不羸하며 壯于大輿之輹이로다
　　번결불리　　　장우대여지복

○ 구사는

　　바르게 하면 길하야 후회가 없으리니

　　울타리가 터져서 걸리지 아니하며
　　큰 수레의 바퀴에 장함이로다.

34 – 11 ————————————— —————————————————

○ 象曰
　　상왈

　　藩決不羸는 尙往也ㄹ새라
　　번결불리　　상왕야

○ 상에 가로되

　　'번결불리'는 감이 숭상할새라.

○ 六五는
육오

○ 육오는

喪羊于易면 无悔리라
상양우이　　무회

양을 쉽게 잃으면 (양의 힘을 용이한
도로 상실하게하면) 후회가 없으리라.

○ 象曰
상왈

○ 상에 가로되

喪羊于易는 位不當也ㄹ새라
상양우이　　위부당야

'상양우이'는 위가 마땅치 않기 때문일새라.

○ 上六은
상육

○ 상육은

羝羊이 觸藩하야 不能退하며
저양　　촉번　　불능퇴

숫양이 울타리에 걸려서 능히 물러나지 못하며

不能遂하야 无攸利니 艱則吉하리라
불능수　　　무유리　간즉길

능히 나가지도 못하야 이로운 바 없으니
어렵게 한즉 길하리라.

○ 象曰
상왈

○ 상에 가로되

不能退不能遂는 不詳也ㅣ오
불능퇴불능수　　불상야

'불능퇴불능수'는 상서롭지 못함이오

艱則吉은 咎不長也ㄹ새라
간즉길　　구부장야

'간즉길'은 허물이 커지지 않기 때문 일새라.

35 - 1 ----------------------

● 晉은
　　진

　康侯를 用錫馬蕃庶하고
　　강후　　용석마번서

　晝日三接이로다
　　주일삼접

● 진은

　(나라를) 편안 하게 하는 제후를
　말 주기를 많이 하고

　하룻날에 세 번 접함이로다.

35 - 2 ----------------------

● 彖曰 晉은 進也ㅣ니 明出地上하야
　　단왈 진　진야　　명출지상

　順而麗乎大明하고 柔進而上行이라
　　순이이호대명　　유진이상행

　是以康侯用錫馬蕃庶晝日三接也ㅣ라
　　시이강후용석마번서주일삼접야

● 단에 가로되 진은 나아가는 것이니
　밝은 것이 땅위에 나와

　순해서 크게 밝은데에 걸리고
　유가 나아가 위로 행함이라

　이렇기 때문에 '강후용석마번서주일삼접'이라.

35 - 3 ----------------------

● 象曰
　　상왈

　明出地上이 晉이니
　　명출지상　　진

　君子ㅣ 以하야 自昭明德하나리라
　　군자　이　　자소명덕

● 상에 가로되

　밝은 것이 땅위에 나옴이 진이니

　군자가 본 받아서 스스로 밝은 덕을
　밝히 나니라.

35 - 4 ----------------------

○ 初六은
　　초육

　晉如摧如에 貞이면 吉하고
　　진여최여　　정　　길

○ 초육은

　나아가는 듯 물러가는 듯 바르게 하면 길하고

罔孚ㅣ라도 裕ㅣ면 无咎ㅣ리라
망부 　　　유　　무구

(육사에게) 믿음이 없을지라도 여유롭게
하면 허물이 없으리라.

35 - 5 ────────── ──────────────────

○ 象曰
　상왈

○ 상에 가로되

晉如摧如는 獨行正也ㅣ오
진여최여　　독행정야

나아가는 듯 물러가는 듯 함은
홀로 바름을 행함이오

裕无咎는 未受命也ㄹ새라
유무구　　미수명야

여유롭게 하여 허물이 없음은
아직 명을 받지 아니했기 때문 일새라.

35 - 6 ────────── ──────────────────

○ 六二는
　육이

○ 육이는

晉如ㅣ 愁如ㅣ나 貞이면 吉하리니
진여　수여　　정　　길

나아가는 듯 근심하는 듯하나
바르게 하면 길하리니

受玆介福于其王母ㅣ리라
수자개복우기왕모

이 큰 복을 그 왕모에게 받으리라.

35 - 7 ────────── ──────────────────

○ 象曰
　상왈

○ 상에 가로되

受玆介福은 以中正也ㅣ라
수자개복　　이중정야

'수자개복'은 중정의 도로써 함이라.

35 - 8 ────────── ──────────────────

○ 六三은
　육삼

○ 육삼은

衆允이라 悔ㅣ 亡하니라
중윤　　회　망

무리가 믿음이라 뉘우침이 없어지리라.

35 - 9 ────────── ──────────────────

○ 象曰
　상왈

○ 상에 가로되

衆允之志는 上行也ㅣ라
중윤지지　　상행야

무리가 믿는 뜻은 위로 행함이라.

35 - 10 ────────── ──────────────────

○ 九四는
　구사

○ 구사는

晉如ㅣ 鼫鼠ㅣ니 貞이면 厲하리라
진여　석서　정　려

나아가는 듯 함이 다람쥐이니 고집부리면
위태하리라.

35 – 11 –––––––––––––––––

––––––––––––––––––––––––––

○ 象曰
　상왈

○ 상에 가로되

鼫鼠貞厲는 位不當也ㄹ새라
석서정려　　위부당야

'석서정려'는 자리가 마땅치 않기 때문일새라.

35 – 12 –––––––––––––––––

––––––––––––––––––––––––––

○ 六五는
　육오

○ 육오는

悔ㅣ 亡하란대 失得을 勿恤이니
회　망　　　실득　　물휼

뉘우침이 없을 것이라 하는데 잃고 얻음을
걱정하지 말지니

往에 吉하야 无不利하리라
왕　길　　무불리

감에 길하야 이롭지 않음이 없으리라.

35 – 13 –––––––––––––––––

––––––––––––––––––––––––––

○ 象曰
　상왈

○ 상에 가로되

失得勿恤은 往有慶也ㅣ리라
실득물휼　　왕유경야

잃고 얻음을 걱정치 말라함은 가서 경사가
있음이리라.

35 – 14 –––––––––––––––––

––––––––––––––––––––––––––

○ 上九는
　상구

○ 상구는

晉其角이니 維用伐邑이면
진기각　　　유용벌읍

그 뿔 끝 까지 나아감이니 오직 읍을
치는 것을 쓰면

厲하나 吉코 无咎ㅣ어니와
려　　　길　무구

위태하나 길하고 허물은 없거니와

貞앤 吝하니라
정　인

바르게 함엔(바를지라도) 인색하니라.

35 – 15 –––––––––––––––––

––––––––––––––––––––––––––

○ 象曰
　상왈

○ 상에 가로되

維用伐邑은 道未光也ㄹ새라
유용벌읍　　도미광야

'유용벌읍'이라함은 도가 아직 빛나지
않음일새라.

36 - 1 —————————————

● 明夷는
　明이

● 명이는

利艱貞하니라
이간정

어렵게 여겨 바르게 함이 이로우니라.

36 - 2 —————————————

● 彖曰
　단왈

● 단에 가로되

明入地中이 明夷니
명입지중　　명이

밝은 것이 땅 속에 들어감이 명이니

內文明而外柔順하야
내문명이외유순

안으로는 문명하고 밖으로는 유순하야

以蒙大難이니 文王이 以之하니라
이몽대란　　　문왕　이지

써 크게 어려움을 무릅쓰니 문왕이
(명이의 법을) 해냈느니라.

利艱貞은 晦其明也ㅣ라
이간정　　회기명야

'이간정'은 그 밝음을 감춤이라

內難而能正其志니
내난이능정기지

안으로는 어려우나 능히 자신의 뜻을
바르게 하니

箕子ㅣ 以之하니라
기자　　이지

기자가 (명이의 법을) 해냈느니라.

36 - 3 —————————————

● 象曰
　상왈

● 상에 가로되

明入地中이 明夷니
명입지중　　명이

밝은 것이 땅 속에 들어감이 명이니

君子ㅣ 以하야 莅衆에 用晦而明하나니라
군자　이　　이중　용회이명

군자가 본 받아서 대중에 다다르매
어두움을 써서 밝게 하나니라.

36 - 4 ────────────── ──────────────────────

○ 初九는
초 구

　○ 초구는

明夷于飛에 垂其翼이니
명 이 우 비　　수 기 익

　명이에 날아야함에 그 자신의 날개를 접었으니

君子于行에 三日不食하야
군 자 우 행　　삼 일 불 식

　군자가 행함에 삼일을 먹지 아니하야

有攸往에 主人이 有言이로다
유 유 왕　　주 인　　유 언

　가는 바를 둠에 주인이 말이 있음이로다.

36 - 5 ────────────── ──────────────────────

○ 象曰
상 왈

　○ 상에 가로되

君子于行은 義不食也ㅣ라
군 자 우 행　　의 불 식 야

　'군자우행'은 의리가 먹지 않음이라.

36 - 16 ────────────── ──────────────────────

○ 六二는
육 이

　○ 육이는

明夷에 夷于左股ㅣ니
명 이　　이 우 좌 고

　명이에 왼쪽 다리를 상함이니

用拯馬ㅣ 壯하면 吉하리라
용 증 마　　장　　길

　구원하는 말이 건장함을 쓰면 길하리라.

36 - 7 ────────────── ──────────────────────

○ 象曰
상 왈

　○ 상에 가로되

六二之吉은 順以則也ㅣ새라
육 이 지 길　　순 이 칙 야

　육이의 길함은 순을 법칙으로써 하기 때문이다.

36 - 8 ────────────── ──────────────────────

○ 九三은
구 삼

　○ 구삼은

明夷于南狩하야
명 이 우 남 수

　명이에 남쪽으로부터 사냥하야

得其大首ㅣ니 不可疾貞이니라
득 기 대 수　　불 가 질 정

　그 큰 머리를 얻음이니 가히
　빨리 바르지 못함이니라.

36 - 9 ───────────────── ─────────────────────

○ 象曰
　상 왈

○ 상에 가로되

南狩之志를 乃大得也ㅣ로다
남 수 지 지　　내 대 득 야

남쪽으로부터 사냥하는 뜻을 곧 크게
얻음이로다.

36 - 10 ───────────── ─────────────────────

○ 六四는
　육 사

○ 육사는

入于左腹하야
입 우 좌 복

왼쪽 배에 들어가서

獲明夷之心하야 于出門庭이로다
획 명 이 지 심　　　우 출 문 정

명의의 마음을 얻어 문정에 벗어남이로다.

36 - 11 ───────────── ─────────────────────

○ 象曰
　상 왈

○ 상에 가로되

入于左腹은 獲心意也ㅣ라
입 우 좌 복　　획 심 의 야

'입우좌복'은 마음과 뜻을 얻음이라.

36 - 12 ───────────── ─────────────────────

○ 六五는
　육 오

○ 육오는

箕子之明夷니 利貞하니라
기 자 지 명 이　　이 정

기자의 명이니 바르게 함이 이로우니라.

36 - 13 ───────────── ─────────────────────

○ 象曰
　상 왈

○ 상에 가로되

箕子之貞은 明不可息也ㅣ라
기 자 지 정　　명 불 가 식 야

기자의 바름은 밝음을 가히 쉬지 않음이라.

36 - 14 ───────────── ─────────────────────

○ 上六은
　상 육

○상육은

不明하야 晦니
불 명　　　회

밝지 못해서 어두우니

初登于天하고 後入于地로다
초 등 우 천　　　후 입 우 지

처음에는 하늘에 오르고 뒤에는 땅에
들어감이로다.

○ 象曰
상왈

初登于天은 照四國也ㅣ오
초등우천　조사국야

後入于地는 失則也ㅣ라
후입우지　실칙야

○ 상에 가로되

'초등우천'은 사방의 나라를 비춤이오

'후입우지'는 법도를 잃음이라.

37 - 1 ─────────────────── ───────────────────

● 家人은
  가인

● 가인은

  利女貞하니라
  이 여 정

  여자가 바르게 함이 이로우니라.

37 - 2 ─────────────────── ───────────────────

● 彖曰
  단왈

● 단에 가로되

  家人은
  가인

  가인은

  女ㅣ 正位乎內하고 男이 正位乎外하니
  여 정위호내   남 정위호외

  여자가 위를 안에서 바로하고
  남자가 위를 밖에서 바르게 하니

  男女正이 天地之大義也ㅣ라
  남녀정   천지지대의야

  남자와 여자의 바름이 하늘과 땅의 큰 뜻이라.

  家人이
  가인

  가인이

  有嚴君焉하니 父母之謂也ㅣ라
  유엄군언   부모지위야

  엄한 어른이 있으니 부모를 이름이라.

  父父子子兄兄弟弟夫夫婦婦
  부부자자형형제제부부부부

  아비는 아비답고, 자식은 자식답고,
  형은 형답고, 아우는 아우답고,
  지아비는 지아비답고, 지어미는 지어미다워야

  而家道正하리니
  이 가 도 정

  집안의 도가 바르게 되리니

  正家而天下ㅣ 定矣리라
  정가이천하   정의

  집안을 바르게 해서 천하가 정해지리라.

37 - 3 ─────────────────── ───────────────────

● 象曰
  상왈

● 상에 가로되

風自火出이 家人이니
풍 자 화 출　　가인

바람이 불로부터 나오는 것이 가인이니

君子ㅣ 以하야 言有物而行有恒하나니라
군자　 이　　언유물이행유항

군자가 본 받아서 말에 실물이 있고
행동함에 항상 함이 있어야 하나니라.

37 – 4 ————————————— ————————————————————

○ 初九는
　　초 구

○ 초구는

閑有家ㅣ면 悔ㅣ 亡하리라
한유가　　 회　 망

집에 있으며 (家道를) 익히면 후회가 없어지리라.

37 – 5 ————————————— ————————————————————

○ 象曰
　　상 왈

○ 상에 가로되

閑有家는 志未變也ㅣ라
한유가　 지미변야

'한유가'는 뜻이 변하지 않음이라.

37 – 6 ————————————— ————————————————————

○ 六二는
　　육 이

○ 육이는

无攸遂ㅣ오 在中饋면 貞吉하리라
무유수　　　재중궤　 정길

(주부가 홀로) 이루는 바가 없고 안에
있으면서 주식을 맡아서하면 바르고 길하리라.

37 – 7 ————————————— ————————————————————

○ 象曰
　　상 왈

○ 상에 가로되

六二之吉은 順以巽也ㄹ새라
육 이 지 길　 순 이 손 야

육이의 길하다함은 순하고 공손하기 때문일새라.

37 – 8 ————————————— ————————————————————

○ 九三은
　　구 삼

○ 구삼은

家人이 嗃嗃하니 悔厲ㅣ나 吉하니
가인　 학학　　　회려　　 길

가인이 엄하고 엄하니 후회하고
위태하긴 하나 길하니

婦子ㅣ 嘻嘻면 終吝하리라
부자　　 희희　 종린

부녀자가 희희덕거리면 마침내 인색하리라.

37 – 9 ————————————— ————————————————————

○ 象曰
　　상 왈

○ 상에 가로되

家人嗃嗃은 未失也ㅣ오
가인학학　 미실야

'가인학학'은 (법도를) 잃지 않음이오.

婦子嘻嘻는 失家節也ㅣ라
부자 희 희   실 가 절 야

'부자희희'는 집안의 범절을 잃음이라.

37 – 10 ――――――――――   ――――――――――――――――――

○ 六四는
　 육 사

○ 육사는

富家ㅣ니 大吉하니라
부 가   대 길

집을 부하게 하니 크게 길하리라.

37 – 11 ――――――――――   ――――――――――――――――――

○ 象曰
　 상 왈

○ 상에 가로되

富家大吉은 順在位也ㄹ새라
부 가 대 길   순 재 위 야

'부가대길'은 순히 해서 위에 있기 때문일새라.

37 – 12 ――――――――――   ――――――――――――――――――

○ 九五는
　 구 오

○ 구오는

王假有家ㅣ니 勿恤하야 吉하리라
왕 격 유 가   물 휼   길

왕이 집을 둠에 지극함이니 근심하지
말아야 길하리라.

37 – 13 ――――――――――   ――――――――――――――――――

○ 象曰
　 상 왈

○ 상에 가로되

王假有家는 交相愛也ㅣ라
왕 격 유 가   교 상 애 야

'왕격유가'는 사귀어 서로 사랑함이라.

37 – 14 ――――――――――   ――――――――――――――――――

○ 上九는
　 상 구

○ 상구는

有孚코 威如면 終吉하리라
유 부   위 여   종 길

믿음을 두고 위엄 있게 하면 마침내 길하리라.

37 – 15 ――――――――――   ――――――――――――――――――

○ 象曰
　 상 왈

○ 상에 가로되

威如之吉은 反身之謂也ㅣ라
위 여 지 길   반 신 지 위 야

'위엄 있게 하여 길하다'함은
몸을 반성함을 이름이다.

38 - 1 ―――――――――――――― ――――――――――――――――――――

● 睽는
　규

小事는 吉하리라
소사　길

● 규는

작은 일은 길하리라.

38 - 2 ―――――――――――――― ――――――――――――――――――――

● 彖曰
　단 왈

睽는 火動而上하고 澤動而下하며
규　화동이상　　　택동이하

二女ㅣ 同居하나
이녀　동거

其志ㅣ 不同行하니라
기지　부동행

說而麗乎明하고 柔ㅣ 進而上行하야
열이이호명　　　유　진이상행

得中而應乎剛이라
득중이응호강

是以小事吉이니라
시이소사길

天地ㅣ 睽而其事ㅣ 同也ㅣ며
천지　규이기사　동야

男女ㅣ 睽而其志ㅣ 通也ㅣ며
남녀　규이기지　통야

萬物이 睽而其事ㅣ 類也ㅣ니
만물　규이기사　류야

睽之時用이 大矣哉라
규지시용　대의재

● 단에 가로되

규는 불이 움직여서 오르고,
못이 움직여서 내려오며

두 여자가 함께 사나

그들의 뜻은 함께 행하지 아니하니라.

기뻐해서 밝은 데 걸리고 유가 나아가서
위로 행하야

중을 얻어서 강에 응하는 지라

이로써 '소사길'이라 하니라.

천지가 어긋나되 그 일은 같으며

남녀가 어긋나되 그 뜻은 통하며

만물이 어긋나되 그 일은 같으니

규의 때와 사용함이 큼이라.

38 - 3 ──────────── ────────────────

● 象曰
　상왈

　　上火下澤이 暌ㅣ니
　　상화하택　　규

　　君子ㅣ 以하야 同而異하나니라
　　군자　　이　　동이이

● 상전에 가로되

　위는 불이고 아래는 못이 규이니

　군자가 본 받아서 함께 하되 다르게 하나니라.

38 - 4 ──────────── ────────────────

○ 初九는
　초구

　　悔ㅣ 亡하니
　　회　　망

　　喪馬하고 勿逐하야도 自復이니
　　상마　　　물축　　　자복

　　見惡人하면 无咎ㅣ리라
　　견악인　　　무구

○ 초구는

　뉘우침이 없어지니

　말을 잃고 쫓지 않아도 스스로 회복함이니

　악한 사람을 보면 허물이 없으리라.

38 - 5 ──────────── ────────────────

○ 象曰
　상왈

　　見惡人은 以辟咎也ㅣ라
　　견악인　　이피구야

○ 상에 가로되

　'견악인'은 써 허물을 피함이라.

38 - 6 ──────────── ────────────────

○ 九二는
　구이

　　遇主于巷하면 无咎ㅣ리라
　　우주우항　　　무구

○ 구이는

　주인을 거리에서 만나면 허물이 없으리라.

38 - 7 ──────────── ────────────────

○ 象曰
　상왈

　　遇主于巷이 未失道也ㅣ라
　　우주우항　　미실도야

○ 상에 가로되

　'우주우항'이 중도를 잃지 않음이라.

38 - 8 ──────────── ────────────────

○ 六三은
　육삼

　　見輿曳코 其牛ㅣ 掣ㅣ며
　　견여예　　기우　　체

○ 육삼은

　수레를 당기고 그 소가 받치며

其人이 天且劓니 无初코 有終이리라
기인　천차의　무초　유종

그 사람이 머리 깎이고 또 코 베임을
보니 처음은 없고 마침은 있느니라.

38 - 9 ─────────────── ───────────────────────

○ 象曰
상왈

○ 상에 가로되

見輿曳는 位不當也ㅣ오
견여예　위부당야

'견여예'는 자리가 마땅하지 않음이오,

无初有終은 遇剛也ㄹ새라
무초유종　우강야

'무초유종'은 강을 만나기 때문일새라.

38 - 10 ─────────────── ───────────────────────

○ 九四는
구사

○ 구사는

睽孤하야 遇元夫하야 交孚ㅣ니
규고　　우원부　　교부

규가 외로워서 착한 지아비를 만나
사귐이 미더우니

厲하나 无咎ㅣ리라
려　　무구

위태하나 허물이 없으리라.

38 - 11 ─────────────── ───────────────────────

○ 象曰
상왈

○ 상에 가로되

交孚无咎는 志行也ㅣ리라
교부무구　지행야

'교부무구'는 뜻이 행해지리라.

38 - 12 ─────────────── ───────────────────────

○ 六五는
육오

○ 육오는

悔亡하니 厥宗이 噬膚ㅣ면
회망　　궐종　서부

후회가 없어지니 그 종당(일가)이 살을 씹으면

往에 何咎ㅣ리오
왕　하구

감에 무슨 허물이리오.

38 - 13 ─────────────── ───────────────────────

○ 象曰
상왈

○ 상에 가로되

厥宗噬膚는 往有慶也ㅣ리라
궐종서부　왕유경야

'궐종서부'는 가서 경사가 있으리라.

173

○ 上九는
　상구

○ 상구는

睽孤하야 見豕負塗와 載鬼一車ㅣ라
규고　　　견시부도　재귀일거

규가 외로워서 돼지가 진흙을 짊어진
것과 귀신이 한 수레 실은 것을 봄이라

先張之弧ㅣ라가
선장지호

먼저는 활을 베풀었다가

後說之弧하야 匪寇ㅣ라
후탈지호　　　비구

뒤에는 활을 벗기어서 도적이 아니라

婚媾ㅣ니
혼구

혼인을 얽으려한 것이니

往遇雨하면 則吉하리라
왕우우　　　즉길

가서 비를 만나면 곧 길하리라.

○ 象曰
　상왈

○ 상에 가로되

遇雨之吉은 羣疑ㅣ 亡也ㅣ라
우우지길　군의　　망야

'비를 만나 길하다'함은 뭇 사람들의
의심이 없어진 것이라.

39 - 1 ────────────── ────────────────────────

● 蹇은
   건

利西南하고 不利東北하며
이 서 남   불 리 동 북

利見大人하니 貞이면 吉하리라
이 견 대 인   정   길

● 건은

서남은 이롭고 동북은 이롭지 않으며

대인을 봄이 이로우니 바르게 하면 길하리라.

39 - 2 ────────────── ────────────────────────

● 彖曰
   단 왈

蹇은 難也ㅣ니 險在前也ㅣ니
건   난야   험 재 전 야

見險而能止하니 知矣哉라
견 험 이 능 지   지 의 재

蹇利西南은 往得中也ㅣ오
건 리 서 남   왕 득 중 야

不利東北은 其道ㅣ 窮也ㅣ오
불 리 동 북   기 도   궁 야

利見大人은 往有功也ㅣ오
이 견 대 인   왕 유 공 야

當位貞吉은 以正邦也ㅣ니
당 위 정 길   이 정 방 야

蹇之時用이 大矣哉라
건 지 시 용   대 의 재

● 단에 가로되

건은 어려움이니 험한 것이 앞에 있으니

험한 것을 보고 능히 그치니 지혜롭도다.

'건이서남'은 가서 중을 얻음이오,

'불리동북'은 그 도가 궁함이오,

'이견대인'은 가서 공이 있음이오

위가 마땅해서 '바르게 하면 길하다'함은
나라를 바르게 함이니

건의 때와 쓰임이 큼이라.

39 - 3 ────────────── ────────────────────────

● 象曰
   상 왈

山上有水ㅣ 蹇이니
산 상 유 수   건

● 상에 가로되

산 위에 물이 있는 것이 건이니

君子ㅣ 以하야 反身脩德하나니라
군자　　이　　반신수덕

군자가 본 받아서 되돌려 자신에게 찾고
(反求諸身반구저신) 덕을 닦느니라.

39 - 4 ———————————— ————————————

○ 初六은
　　초육

○ 초육은

往하면 蹇코 來하면 譽리라
왕　　　건　　래　　　예

가면 어렵고 오면 명예로우리라.

39 - 5 ———————————— ————————————

○ 象曰
　　상왈

○ 상에 가로되

往蹇來譽는 宜待也ㅣ니라
왕건래예　　　의대야

'왕건래예'는 기다림이 마땅하니라.

39 - 6 ———————————— ————————————

○ 六二는
　　육이

○ 육이는

王臣蹇蹇이 匪躬之故ㅣ라
왕신건건　　　비궁지고

왕과 신하가 어렵고 어려움이
자신의 연고가 아니니라.

39 - 7 ———————————— ————————————

○ 象曰
　　상왈

○ 상에 가로되

王臣蹇蹇은 終无尤也ㅣ리라
왕신건건　　　종무우야

'왕신건건'은 마침내 허물이 없으리라.

39 - 8 ———————————— ————————————

○ 九三은
　　구삼

○ 구삼은

往하면 蹇코 來하면 反이리라
왕　　　건　　래　　　반

가면 어렵고 오면 돌아오리라.

39 - 9 ———————————— ————————————

○ 象曰
　　상왈

○ 상에 가로되

往蹇來反은 內ㅣ 喜之也ㄹ새라
왕건래반　　내　　희지야

'왕건래반'은 안에서 기뻐하기 때문일새라.

39 - 10 ———————————— ————————————

○ 六四는
　　육사

○ 육사는

往하면 蹇코 來하면 連이리라   가면 어렵고 오면 (힘을) 합하리라.
왕   건   래   연

39 – 11 ━━━━━━━━━━━━━━━━━━━━━━━━━━━━━━━

○ 象曰   ○ 상에 가로되
상 왈

往蹇來連은 當位ㅣ 實也ㄹ새라   '왕건래연'은 자리에 당함이 실하기
왕 건 래 연   당 위   실 야   때문일새라.

39 – 12 ━━━━━━━━━━━━━━━━━━━━━━━━━━━━━━━

○ 九五는   ○ 구오는
구 오

大蹇에 朋來로다   크게 어려움에 벗이 옴이로다.
대 건   붕 래

39 – 13 ━━━━━━━━━━━━━━━━━━━━━━━━━━━━━━━

○ 象曰   ○ 상에 가로되
상 왈

大蹇朋來는 以中節也ㅣ라   '대건붕래'는 중용의 도로써 절제함이라.
대 건 붕 래   이 중 절 야

39 – 14 ━━━━━━━━━━━━━━━━━━━━━━━━━━━━━━━

○ 上六은   ○ 상육은
상 육

往하면 蹇코 來면 碩이라 吉하리니   가면 어렵고 오면 큰 공이라 길하리니
왕   건   래   석   길

利見大人하니라   대인을 봄이 이로우니라.
이 견 대 인

39 – 15 ━━━━━━━━━━━━━━━━━━━━━━━━━━━━━━━

○ 象曰   ○ 상에 가로되
상 왈

往蹇來碩은 志在內也ㅣ오   '왕건래석'은 뜻이 안에 있음이오,
왕 건 래 석   지 재 내 야

利見大人은 以從貴也ㅣ라   '이견대인'은 귀함을 쫓음이라.
이 견 대 인   이 종 귀 야

40. 雷水解　　40. 뇌수해

40 - 1 ―――――――――　―――――――――――

● 解는
　해

利西南하니 无所往이라
이 서 남　　　무 소 왕

서남이 이로우니 갈 바가 없음이라

其來復이 吉하니
기 래 복　　길

그는 와서 회복함이 길하니

有攸往이어든 夙하면 吉하리라
유 유 왕　　　숙　　　길

갈 바가 있거든 일찍 하면 길하리라.

40 - 2 ―――――――――　―――――――――――

● 彖曰
　단 왈

● 단에 가로되

解는 險以動이니 動而免乎險이 解라
해　 험 이 동　　동 이 면 호 험　 해

해는 험한 데서 움직이니 움직여 험한 것을
면하는 것이 해라.

解利西南은 往得衆也ㅣ오
해 이 서 남　　왕 득 중 야

'해이서남'은 가서 무리를 얻음이오,

其來復吉은 乃得中也ㅣ오
기 래 복 길　　내 득 중 야

'기래복길'은 이에 중을 얻음이오,

有攸往夙吉은 往有功也ㅣ라
유 유 왕 숙 길　　왕 유 공 야

'유유왕숙길'은 가서 공이 있음이라.

天地ㅣ 解而雷雨ㅣ 作하고
천 지　　해 이 뇌 우　　작

천지가 풀려서 우레와 비가 일어나고,

雷雨ㅣ 作而百果草木이 皆甲拆하나니
뇌 우　　작 이 백 과 초 목　　개 갑 탁

우레와 비가 일어나서 온갖 과일과
초목이 다 껍질이 터지나니

解之時ㅣ 大矣哉라
해 지 시　　대 의 재

해의 때가 크도다.

40 - 3 ──────────────

● 象曰
상 왈

雷雨作이 解니
뇌우작　　해

君子ㅣ 以하야 赦過宥罪하나리라
군자　이　　　사과유죄

● 상에 가로되

우레와 비가 일어남이 해이니

군자가 본 받아서 허물을 용서하고
죄를 너그럽게 하나니라.

40 - 4 ──────────────

○ 初六은
초 육

无咎하니라
무구

○ 초육은

허물이 없느니라.

40 - 5 ──────────────

○ 象曰
상 왈

剛柔之際라 義无咎也ㅣ니라
강유지제　　의무구야

○ 상에 가로되

강과 유가 사귐이라 의리가 허물이 없느니라.

40 - 6 ──────────────

○ 九二는
구 이

田獲三狐하야 得黃矢니 貞하야 吉토다
전획삼호　　　득황시　정　　길

○ 구이는

사냥을 해서 세 마리 여우를 얻어서
누런 화살을 얻으니 바르게 하면 길토다.

40 - 7 ──────────────

○ 象曰
상 왈

九二貞吉은 得中道也ㅣ새라
구이정길　　득중도야

○ 상에 가로되

'구이정길'은 중도를 얻었기 때문일새라.

40 - 8 ──────────────

○ 六三은
육 삼

負且乘이라 致寇至니
부차승　　　치구지

貞이라도 吝이리라
정　　　　인

○ 육삼은

질 사람이 또한 탐이라 도적이 이름을
이르게 하니

바를지라도 인색하니라.

○ 象曰
상 왈

○ 상에 가로되

負且乘이 亦可醜也ㅣ며
부차승　　역가추야

'부차승'이 또한 가히 추함이며,

自我致戎이어니 又誰咎也ㅣ리오
자아치융　　　　우수구야

나로부터 도적을 이르게 했으니
또한 누구를 허물하리오.

○ 九四는
구 사

○ 구사는

解而拇ㅣ면 朋至하야 斯孚ㅣ리라
해이무　　붕지　　　사부

너의 엄지발가락에서 풀리면 벗이 이르러서
이에 미더우리라.

○ 象曰
상 왈

○ 상에 가로되

解而拇는 未當位也ㄹ새라
해이무　　미당위야

'해이무'는 자리가 마땅치 않기 때문일새라.

○ 六五는
육 오

○ 육오는

君子ㅣ 維有解ㅣ면 吉하니
군자　　유유해　　　길

군자가 오직 풀어줌이 있으면 길하리니

有孚于小人이리라
유부우소인

소인에게 믿음(소인이 물러나는 증험)이
있으리라.

○ 象曰
상 왈

○ 상에 가로되

君子有解는 小人의 退也ㅣ라
군자유해　　소인　　퇴야

'군자유해'는 소인들이 물러감이라.

○ 上六은
상 육

○ 상육은

公用射隼于高墉之上하야 獲之니
공용석준우고용지상　　　획지

공이 써 높은 담장 위에 새매를 쏘아서 잡으니

无不利로다
무불리

이롭지 않음이 없음이로다.

40 – 15 ─────────── ───────────────────

○ **象曰**
상 왈

○ 상에 가로되

公用射隼은 以解悖也ㅣ라
공용 석준　　이해패야

'공용석준'은 써 거스림을 풀어줌이라.

41 - 1 ――――――――――　――――――――――――

● 損은
　손

● 손은

有孚ㅣ면 元吉코
유부　　　원길

믿음을 두면 크게 길하고

无咎하야 可貞이라 利有攸往하니
무구　　　가정　　　이유유왕

허물이 없어서 가히 바름이라
가는 바를 둠이 이로우니

曷之用이리오 二簋ㅣ 可用享이니라
갈지용　　　　이궤　가용향

어디에 쓰리오. 두 개의 대그릇이
가히 써 제사에 쓰이리라.

41 - 2 ――――――――――　――――――――――――

● 彖曰
　단 왈

● 단에 가로되

損은 損下益上하야 其道ㅣ 上行이니
손　　손하익상　　　기도　　상행

손은 아래를 덜어 위에 더하여
그 도가 위로 행함이니

損而有孚ㅣ면
손이유부

더는 데 믿음을 두면

元吉无咎可貞利有攸往이니
원길무구가정이유유왕

'원길 무구 가정 이유유왕'이니

曷之用二簋可用享은
갈지용이궤가용향

'갈지용 이궤 가용향'은

二簋ㅣ 應有時며
이궤　　응유시

두 개의 대그릇이 응당 마땅한 때가 있으며

損剛益柔ㅣ 有時ㅣ니
손강익유　　유시

강을 덜어서 유한 것에 더함이 때가 있으니

損益盈虛를 與時偕行이니라
손익영허　　여시해행

덜고 보태며 채우고 비움을 때와
더불어 함께 행함이니라.

41 – 3 ——————————   ————————————————

● 象曰
　상 왈

● 상에 가로되

山下有澤이 損이니
산 하 유 택　　손

산 아래 못이 있음이 손이니

君子ㅣ 以하야 懲忿窒欲하나리라
군 자　　이　　징 분 질 욕

군자가 본 받아서 성냄을 징계하고
욕심을 막느니라.

41 – 4 ——————————   ————————————————

○ 初九는
　초 구

○ 초구는

已事ㅣ어든 遄往이라아 无咎ㅣ리니
이 사　　　천 왕　　　　무 구

일을 마치거든 빨리 가야 허물이 없으리니

酌損之니라
작 손 지

참작하여 더느니라.

41 – 5 ——————————   ————————————————

○ 象曰
　상 왈

○ 상에 가로되

已事遄往은 尙合志也ㄹ새라
이 사 천 왕　　상 합 지 야

'이사천왕'은 위와 뜻이 합하기 때문일새라.

41 – 6 ——————————   ————————————————

○ 九二는
　구 이

○ 구이는

利貞코 征이면 凶하니
이 정　　정　　흉

바르게 함이 이롭고 (망령 되게) 나가면 흉하니

弗損이라아 益之리라
불 손　　　　익 지

덜지 말아야 유익하리라.

41 – 7 ——————————   ————————————————

○ 象曰
　상 왈

○ 상에 가로되

九二利貞은 中以爲志也ㅣ라
구 이 이 정　　중 이 위 지 야

'구이이정'은 중용의 도로써 뜻을 삼음이라.

41 – 8 ——————————   ————————————————

○ 六三은
　육 삼

○ 육삼은

三人行엔 則損一人코
삼인행   즉손일인

세 사람이 감엔 곧 한 사람을 덜고

一人行엔 則得其友ㅣ로다
일인행   즉손기우

한 사람이 감엔 곧 그 벗을 얻음이로다.

41 - 9 ─────────────   ─────────────────────

○ 象曰
상왈

○ 상에 가로되

一人行은 三이면 則疑也ㅣ리라
일인행   삼   즉의야

'일인행'은 셋이면 곧 의심하리라.

41 - 10 ─────────────   ─────────────────────

○ 六四는
육사

○ 육사는

損其疾호대
손기질

그 병을 덜되

使遄이면 有喜하야 无咎ㅣ리라
사천   유희   무구

빨리하면 기쁨이 있어 허물이 없으리라.

41 - 11 ─────────────   ─────────────────────

○ 象曰
상왈

○ 상에 가로되

損其疾하니 亦可喜也ㅣ로다
손기질   역가희야

'손기질'하니 또한 가히 기쁨이로다.

41 - 12 ─────────────   ─────────────────────

○ 六五는
육오

○ 육오는

或益之면 十朋之라
혹익지   십붕지

혹 더하면 열 벗이 돕는지라.

龜도 弗克違하리니 元吉하니라
귀   불극위   원길

거북점도 능히 어기지 아니하리니 크게
길하니라.

41 - 13 ─────────────   ─────────────────────

○ 象曰
상왈

○ 상에 가로되

六五元吉은 自上祐也ㅣ라
육오원길   자상우야

'육오원길'은 위로부터 도움이라.

41 − 14 ──────────── ──────────────────────

○ **上九는**
　상구

　弗損코 益之면 无咎코 貞吉하니
　　불손　익지　무구　정길

　利有攸往이니 得臣이 无家ㅣ리라
　　이유유왕　　득신　무가

○ 상구는

　덜지 말고 더해주면 허물이 없고
　바르게 하여 길하리니

　가는 바를 둠이 이로우니 신하를 얻음이
　집에 있을 새가 없느니라.

41 − 15 ──────────── ──────────────────────

○ **象曰**
　상 왈

　弗損益之는 大得志也ㅣ라
　　불손익지　　대득지야

○ 상에 가로되

　'불손익지'는 크게 뜻을 얻음이라.

42 - 1 —————————————   —————————————————

● **益은**
익

利有攸往하며 利涉大川하나니라
이유유왕   이섭대천

● 익은

가는 바를 둠이 이로우며 대천을 건넘이
이로우니라.

42 - 2 —————————————   —————————————————

● **彖曰**
단왈

益은 損上益下하니 民說无疆이오
익   손상익하   민열무강

自上下下하니 其道ㅣ 大光이라
자상하하   기도   대광

利有攸往은 中正하야 有慶이오
이유유왕   중정   유경

利涉大川은 木道ㅣ 乃行이라
이섭대천   목도   내행

益은 動而巽하야 日進无疆하며
익   동이손   일진무강

天施地生하야 其益이 无方하니
천시지생   기익   무방

凡益之道ㅣ 與時偕行也하나니라
범익지도   여시해행야

● 단에 가로되

익은 위를 덜어서 아래를 더함이니
백성이 기뻐함이 지경이 없고

위로부터 아래로 내려오니 그 도가
크게 빛남이라.

'이유유왕'은 중정해서 경사가 있음이고

'이섭대천'은 목도가 이에 행해짐이라.

익은 움직이고 겸손하여 날로 나아감이
지경이 없으며

하늘이 베풀고 땅이 낳아 그 유익함이
방소가 없으니

무릇 익의 도가 때와 더불어 함께 행하나니라.

42 - 3 —————————————   —————————————————

● **象曰**
상왈

風雷ㅣ 益이니
풍뢰   익

● 상에 가로되

바람과 우레가 익이니

君子ㅣ 以하야 見善則遷하고
군자 이 　　견선즉천

군자가 본 받아서 선을 보면 곧 옮기고

有過則改하나니라
유과즉개

허물이 있으면 곧 고치나니라.

42 - 4 ―――――――――――――― ――――――――――――――――――――――

○ 初九는
　　초구

○ 초구는

利用爲大作이니 元吉이라아 无咎ㅣ리라
이용위대작　　　원길　　　무구

크게 짓는 것이 이로우니 크게
길하여야 허물이 없으리라.

42 - 5 ―――――――――――――― ――――――――――――――――――――――

○ 象曰
　　상왈

○ 상에 가로되

元吉无咎는 下ㅣ 不厚事也일새라
원길무구　　하　　불후사야

'원길무구'는 아래가 두터운 일을 할 수
없기 때문일새라.

42 - 6 ―――――――――――――― ――――――――――――――――――――――

○ 六二는
　　육이

○ 육이는

或益之면 十朋之라
혹익지　　십붕지

혹 더해주면 열 벗이라

龜도 弗克違나 永貞이면 吉하니
귀　　불극위　　영정　　　길

거북점도 능히 어기지 아니하나 길고
바르게 하면 길하리니

王用享于帝라도 吉하리라
왕용향우제　　　길

왕이 써 상제께 제사지낼지라도 길하리라.

42 - 7 ―――――――――――――― ――――――――――――――――――――――

○ 象曰
　　상왈

○ 상에 가로되

或益之는 自外來也ㅣ라
혹익지　　자외래야

'혹익지'는 밖으로부터 옴이라.

42 - 8 ―――――――――――――― ――――――――――――――――――――――

○ 六三은
　　육삼

○ 육삼은

益之用凶事엔 无咎ㅣ어니와
익지용흉사　　무구

더함을 흉한 일에 씀엔 허물이 없거니와

有孚中行이라아 告公用圭리라
유부중행　　　고공용규

믿음을 두고 중도를 행함이 있어야 공에게
고할 때 규를 사용하리라.

42 - 9 ----------------

○ 象曰
　　상　왈

益用凶事는 固有之也ㄹ새라
익용흉사　　고유지야

○ 象에 가로되

'익용흉사'는 굳게 두기 때문일새라.

42 - 10 ----------------

○ 六四는
　　육　사

中行이면 告公從하리니
중 행　　　고공종

利用爲依며 遷國이니라
이용위의　　천국

○ 육사는

중도를 행하면 공에게 고하여 쫓게 하리니

써 백성에게 의지하며 나라를 옮김이
이로우니라.

42 - 11 ----------------

○ 象曰
　　상　왈

告公從은 以益志也ㅣ라
고공종　　이익지야

○ 象에 가로되

'고공종'은 유익하게하는 뜻으로써 함이라.

42 - 12 ----------------

○ 九五는
　　구　오

有孚惠心이라 勿問하여도 元吉하니
유부혜심　　　　물문　　　　원길

有孚하야 惠我德하리라
유부　　　혜아덕

○ 구오는

믿음을 두고 마음을 은혜롭게 함이라
묻지 않아도 크게 길하리니

믿음을 두어 나의 덕을 은혜롭게 하리라.

42 - 13 ----------------

○ 象曰
　　상　왈

有孚惠心이라 勿問之矣며
유부혜심　　　　물문지의

惠我德이 大得志也ㅣ라
혜아덕　　　대득지야

○ 象에 가로되

'유부혜심'이라함은 물을 것도 없으며

'혜아덕'이 크게 뜻을 얻음이라.

42 - 14 ----------------

○ 上九는
　　상　구

○ 상구는

莫益之라 或擊之리니
막 익 지　　　혹 격 지

유익하게 해주는 이가 없느니라.
혹 치려고 함이니

立心勿恒이니 凶하니라
입 심 물 항　　　흉

마음을 세움이 항구하지 못하면 흉하리라.

42 - 15 ──────────────　──────────────────────

○ 象曰
　상 왈

○ 상에 가로되

莫益之는 偏辭也] 오
막 익 지　　편 사 야

'막익지'는 치우쳤다는 말이고

或擊之는 自外來也] 라
혹 격 지　　자 외 래 야

'혹격지'는 밖으로부터 옴이라.

43 - 1 ————————————   ————————————

● 夬는
쾌

   揚于王庭이니
   양 우 왕 정

   孚號有厲ㅣ니라
   부 호 유 여

   告自邑이오
   고 자 읍

   不利卽戎이며
   불 리 즉 융

   利有攸往하니라
   이 유 유 왕

● 쾌는

   왕의 뜰에서 드날림이니

   미덥게 호령해서 위태함이 있느니라.

   읍으로부터 고하고

   군사에 나아감이 이롭지 아니하며

   가는 바를 둠이 이로우니라.

43 - 2 ————————————   ————————————

● 彖曰
단 왈

   夬는 決也ㅣ니
   쾌   결 야

   剛決柔也ㅣ니
   강 결 유 야

   健而說하고
   건 이 열

   決而和하니라
   결 이 화

   揚于王庭은
   양 우 왕 정

   柔ㅣ 乘五剛也ㅣ오
   유   승 오 강 야

● 단에 가로되

   쾌는 결단하는 것이니

   강이 유를 결단함이니

   굳세며 기뻐하고

   척결하여 화합 하니라.

   '양우왕정'은

   유가 다섯 강을 탐이오

190

孚號有厲는
부호유여

'부호유여'는

其危ㅣ乃光也ㅣ오
기위　내광야

그 위태함이 이에 빛남이오

告自邑不利卽戎은
고자읍불리즉융

'고자읍 불리즉융'은

所尙이 乃窮也ㅣ오
소향　내궁야

숭상하는 바가 이에 곤궁함이오

利有攸往은
이유유왕

'이유유왕'은

剛長이 乃終也ㅣ리라
강장　내종야

강이 자람이 이에 마침이라.

43 - 3 ——————　——————————————

● 象曰
상왈

●상에 가로되

澤上於天이 夬니
택상어천　쾌

못이 하늘에 오르는 것이 쾌이니

君子ㅣ 以하야
군자　이

군자가 본 받아서

施祿及下하며
시록급하

녹을 베풂이 아래에 미치며

居德하야 則忌하나니라
거덕　　칙기

덕에 거하여 꺼림을 법하나니라.

43 - 4 ——————　——————————————

○ 初九는
초구

○ 초구는

壯于前趾니
장우전지

앞 발꿈치에 힘을 쓰니

往하야 不勝이면 爲咎ㅣ리라
왕　　불승　　위구

가서 이기지 못하면 허물이 되리라.

43 - 5 ——————　——————————————

○ 象曰
상왈

○ 상에 가로되

不勝而往이 咎也ㅣ라
불승이왕　구야

'불승이왕'이 허물이라.

43 – 6 ————————— ————————————————

○ 九二는
  구이

　惕號ㅣ니
　척호

　莫夜에 有戎이라도 勿恤이로다
　모야　　　유융　　　　물휼

○ 구이는

　두려워하며 호령함이니

　깊은 밤에 군사가 있더라도 근심치 말도다.

43 – 7 ————————— ————————————————

○ 象曰
  상왈

　有戎勿恤은
　유융물휼

　得中道也ㄹ새라
　득중도야

○ 상에 가로되

　'유융물휼'은

　중도를 얻었기 때문일새라.

43 – 8 ————————— ————————————————

○ 九三
  구삼

　壯于頄하야 有凶코
　장우구　　　유흉

　獨行遇雨ㅣ니
　독행우우

　君子는 夬夬라
　군자　　쾌쾌

　若濡有慍이면 无咎ㅣ리라
　약유유온　　　무구

○ 구삼은

　광대뼈에 힘을 써서 흉함이 있고

　홀로 행하여 비를 만나니

　군자는 결단할 것을 결단하는지라

　젖는 듯해서 성냄이 있으면 허물이 없으리라.

△'九三壯于頄有凶君子夬夬獨行遇雨若濡有慍无咎'를　☞'九三壯于頄有凶獨行遇雨
　君子夬夬若濡有慍无咎'로 기록 함 (전게 書 利, 289쪽 傳 참조)

43 – 9 ————————— ————————————————

○ 象曰
  상왈

　君子는 夬夬라
　군자　　쾌쾌

　終无咎也ㅣ라
　종무구야

○ 상에 가로되

　군자는 결단할 것을 결단하는지라

　마침내 허물이 없느니라.

○ 九四는
구 사

臀无膚ㅣ며 其行次且ㅣ니
둔 무 부　　　기 행 자 저

牽羊하면 悔ㅣ亡하련마는
견 양　　　회　망

聞言하야도 不信하리로다
문 언　　　불 신

○ 구사는

궁둥이에 살이 없으며 그 행함이 머뭇거림이니

양을 끌면 뉘우침이 없으련마는

말을 듣더라도 믿지 않으리로다.

○ 象曰
상 왈

其行次且는 位不當也ㅣ오
기 행 자 저　　　위 부 당 야

聞言不信은 聰不明也ㅣ라
문 언 불 신　　　총 불 명 야

○ 상에 가로되

'기행자저'는 위가 부당하기 때문이오.

'문언불신'은 귀 밝음이 밝지 않음이라.

○ 九五는
구 오

莧陸夬夬면
현 륙 쾌 쾌

中行에 无咎ㅣ리라
중 행　　　무 구

○ 구오는

쇠비름을 결단하고 결단하면

중을 행함에 허물이 없으리라.

○ 象曰
상 왈

中行无咎ㅣ나 中未光也ㅣ라
중 행 무 구　　　중 미 광 야

○ 상에 가로되

'중행무구'나 중이 빛나지 못함이라.

○ 上六은
상 육

无號ㅣ니 終有凶하니라
무 호　　　종 유 흉

○ 상육은

호소할 데가 없으니 마침내 흉함만 있느니라.

○ **象曰**
상 왈

　无號之凶은
무 호 지 흉

　終不可長也ㅣ니라
종 불 가 장 야

○ 상에 가로되

　'무호지흉'은

　마침내 가히 길지 못하니라.

44 - 1 —————————— ——————————————

● 姤는
　구

　女壯이니 勿用取女 l 니라
　여장　　　물용취녀

● 구는

　여자가 장함이니 여자를 취하지 말지니라.

44 - 2 —————————— ——————————————

● 彖曰
　단왈

　姤는 遇也 l 니
　구　　우야

　柔遇剛也 l 라
　유우강야

　勿用取女는
　물용취녀

　不可與長也 ㄹ새라
　불가여장야

　天地相遇하니
　천지상우

　品物이 咸章也 l 오
　품물　　함장야

　剛遇中正하니
　강우중정

　天下에 大行也 l 니
　천하　　대행야

　姤之時義 l 大矣哉라
　구지시의　　대의재

● 단에 가로되

　구는 만남이니

　유가 강을 만남이라.

　'물용취녀'는

　가히 더불어 오래 갈 수 없기 때문일새라.

　천지가 서로 만나니

　모든 물건이 다 빛남이오

　강이 중정을 만났으니

　천하에 크게 행함이니

　구의 때와 의가 큼이라.

44 - 3 —————————— ——————————————

● 象曰
　상왈

● 상에 가로되

天下有風이 姤ㅣ니
천하유풍　구

하늘아래 바람이 있음이 구이니

后ㅣ 以하야
후　이

후가 본 받아서

施命誥四方하나니라
시명고사방

명을 베풀어 사방에 고하나니라.

44 - 4 ──────────── ──────────────────

○ 初六은
초육

○ 초육은

繫于金柅면 貞이 吉코
계우금니　정　길

쇠말뚝에 매면 바르게 함이 길코

有攸往이면 見凶하리니
유유왕　　견흉

가는 바를 두면 흉함을 보리니

羸豕ㅣ 孚蹢躅하나니라
이시　부척촉

마른 돼지가 뛰고 뛰는 데 믿음을 두니라.

44 - 5 ──────────── ──────────────────

○ 象曰
상왈

○ 상에 가로되

繫于金柅는
계우금니

'계우금니'는

柔道ㅣ 牽也일새라
유도　견야

유의 도가 견제(牽制)하기 때문일새라.

44 - 6 ──────────── ──────────────────

○ 九二는
구이

○ 구이는

包有魚ㅣ면 无咎하리니
포유어　　무구

꾸러미에 고기가 있으면 허물이 없으리니

不利賓하니라
불이빈

손에게 이롭지 아니하니라.

44 - 7 ──────────── ──────────────────

○ 象曰
상왈

○ 상에 가로되

包有魚는 義不及賓也ㅣ라
포유어　의불급빈야

'포유어'는 의리가 손에 미치지 못함이라.

44 - 8 ──────────── ──────────────────

○ 九三은
구삼

○ 구삼은

臀无膚ㅣ나 其行은 次且니
둔무부　　　　기행　　자저

궁둥이에 살이 없으나 그 행함은 머뭇거림이니

厲하면 无大咎ㅣ리라
여　　　　무대구

위태롭게 여기면 큰 허물이 없으리라.

44 - 9 ----------------

○ 象曰
　　상 왈

○ 상에 가로되

其行次且는 行未牽也ㅣ라
기행자저　　　행미견야

'기행자저'는 행함을 견제(牽制)하지
아니함이라.

44 - 10 ----------------

○ 九四는
　　구 사

○ 구사는

包无魚ㅣ니 起凶하리라
포무어　　　기흉

꾸러미에 고기가 없으니 흉함이 일어나니라.

44 - 11 ----------------

○ 象曰
　　상 왈

○ 상에 가로되

无魚之凶은 遠民也ㄹ새라
무어지흉　　　원민야

'무어지흉'은 백성을 멀리하기 때문일새라.

44 - 12 ----------------

○ 九五는
　　구 오

○ 구오는

以杞包瓜ㅣ니 含章이면
이기포과　　　함장

박달나무로써 오이를 쌈이니 빛남을 머금으면

有隕自天이리라
유운자천

하늘로부터 떨어짐이 있으리라.

44 - 13 ----------------

○ 象曰
　　상 왈

○ 상에 가로되

九五含章은 中正也ㅣ오
구오함장　　　중정야

'구오함장'은 중정함이오

有隕自天은
유운자천

'유운자천'은

志不舍命也ㄹ새라
지불사명야

뜻이 명을 버리지 않음일새라.

○ 上九는
   상구

  姤其角이라 吝하니
  구 기 각   인

  无咎ㅣ니라
  무구

○ 상구는

   그 뿔에서 만남이라 인색하니

   허물이 없느니라.

○ 象曰
   상 왈

  姤其角은
  구 기 각

  上窮하야 吝也ㅣ라
  상 궁   인야

○ 상에 가로되

   '구기각'은

   위에서 궁하여 인색하기 때문이라.

198

45 - 1 ━━━━━━━━━━━━━━━━━   ━━━━━━━━━━━━━━━━━━━━━━━

● 萃는
　　취

　　● 취는

王假有廟ㅣ니
왕 격 유 묘

　　왕이 사당을 둠에 지극함이니

△王(亨)假有廟을 ☞王假有廟로 기록 함
　(전게 書 利, 336쪽-337쪽 傳 참조)

利見大人하니
이 견 대 인

　　대인을 봄이 이로우니

亨하니 利貞하니라
형　　　이정

　　형통하니 바르게 함이 이로우니라.

用大牲이 吉하니
용 대 생　　길

　　큰 희생을 씀이 길하니

利有攸往하니라
이 유 유 왕

　　가는 바를 둠이 이로우니라.

45 - 2 ━━━━━━━━━━━━━━━   ━━━━━━━━━━━━━━━━━━━━━━

● 彖曰
　　단 왈

　　● 단에 가로되

萃는 聚也니 順以說하고
취　　취야　　순이열

　　취는 모으는 것이니 순해서 기뻐하고

剛中而應이라 故로 聚也ㅣ니라
강중이응　　　고　　취야

　　강중해서 응하기 때문에 고로 모이느니라.

王假有廟는 致孝享也ㅣ오
왕 격 유 묘　　치 효 향 야

　　'왕격유묘'는 지극한 효성으로 제사함이오

利見大人亨은 聚以正也ㅣ새오
이 견 대 인 형　　취 이 정 야

　　'이견대인형'은 바름으로써 모이기 때문이요

用大牲吉利有攸往은
용 대 생 길 이 유 유 왕

　　'용대생길이유유왕'은

順天命也ㅣ니
순 천 명 야

천명에 순함이니

觀其所聚而天地萬物之情을
관 기 소 취 이 천 지 만 물 지 정

그 모이는 것을 관찰하면 천지와 만물의 정을

可見矣리라
가 견 의

가히 볼 수 있으리라.

45 - 3 ─────────────── ───────────────────

● 象曰
상 왈

● 상에 가로되

澤上於地ㅣ 萃니
택 상 어 지   취

못이 땅위에 올라가 있는 것이 취니

君子ㅣ 以하야
군 자   이

군자가 본 받아서

除戎器하야 戒不虞하나니라
제 융 기   계 불 우

병기를 수리하여 헤아리지 못할 일을
경계하느니라.

45 - 4 ─────────────── ───────────────────

○ 初六은
초 육

○ 초육은

有孚ㅣ나 不終이면
유 부   부 종

미더움이 있으나 끝까지 못하면

乃亂乃萃하릴새
내 란 내 취

이에 어지럽고 이에 모여 들새

若號하면 一握爲笑하리니
약 호   일 악 위 소

만약 호소하면 일제히 비웃으리니

勿恤코 往하면 无咎ㅣ리라
물 휼   왕   무 구

걱정하지 말고 가면 허물이 없으리라.

45 - 5 ─────────────── ───────────────────

○ 象曰
상 왈

○ 상에 가로되

乃亂乃萃는 其志亂也ㄹ새라
내 란 내 취   기 지 란 야

'내란내취'는 그 뜻이 어지럽기 때문 일새라.

45 - 6 ─────────────── ───────────────────

○ 六二는
육 이

○ 육이는

引하면 吉하야 无咎하리니
인   길   무 구

이끌면 길해서 허물이 없으리니

孚乃利用禴이리라
부내이용약

미덥게 하여야 간략한 제사를 올림이
이로우리라.

45 - 7 ─────────────── ───────────────

○ 象曰
상왈

○ 상에 가로되

引吉无咎는 中하야
인길무구   중

'인길무구'는 중도를 하야

未變也ㄹ새라
미변야

변함이 없기 때문일새라.

45 - 8 ─────────────── ───────────────

○ 六三은
육삼

○ 육삼은

萃如嗟如ㅣ라 无攸利하니
취여차여   무유리

모이는 듯 슬퍼하는 듯 함이라.
이로운 바가 없으니

往하면 无咎ㅣ어니와 小吝하니라
왕   무구   소린

가면 허물이 없거니와 조금 인색하니라.

45 - 9 ─────────────── ───────────────

○ 象曰
상왈

○ 상에 가로되

往无咎는 上이 巽也ㄹ새라
왕무구   상   손야

'왕무구'는 상이 겸손하기 때문일새라.

45 - 10 ─────────────── ───────────────

○ 九四는
구사

○ 구사는

大吉이라아 无咎ㅣ리라
대길   무구

크게 길하여야 허물이 없으리라.

45 - 11 ─────────────── ───────────────

○ 象曰
상왈

○ 상에 가로되

大吉无咎는 位不當也ㄹ새라
대길무구   위부당야

'대길무구'는 위가 당치 못하기 때문 일새라.

45 - 12 ─────────────── ───────────────

○ 九五는
구오

○ 구오는

萃有位코 无咎하나
취유위   무구

모이는데 지위가 있고 허물이 없으나

匪孚ㅣ어든
비부

믿지 아니하거든

元永貞이면 悔ㅣ 亡하리라
원영정　　회　망

원(元)하고 영(永)하고 정(貞)하면
후회가 없으리라.

45 – 13 ---------------- ----------------------------

○ 象曰
상왈

○ 상에 가로되

萃有位는 志未光也ㄹ새라
취유위　지미광야

'취유위'는 뜻이 빛나지 못하기 때문 일새라.

45 – 14 ---------------- ----------------------------

○ 上六은
상육

○ 상육은

齎咨涕洟니 无咎ㅣ니라
자자체이　　무구

탄식하며 눈물 콧물 흘리니
허물할 데 없느니라.

45 – 15 ---------------- ----------------------------

○ 象曰
상왈

○ 상에 가로되

齎咨涕洟는 未安上也ㅣ라
자자체이　　미안상야

'자자체이'는 위에서 편치 못한 것이라.

46 - 1 ---------------- -------------------------

● 升은
  승

  元亨하니 用見大人호대 勿恤코
  원형   용견대인   물휼

  南征하면 吉하리라
  남정   길

● 승은

  크게 형통하니 대인을 보되 걱정하지 말고

  남으로 가면 길하리라

46 - 2 ---------------- -------------------------

● 彖曰
  단왈

  柔ㅣ 以時升하야
  유   이시승

  巽而順하고 剛中而應이라
  손이순   강중이응

  是以大亨하니라
  시이대형

  用見大人勿恤은 有慶也ㅣ오
  용견대인물휼   유경야

  南征吉은
  남정길

  志行也ㅣ라
  지행야

● 단에 가로되

  유가 때로써 올라가서

  공손하며 순하고 강중으로 응함이라

  이 때문에 크게 형통 하니라.

  '용견대인물휼'은 경사가 있음이오

  '남정길'은

  뜻이 행하게 됨이라.

46 - 3 ---------------- -------------------------

● 象曰
  상왈

  地中生木이 升이니
  지중생목   승

  君子ㅣ 以하야
  군자   이

● 상에 가로되

  땅 속에 나무가 생기는 것이 승이니

  군자가 본받아서

順德하야 積小以高大하나니라
순덕   적소이고대

덕을 순히 해서 적은 것을 쌓음으로써 높고 크게 하니라.

46 – 4 ――――――――――

○ 初六은
초육

○ 초육은

允升이니 大吉하니라
윤승   대길

믿어서 오르니 크게 길하니라.

46 – 5 ――――――――――

○ 象曰
상왈

○ 상에 가로되

允升大吉은 上合志也ㅣ라
윤승대길   상합지야

'윤승대길'은 위와 뜻을 합함이라.

46 – 6 ――――――――――

○ 九二는
구이

○ 구이는

孚乃利用禴이니 无咎ㅣ리라
부내이용약   무구

믿어서 이에 간략한 제사를 지냄이 허물이 없으리라.

46 – 7 ――――――――――

○ 象曰
상왈

○ 상에 가로되

九二之孚는 有喜也ㅣ라
구이지부   유희야

'구이지부'는 기쁨이 있으리라.

46 – 8 ――――――――――

○ 九三은
구삼

○ 구삼은

升虛邑이로다
승허읍

빈읍에 오름이로다.

46 – 9 ――――――――――

○ 象曰
상왈

○ 상에 가로되

升虛邑은 无所疑也ㅣ라
승허읍   무소의야

'승허읍'은 의심하는 바가 없음이라.

46 – 10 ――――――――――

○ 六四는
육사

○ 육사는

王用亨于岐山이면
왕용향우기산
왕이 기산에서 제사를 지내면

吉코 无咎하리라
길 무구
길하고 허물이 없으리라.

46 – 11 ―――――――――― ――――――――――――――

○ 象曰
상왈
○ 상에 가로되

王用亨于岐山은 順事也ㅣ라
왕용향우기산 순사야
'왕용향우기산'은 일에 순함이라.

46 – 12 ―――――――――― ――――――――――――――

○ 六五는
육오
○ 육오는

貞이라야 吉하리니 升階로다
정 길 승계
바르게 하여야 길하리니 섬돌에 오름이로다.

46 – 13 ―――――――――― ――――――――――――――

○ 象曰
상왈
○ 상에 가로되

貞吉升階는 大得志也ㅣ리라
정길승계 대득지야
'정길승계'는 뜻을 크게 얻음이라.

46 – 14 ―――――――――― ――――――――――――――

○ 上六은
상육
○ 상육은

冥升이니 利于不息之貞하니라
명승 이우불식지정
오르는데 어두우니 쉬지 않는 바름이
이로우니라.

46 – 15 ―――――――――― ――――――――――――――

○ 象曰
상왈
○ 상에 가로되

冥升在上하니 消不富也ㅣ로다
명승재상 소불부야
'명승재상'하니 사라져서 부하지 못함이라.

47 - 1 ────────────────   ────────────────────

● 困은
　곤

　亨코 貞하니
　형　　정

　大人이라 吉코 无咎하니
　대인　　길　무구

　有言이면 不信하리라
　유언　　불신

● 곤은

　형통하고 바르니

　대인이라 길하고 허물이 없으니

　말이 있으면 믿지 않으리라.

47 - 2 ────────────────   ────────────────────

●彖曰
　단왈

　困은 剛揜也ㅣ니
　곤　　강엄야

　險以說하야
　험이열

　困而不失其所亨하니
　곤이불실기소형

　其唯君子乎ㅣ뎌
　기유군자호

　貞大人吉은
　정대인길

　以剛中也ㅣ오
　이강중야

　有言不信은
　유언불신

　尙口ㅣ 乃窮也ㅣ라
　상구　내궁야

● 단에 가로되

　곤은 강이 (음에게) 가림이니

　험하되 기뻐해서

　곤하되 그 형통한 바를 잃지 않으니

　그 오직 군자인져!

　'정대인길'은

　강중하기 때문이고

　'유언불신'은

　입을 숭상함이 이에 궁함이라.

47 - 3 ----------

● 象曰
　상왈

象无水ㅣ困이니
택무수　　곤

君子ㅣ以하야
군자　　이

致命遂志하나니라
치명수지

● 상에 가로되

못에 물이 없는 것이 곤이니

군자가 본 받아서

목숨을 바쳐서 뜻을 이루느니라.

47 - 4 ----------

○ 初六은
　초육

臀困于株木이라
둔곤우주목

入于幽谷하야
입우유곡

三歲라도 不覿이로다
삼세　　　부적

○ 초육은

엉덩이가 그루터기에 곤함이니

그윽한 골짜기에 들어가

삼년이 되어도 볼 수 없도다.

47 - 5 ----------

○ 象曰
　상왈

入于幽谷은 幽不明也ㅣ라
입우유곡　　유불명야

○ 상에 가로되

'입우유곡'은 그윽해서 밝지 못한 것이다.

47 - 6 ----------

○ 九二는
　구이

困于酒食이나
곤우주식

朱紱이 方來하리니
주불　　방래

利用亨祀ㅣ니
이용향사

征이면 凶하니 无咎ㅣ니라
정　　흉　　　무구

○ 구이는

술과 밥에 곤하나

주불이 바야흐로 올 것이니

제사를 지냄이 이로우니

가면 흉하니 허물할 데 없느니라.

47 - 7 ----------

○ 象曰
　상왈

○ 상에 가로되

困于酒食은 中이라
곤우주식   중

'곤우주식'은 중도로 하기 때문이라

有慶也ㅣ리라
유경야

경사가 있을 것이다.

47 - 8 ——————————   ——————————————

○ 六三은
육삼

○ 육삼은

困于石하며 據于蒺藜ㅣ리라
곤우석   거우질려

돌에 곤하며 가시넝쿨에 거처함이라

入于其宮이라도
입우기궁

그 집에 들어가도

不見其妻ㅣ니 凶토다
불견기처   흉

아내를 볼 수 없으니 흉하도다.

47 - 9 ——————————   ——————————————

○ 象曰
상왈

○ 상에 가로되

據于蒺藜는 乘剛也ㅣ새오
거우질려   승강야

'거우질려'는 강을 탔기 때문이고,

入于其宮不見其妻는 不祥也ㅣ라
입우기궁불견기처   불상야

'입우기궁불견기처'라 함은 상서롭지 못한 것이라.

47 - 10 ——————————   ——————————————

○ 九四는
구사

○ 구사는

來徐徐는 困于金車ㅣ새니
래서서   곤우금거

오기를 천천히 하는 것은 금수레에 곤함이니

吝하나 有終이리라
인   유종

인색하나 마침이 있으리라.

47 -11 ——————————   ——————————————

○ 象曰
상왈

○ 상에 가로되

來徐徐는 志在下也ㅣ니
래서서   지재하야

'래서서'는 뜻이 아래에 있음이니

雖不當位나 有與也ㅣ니라
수부당위   유여야

비록 자리가 마땅치 않으나 더불어 함이 있느니라.

47 – 12 ————————————

○ 九五
　구 오

○ 구오는

劓刖이니 困于赤紱하나
의 월　　　곤우 적 불

(자신은 상육에게)코 베이고 (구이는 초육에게)
발꿈치를 베임이니 적불에 곤하나

乃徐有說하리니
내 서유 열

이에 천천히 기쁨이 있으리니

利用祭祀ㅣ니라
이 용 제 사

제사를 씀이 이로우니라.

47 – 13 ————————————

○ 象曰
　상 왈

○ 상에 가로되

劓刖은 志未得也ㅣ오
의 월　　志미 득야

'의월'이라 함은 뜻을 얻지 못함이고

乃徐有說은 以中直也ㅣ오
내 서유 열　　이 중 직 야

'내서유열'이라함은 중직하기 때문이고

利用祭祀는 受福也ㅣ리라
이 용 제 사　　수 복 야

'이용제사'라 함은 복을 받으리라.

47 – 14 ————————————

○ 上六은
　상 육

○ 상육은

困于葛藟와 于臲卼이니
곤우 갈 류　　우 얼 올

칡넝쿨과 위태함에 곤함이니

曰動悔라하야
왈 동 회

움직이면 후회가 있다고 말하야

有悔면 征하야 吉하리라
유 회　　정　　길

뉘우침이 있으면 가서 길 하리라.

47 – 15 ————————————

○ 象曰
　상 왈

○ 상에 가로되

困于葛藟는 未當也ㅣ오
곤우 갈 류　　미 당 야

'곤우갈류'는 마땅하지 못함이고

動悔有悔는 吉行也ㅣ라
동 회 유 회　　길 행 야

'동회유회'는 길하게 행하는 것이라.

48. 水風井	48. 수풍정

48 - 1 ────────────

● 井은
정

改邑호대 不改井이니
개읍   불개정

无喪无得하며
무상무득

往來ㅣ 井井하나니
왕래   정정

汔至亦未繘井이니
흘지역미귤정

羸其瓶이면 凶하니라
이기병   흉

48 - 2 ────────────

● 彖曰
단왈

巽乎水而上水ㅣ 井이니
손호수이상수   정

井은 養而不窮也하니라
정   양이불궁야

改邑不改井은 乃以剛中也ㅣ오
개읍불개정   내이강중야

汔至亦未繘井은 未有功也ㅣ오
흘지역미귤정   미유공야

羸其瓶이라 是以凶也ㅣ라
이기병   시이흉야

48 - 3 ────────────

● 象曰
상왈

────────────

● 정은

읍은 고치되 우물은 고치지 못하니

잃음도 없으며 얻음도 없으며

가고 오는 이가 우물우물하나니

거이 이르러도 우물에 닿지 못함이니

그 두레박을 깨면 흉하니라.

────────────

● 단에 가로되

물에 들어가서 물을 올리는 것이 우물이니

우물은 길러서 끝이 없느니라.

'개읍불개정'은 강중함으로써 하기 때문이고

'흘지역미귤정'은 공이 있지 않음이고

'이기병'이라 이 때문에 흉한 것이라.

────────────

● 상에 가로되

木上有水ㅣ井이니
목상유수　　정

나무위에 물이 있는 것이 정이니

君子ㅣ 以하야
군자　　이

군자가 본 받아서

勞民勸相하나니라
노민권상

백성을 위로하고 서로 돕고 권하느니라.

48 - 4 ----------------- --------------------------

○ 初六은
　 초육

○ 초육은

井泥不食이라
정니불식

우물이 진흙에 있어 먹지 못함이라

舊井에 无禽이로다
구정　　무금

옛 우물에 새가 없도다.

48 - 5 ----------------- --------------------------

○ 象曰
　 상왈

○ 상에 가로되

井泥不食은 下也ㅣ새오
정니불식　　하야

'정니불식'은 밑에 있기 때문이고

舊井无禽은 時舍也ㅣ라
구정무금　　시사야

'구정무금'은 때가 버린 것이라.

48 - 6 ----------------- --------------------------

○ 九二는
　 구이

○ 구이는

井谷이라 射鮒오
정곡　　　석부

우물이 골짜기인지라 붕어가 쏠 정도이고

甕敝漏ㅣ로다
옹폐루

항아리가 깨져 새도다.

48 - 7 ----------------- --------------------------

○ 象曰
　 상왈

○ 상에 가로되

井谷射鮒는 无與也ㅣ새라
정곡석부　　무여야

'정곡석부'는 더불음이 없기 때문이다.

48 - 18 ----------------- --------------------------

○ 九三은
　 구삼

○ 구삼은

井渫不食하야
정설불식

우물이 깨끗하되 먹지 못하야

211

爲我心惻하야
위아심측

내 마음이 슬프게 하야

可用汲이니
가용급

가히 길어서 쓸 수 있으니

王明하면 並受其福하리라
왕명　　병수기복

왕이 명철하면 아울러 그 복을 받으리라.

48 – 9 ————————————　————————————

○ 象曰
　상왈

○ 상에 가로되

井渫不食은
정설불식

'정설불식'은

行을 惻也ㅣ오
행　측야

행함을 슬퍼함이고

求王明은 受福也ㅣ라
구왕명　수복야

왕의 명철함을 구하는 것은 복을 받음이라.

48 – 10 ————————————　————————————

○ 六四는
　육사

○ 육사는

井甃ㅣ면 无咎ㅣ리라
정추　　무구

우물을 깨끗이 치면 허물이 없으리라.

48 – 11 ————————————　————————————

○ 象曰
　상왈

○ 상에 가로되

井甃无咎는 脩井也ㅣ새라
정추무구　수정야

'정추무구'는 우물을 수리하기 때문일 새라.

48 – 12 ————————————　————————————

○ 九五는
　구오

○ 구오는

井洌寒泉食이로다
정열한천식

우물이 맑아서 찬 샘을 먹도다.

48 – 13 ————————————　————————————

○ 象曰
　상왈

○ 상에 가로되

寒泉之食은 中正也ㅣ새라
한천지식　중정야

'한천지식'은 중정하기 때문 일새라.

48 – 14 ――――――――――――   ―――――――――――――――――

○ 六은
　상육

　井收勿幕고 有孚ㅣ라
　정수물막　유부

　元吉이니라
　원 길

48 – 15 ――――――――――――   ―――――――――――――――――

○ 象曰
　상 왈

　元吉在上이 大成也ㅣ라
　원 길 재 상　　대 성 야

○ 상육은

　우물을 거두어 덮지 말고 믿음이 둔지라

　크게 길하니라.

○ 상에 가로되

　'원길'로 위에 있음이니 크게 이룸이라.

49 - 1 ─────────────　　　─────────────

● 革은
　혁

● 혁은

己日이라아 乃孚하리니
이일　　　내부

날이 마쳐야 이에 믿으리니

元亨코 利貞하야
원형　　이정

크게 형통하고 바르게 함이 이로워서

悔ㅣ 亡하니라
회　망

뉘우침이 없어지느니라.

49 - 2 ─────────────　　　─────────────

● 彖曰
　단왈

● 단에 가로되

革은 水火ㅣ 相息하며
혁　수화　상식

혁은 물과 불이 서로 멸식하며

二女ㅣ 同居호대
이녀　동거

두 여자가 함께 거처하되

其志不相得이 曰革이라
기지불상득　왈혁

그 뜻을 서로 얻지 못함이 일러 혁이라.

己日乃孚는 革而信之라
이일내부　혁이신지

'이일내부'는 고쳐서 믿게 하는 것이다.

文明以說하야
문명이열

문명하고 기뻐해서

大亨以正하니
대형이정

크게 형통하고 바르니

革而當할새
혁이당

고쳐서 마땅할새

其悔ㅣ 乃亡하니라
기회　내망

그 뉘우침이 이에 없어지느니라.

天地ㅣ 革而四時ㅣ 成하며
천지 혁이사시 성
천지가 고침에 사시가 이루어지며

湯武ㅣ 革命하야
탕무 혁명
탕왕과 무왕이 혁명하야

順乎天而應乎人하니
순호천이응호인
하늘에 순하고 백성에게 응하니

革之時ㅣ 大矣哉라
혁지시 대의재
혁의 때가 크도다.

49 - 3 ──────────── ────────────────────

● 象曰
상왈
● 상에 가로되

澤中有火ㅣ 革이니
택중유화 혁
못 가운데 불이 있는 것이 혁이니

君子ㅣ 以하야
군자 이
군자가 본 받아서

治歷明時하나니라
치력명시
역을 다스려서 때를 밝히느니라.

49 - 4 ──────────── ────────────────────

○ 初九는
초구
○ 초구는

鞏用黃牛之革이니라
공용황우지혁
묶되 누런 소의 가죽을 쓰니라.

49 - 5 ──────────── ────────────────────

○ 象曰
상왈
○ 상에 가로되

鞏用黃牛는 不可以有爲也ㄹ새라
공용황우 불가이유위야
'공용황우'는 가히 함을 두지 못하기
때문 일새라.

49 - 6 ──────────── ────────────────────

○ 六二는
육이
○ 육이는

已日이어야 乃革之니
이일 내혁지
날이 마쳐야 이에 고치리니

征이면 吉하야 无咎하리라
정 길 무구
가면 길해서 허물이 없으리라.

215

49 - 7 ──────────── ────────────────────

○ 象曰
　상왈

　己日革之는 行有嘉也ㅣ라
　이일혁지　　행유가야

○ 상에 가로되

　'이일혁지'는 행함에 아름다움이 있음이라.

49 - 8 ──────────── ────────────────────

○ 九三은
　구삼

　征이면 凶하니 貞厲할지니
　정　　흉　　정려

　革言이 三就면 有孚ㅣ리라
　혁언　　삼취　유부

○ 구삼은

　가면 흉하니 바르게 하면 위태할 것이니

　고친다는 말이 세 번 이루어지면
　미더움이 있으리라.

49 - 9 ──────────── ────────────────────

○ 象曰
　상왈

　革言三就어니 又何之矣리오
　혁언삼취　　　우하지의

○ 상에 가로되

　'혁언삼취'이니 또 어디를 가리오.

49 - 10 ──────────── ────────────────────

○ 九四는
　구사

　悔亡하니 有孚ㅣ면
　회망　　　유부

　改命하야 吉하리라
　개명　　　길

○ 구사는

　뉘우침이 없어지니 미더움이 있으면

　명을 고쳐야 길하리라.

49 - 11 ──────────── ────────────────────

○ 象曰
　상왈

　改命之吉은 信志也ㅣ새라
　개명지길　　신지야

○ 상에 가로되

　'개명지길'은 뜻을 믿기 때문 일새라.

49 - 12 ──────────── ────────────────────

○ 九五는
　구오

　大人이 虎變이니
　대인　　호변

　未占에 有孚ㅣ니라
　미점　　유부

○ 구오는

　대인이 호랑이로 변하는 것이니

　점치지 아니해도 미더움이 있느니라.

49 – 13 ──────────── ──────────────────────

○ 象曰
　상 왈

○ 상에 가로되

　大人虎變은
　대 인 호 변

　'대인호변'은

　其文이 炳也ㅣ라
　기 문　병 야

　그 무늬가 빛남이라.

49 – 14 ──────────── ──────────────────────

○ 上六은
　상 육

○ 상육은

　君子는 豹變이오
　군 자　표 변

　군자는 표범으로 변하고

　小人은 革面이니
　소 인　혁 면

　소인은 낯만 고치니

　征이면 凶코
　정　　　흉

　가면 흉하고

　居貞이면 吉하리라
　거 정　　　길

　바른데 거하면 길하리라.

49 – 15 ──────────── ──────────────────────

○ 象曰
　상 왈

○ 상에 가로되

　君子豹變은
　군 자 표 변

　'군자표변'은

　其文이 蔚也ㅣ오
　기 문　　위 야

　그 무늬가 성함이고

　小人革面은 順以從君也ㅣ라
　소 인 혁 면　순 이 종 군 야

　'소인혁면'은 순해서 인군을 좇음이라.

50 - 1 ――――――――――― ――――――――――――――――――

● 鼎은
　정

● 정은

　元亨하니라
　원형

　크게 형통 하니라.

　△'元(吉)亨'을 ☞'元亨'으로 기록 함(전게書 利, 486쪽 傳과 本義 참조)

50 - 2 ――――――――――― ――――――――――――――――――

● 彖曰
　단왈

● 단에 가로되

　鼎은 象也ㅣ니
　정　　상야

　정은 형상이니

　以木巽火ㅣ亨飪也ㅣ니
　이목손화　팽임야

　나무로써 불을 넣어서 음식을 삶으니

　聖人이 亨하야 以享上帝하고
　성인　팽　　이향상제

　성인이 삶아서 상제께 제사 올리고

　而大亨하야 以養聖賢하니라
　이대팽　　이양성현

　크게 삶아서 성현을 기르느니라.

　巽而耳目이 聰明하며
　손이이목　총명

　겸손하면 귀와 눈이 총명하며

　柔進而上行하고
　유진이상행

　유가 나아가 위로 행하고

　得中而應乎剛이라
　득중이응호강

　중을 얻어 강에 응함이라.

　是以元亨하니라
　시이원형

　이렇기 때문에 원형 하니라.

218

50 - 3 ──────────── ──────────────────────

● 象曰
　상왈

● 상에 가로되

　木上有火ㅣ 鼎이니
　목 상 유 화　　정

　나무위에 불이 있음이 정이니

　君子ㅣ 以하야
　군 자　　이

　군자가 본받아서

　正位하야 凝命하나니라
　정 위　　　응 명

　위를 바르게 해서 명을 엉기게 하나니라.

50 - 4 ──────────── ──────────────────────

○ 初六은
　초 육

○ 초육은

　鼎이 顚趾나 利出否하니
　정　　전지　　이 출 비

　솥이 발꿈치가 엎어지나 더러움을 내침이
　이로우니

　得妾하면 以其子无咎ㅣ리라
　득 첩　　　이 기 자 무 구

　첩을 얻으면 그 자식으로써 허물이 없으리라.

50 - 5 ──────────── ──────────────────────

○ 象曰
　상 왈

○ 상에 가로되

　鼎顚趾나 未悖也ㅣ오
　정 전 지　　미 패 야

　'정전지'나 거스르지 아니함이고

　利出否는 以從貴也ㅣ라
　이 출 비　　이 종 귀 야

　'이출비'는 귀한 것을 좇음이라.

50 - 16 ──────────── ──────────────────────

○ 九二는
　구 이

○ 구이는

　鼎有實이나
　정 유 실

　솥에 음식이 있으나

　我仇ㅣ 有疾하니
　아 구　　유 질

　나의 짝이 병이 있으니

　不我能卽이면 吉하리라
　불 아 능 즉　　　길

　내가 능히 나가지 않으면 길하리라.

50 - 7 ──────────── ──────────────────────

○ 象曰
　상 왈

○ 상에 가로되

鼎有實이나 愼所之也ㅣ니
정유실　　　신소지야

'정유실'이나 가는 바를 조심하니

我仇有疾은 終无尤也ㅣ리라
아구유질　　종무우야

'아구유질'은 마침내 허물이 없어지니라.

50 – 8 ―――――――――　――――――――――――――

○ 九三은
　　구삼

○ 구삼은

鼎耳ㅣ 革하야
정이　　혁

솥귀가 고쳐서

其行이 塞하야
기행　　색

그 행함이 막혀서

雉膏를 不食하나
치고　　불식

꿩의 기름을 먹지 못하나

方雨하야 虧悔ㅣ 終吉이리라
방우　　　휴회　　종길

바야흐로 비를 만나서 이지러진 뉘우침이
마침내 길하리라.

50 – 9 ―――――――――　――――――――――――――

○ 象曰
　　상왈

○ 상에 가로되

鼎耳革은
정이혁

'정이혁'은

失其義也ㄹ새라
실기의야

그 뜻을 잃었기 때문 일새라.

50 – 10 ――――――――　――――――――――――――

○ 九四는
　　구사

○ 구사는

鼎이 折足하야
정　　절족

솥이 발이 부러져서

覆公餗하니
복공속

공의 밥을 엎으니

其形이 渥이라 凶토다
기형　　악　　흉

그 얼굴이 젖음이라 흉하도다.

50 – 11 ――――――――　――――――――――――――

○ 象曰
　　상왈

○ 상에 가로되

覆公餗하니 信如何也ㅣ오
복공속　　　신여하야

'복공속'하니 믿음이 어떠하겠는고?

220

○ 六五는
육 오

○ 육오는

鼎黃耳金鉉이니 利貞하니라
정황이금현   이정

솥이 누런 귀에 쇠고리니 바르게 함이
이로우니라.

50 - 13 —————————— ——————————

○ 象曰
상 왈

○ 상에 가로되

鼎黃耳는
정황이

'정황이'는

中以爲實也ㅣ라
중 이 위 실 야

가운데 해서 실이 됨이라.

50 - 14 —————————— ——————————

○ 上九는
상 구

○ 상구는

鼎玉鉉이니
정옥현

솥이 옥고리이니

大吉하야 无不利니라
대 길   무불리

크게 길해서 이롭지 아니함이 없느니라.

50 - 15 —————————— ——————————

○象曰
상 왈

○ 상에 가로되

玉鉉在上은
옥 현 재 상

옥고리가 위에 있음은

剛柔ㅣ 節也ㅣ새라
강 유   절 야

강과 유가 절제하기 때문 일새라.

51 - 1 ―――――――――― ――――――――――――――

● 震은
　　진

　　亨하니 震來에 虩虩이면
　　형　　　진래　혁혁

　　笑言이 啞啞이리니
　　소언　　액액

　　震驚百里에 不喪匕鬯하나니라
　　진경백리　　불상시창

● 진은

　　형통하니 우뢰가 옴에 놀라고 두려워하면

　　웃음소리가 깔깔거리니

　　우뢰가 백리를 놀라게 함에 시창을 잃지
　　아니하라.

51 - 2 ―――――――――― ――――――――――――――

● 彖曰
　　단왈

　　震은 亨하니
　　진　　형

　　震來虩虩은 恐致福也ㅣ오
　　진래혁혁　　공치복야

　　笑言啞啞은 後有則也ㅣ라
　　소언액액　　후유칙야

　　震驚百里는 驚遠而懼邇也ㅣ니
　　진경백리　　경원이구이야

　　出可以守宗廟社稷하야
　　출가이수종묘사직

　　以爲祭主也ㅣ리라
　　이위제주야

● 단에 가로되

　　진은 형통하니

　　'진래혁혁'은 두려워하여 복을 이룸이고

　　'소언액액'은 뒤에 법칙이 있음이라.

　　'진경백리'는 먼데서는 놀라게 하고
　　가까운 데서는 두려워하게 함이니

　　나가 가히 써 종묘사직을 지켜

　　제주가 되리라.

51 - 3 ―――――――――― ――――――――――――――

● 象曰
　　상왈

● 상에 가로되

洊雷ㅣ 震이니
천뢰　진

거듭한 우뢰가 진이니

君子ㅣ 以하야
군자　이

군자가 본받아서

恐懼脩省하나니라
공구수성

놀라고 두려워하여 수양하고 반성하느니라.

51 － 4 －－－－－－－－－－－　　－－－－－－－－－－－－－－－－

○ 初九는
　초구

○ 초구는

震來虩虩이라아
진래혁혁

우뢰가 옴에 놀라고 두려워하여야

後에 笑言啞啞이리니 吉하니라
후　소언액액　　　　길

뒤에 웃음소리가 깔깔거리니 길하니라.

51 － 5 －－－－－－－－－－－　　－－－－－－－－－－－－－－－－

○ 象曰
　상왈

○ 상에 가로되

震來虩虩은 恐致福也ㅣ오
진래혁혁　　공치복야

'진래혁혁'은 두려워하여 복을 이룸이요

笑言啞啞은 後有則也ㅣ라
소언액액　　후유칙야

'소언액액'은 뒤에 법칙이 있음이라.

51 － 6 －－－－－－－－－－－　　－－－－－－－－－－－－－－－－

○ 六二는
　육이

○ 육이는

震來厲ㅣ라
진래려

우뢰가 옴에 위태함이라.

億喪貝하야 躋于九陵이니
억상패　　　제우구릉

재물 잃을 것을 헤아려 구릉에 오름이니

勿逐하면 七日에 得하리라
물축　　　칠일　득

좇지 말고 칠일에 얻으리라.

51 － 7 －－－－－－－－－－－　　－－－－－－－－－－－－－－－－

○ 象曰
　상왈

○ 상에 가로되

震來厲는 乘剛也ㄹ새라
진래려　　승강야

'진래려'는 강을 탔기 때문 일새라.

51 – 8 ——————

○ 六三은
육삼

震蘇蘇ㅣ니
진소소

震行하면 无眚하리라
진행　　무생

○ 육삼은

우뢰가 쳐서 까무러침이니

움직여 행하여가면 재앙이 없으리라.

51 – 9 ——————

○ 象曰
상왈

震蘇蘇는 位不當也ㄹ새라
진소소　　위부당야

○ 상에 가로되

'진소소'는 자리가 마땅치 않기 때문 일새라.

51 – 10 ——————

○ 九四는
구사

震이 遂泥라
진　수니

○ 구사는

진이 드디어 빠짐이라.

51 – 11 ——————

○ 象曰
상왈

震遂泥는 未光也ㅣ로다
진수니　　미광야

○ 상에 가로되

'진수니'는 빛나지 못함이로다.

51 – 12 ——————

○ 六五는
육오

震이 往來ㅣ 厲하니
진　왕래　려

億하야 无喪有事ㅣ니라
억　　무상유사

○ 육오는

우뢰가 가고 옴이 위태로우니

헤아려서 있는 일을 잃음이 없게 하니라.

51 – 13 ——————

○ 象曰
상왈

震往來厲는 危行也ㅣ오
진왕래려　　위행야

其事ㅣ 在中하니
기사　재중

○ 상에 가로되

'진왕래려'는 행함이 위태함이고

그 일이 중에 있으니

大无喪也ㅣ니라 크게 잃음이 없느니라.
대무상야

51 – 14 ―――――――――― ――――――――――――――――――

○ 上六은 ○ 상육은
　　상육

震이 索索하야 우뢰가 흩어져
진　　삭삭

視ㅣ矍矍이니 눈을 두리번거림이니
시　　확확

征이면 凶하니 가면 흉하니
왕　　흉

震不于其躬이오 우뢰를 자신의 몸에 아니하고
진불우기궁

于其鄰이면 无咎리니 그 이웃에게 하면 허물이 없으리니
우기린　　　무구

婚媾는 有言이리라 혼구는 말이 있으리라.
혼구　　유언

51 – 15 ―――――――――― ――――――――――――――――――

○ 象曰 ○ 상에 가로되
　　상왈

震索索은 中未得也ㄹ새오 '진삭삭'은 중을 얻지 못했기 때문일 새오.
진삭삭　　중미득야

雖凶无咎는 畏鄰戒也ㄹ새라 비록 흉하나 허물이 없음은
수흉무구　　　외린계야 이웃 경계함을 두려워함때문 일새라.

225

52 - 1 ―――――――――――― ――――――――――――――――

● **艮其背**면
　간 기 배

　不獲其身하며
　불 획 기 신

　行其庭하야도
　행 기 정

　不見其人하야 **无咎** l 라라
　불 견 기 인　　　무 구

● 그 등에 그치면

　그 몸을 얻지 못하며

　그 뜰에 행하여도

　그 사람을 보지 못하여 허물이 없으리라.

52 - 2 ―――――――――――― ――――――――――――――――

● **彖曰**
　단 왈

　艮은 **止也** l 니
　간　　지 야

　時止則止하고
　시 지 즉 지

　時行則行하야
　시 행 즉 행

　動靜不失其時 l
　동 정 불 실 기 시

　其道 l **光明**이니
　기 도　　광 명

　艮其背는 **止其所也**l새라
　간 기 배　　지 기 소 야

● 단에 가로되

　간은 그침이니

　때가 그칠 때면 그치고,

　때가 행할 때면 행하여야

　움직이며 그침에 그 때를 잃지 아니함이

　그 도가 빛나고 밝음이니

　'간기배'는 그 그쳐야 할 곳에 그치기
　때문 일새라.

　△艮其(止)를 ☞ 艮其背로 기록 함(전게 書, 551쪽 傳 참조)

　上下 l **敵應**하야
　상 하　　적 응

　상하가 적응하야

不相與也ᄅ새
불상여야

서로 더불지 못할새

是以不獲其身行其庭不見其人无咎也ㅣ라
시이불획기신행기정불견기인무구야

이로써 '불획기신 행기정 불견
기인무구 '이니라

52 - 3 —————————— ——————————————

● 象曰
상왈

● 상에 가로되

兼山이 艮이니
겸산   간

산이 겹친 것이 간이니

君子ㅣ 以하야
군자   이

군자가 본 받아

思不出其位하나니라
사불출기위

생각이 그 자리를 벗어나지 아니 하나니라.

52 - 4 —————————— ——————————————

○ 初六은
초육

○ 초육은

艮其趾라
간기지

그 발꿈치에 그침이라

无咎하니 利永貞하니라
무구   이영정

허물이 없으니 길이 바르게 함이 이로우니라.

52 - 5 —————————— ——————————————

○ 象曰
상왈

○ 상에 가로되

艮其趾는 未失正也ㅣ라
간기지   미실정야

'간기지'는 바름을 잃지 아니함이라.

52 - 6 —————————— ——————————————

○ 六二는
육이

○ 육이는

艮其腓니 不拯其隨ㅣ라
간기배   부증기수

그 장딴지에 그침이니 구원하지 못하고
따르는지라

其心不快로다
기심불쾌

그 마음이 유쾌하지 못함이로다.

52 - 17 —————————— ——————————————

○ 象曰
상왈

○ 상에 가로되

不拯其隨는
부증 기수

'부증기수'는

未退聽也ㄹ새라
미 퇴 청 야

물러나 듣지 아니하기때문 일새라.

○ 九三은
구 삼

○ 육삼은

艮其限이라 列其夤이니
간 기 한   열 기 인

그 허리에 그침이라 그 등뼈를 벌림이니

厲ㅣ 薰心이로다
여   훈 심

위태하여 마음을 찜이로다.

○ 象曰
상 왈

○ 상에 가로되

艮其限이라 危ㅣ 薰心也ㅣ라
간 기 한   위   훈 심 야

'간기한'이라 위태로움에 마음이 찌도다.

○六四
육 사

○육사는

艮其身이니 无咎ㅣ니라
간 기 신   무 구

그 몸에 그침이니 허물이 없느니라.

○ 象曰
상 왈

○상에 가로되

艮其身은 止諸躬也ㅣ라
간 기 신   지 저 궁 야

'간기신'은 몸에 그침이라.

○ 六五는
육 오

○ 육오는

艮其輔ㅣ라
간 기 보

그 볼에 그침이라

言有序ㅣ니 悔亡하리라
언 유 서   회 망

말이 두서가 있음이니 후회가 없어짐이라.

○ 象曰
상 왈

○ 상에 가로되

艮其輔는 以中으로 正也ㅣ라
간 기 보　　이 중　　　　정 야

'간기보'는 중으로써 바름이라.

――――――――――――

○ 上九는
　　상 구

○ 상구는

敦艮이니 吉하니라
돈 간　　　　길

도타웁게 그치니 길하니라.

――――――――――――

○ 象曰
　　상 왈

○ 상에 가로되

敦艮之吉은 以厚終也ㄹ새라
돈 간 지 길　　이 후 종 야

'돈간지길'은 두텁게 함으로써 마치기
때문 일새라.

53 - 1 ────────────

● 漸은
　점

　女歸ㅣ 吉하니 利貞이니라
　여귀　길　　이정

● 점은

　여자가 시집감이 길하니 바르게 함이
　이로우니라.

53 - 2 ────────────

● 象曰
　단왈

　漸之進也ㅣ 女歸의 吉也ㅣ라
　점지진야　여귀　길야

　進得位하니 往有功也ㅣ오
　진득위　　왕유공야

　進以正하니 可以正邦也ㅣ니
　진이정　　가이정방야

　其位는
　기위

　剛得中也ㅣ라
　강득중야

　止而巽할새 動不窮也ㅣ라
　지이손　　동불궁야

● 단에 가로되

　점이 나아감이 여자가 시집가는 것이
　길함이라.

　나아가서 자리를 얻으니 가서 공이 있음이고

　나아감에 바름으로써 하니 가히 나라를
　바름이니

　그 자리는

　강이 중을 얻음이라.

　그치고 겸손하므로 움직여서 궁하지 않음이라.

53 - 3 ────────────

● 象曰
　상왈

　山上有木이 漸이니
　산상유목　점

　君子ㅣ 以하야
　군자　이

● 상에 가로되

　산위에 나무가 있음이 점이니

　군자가 본 받아서

230

居賢德하야
거현덕

어진 덕에 거하야

善俗하나니라
선속

풍속을 선하게 하나니라.

53 - 4 ―――――――――

――――――――――――

○ 初六은
초육

○ 초육은

鴻漸于干이니
홍점우간

기러기가 물가에 나아감이니

小子ㅣ 厲하야
소자   려

소자가 위태하야

有言이나 无咎ㅣ니라
유언   무구

말이 있으나 허물이 없느니라.

53 - 5 ―――――――――

――――――――――――

○ 象曰
상왈

○ 상에 가로되

小子之厲ㅣ나
소자지려

소자가 위태하나

義无咎也ㅣ니라
의무구야

의리가 허물이 없느니라.

53 - 6 ―――――――――

――――――――――――

○ 六二는
육이

○ 육이는

鴻漸于磐이라
홍점우반

기러기가 반석에 나아감이라

飮食이 衎衎하니 吉하니라
음식   간간   길

마시고 먹음이 즐겁고 즐거우니 길하니라.

53 - 7 ―――――――――

――――――――――――

○ 象曰
상왈

○ 상에 가로되

飮食衎衎은 不素飽也ㅣ라
음식간간   불소포야

'음식간간'은 공연히 배 부르려 하지 않음이라.

53 - 8 ―――――――――

――――――――――――

○ 九三은
구삼

○ 구삼은

鴻漸于陸이니
홍 점 우 륙

기러기가 뭍에 나아감이니

夫征이면 不復하고
부 정　　불 복

지아비가 가면 돌아오지 못하고

婦孕이라도 不育하야 凶하니
부 잉　　　불 육　　　흉

지어미가 잉태하여도 기르지 못하여 흉하니

利禦寇하니라
이 어 구

도적을 막음이 이로우니라.

53 – 9 ————————　————————————————

○ 象曰
　상 왈

○ 상에 가로되

夫征不復은 離羣하야 醜也ㅣ오
부 정 불 복　　이 군　　추 야

'부정불복'은 무리를 떠나서 추함이요

婦孕不育은 失其道也ㅣ오
부 잉 불 육　　실 기 도 야

'부잉불육'은 그 도를 잃음이오.

利用禦寇는 順相保也ㅣ라
이 용 어 구　　순 상 보 야

'이용어구'는 순해서 서로 보호함이라.

53 – 10 ————————　————————————————

○ 六四는
　육 사

○ 육사는

鴻漸于木이니
홍 점 우 목

기러기가 나무에 나아감이니

或得其桷이면 无咎ㅣ리라
혹 득 기 각　　무 구

혹 그 평평한 가지를 얻으면 허물이 없으리라.

53 – 11 ————————　————————————————

○ 象曰
　상 왈

○ 상에 가로되

或得其桷은 順以巽也ㄹ새라
혹 득 기 각　　순 이 손 야

'혹득기각'은 순하고 겸손하기 때문 일새라.

53 – 12 ————————　————————————————

○ 九五는
　구 오

○ 구오는

鴻漸于陵이니
홍 점 우 릉

기러기가 언덕에 나아감이니

婦ㅣ 三歲를 不孕하나
부　　삼 세　　불 잉

지어미가 삼년을 잉태하지 못하나

終莫之勝이라 吉하리라
종 막 지 승　　　길

마침내 이기지 못하는지라 길하리라.

53 - 13 ––––––––––––––– –––––––––––––––––––––

○ 象曰
상 왈

○ 상에 가로되

終莫之勝吉은 得所願也ㅣ라
종 막 지 승 길　　득 소 원 야

'종막지승길'은 원하는 바를 얻음이라.

53 - 14 ––––––––––––––– –––––––––––––––––––––

○ 上九는
상 구

○ 상구는

鴻漸于陸이니
홍 점 우 규

기러기가 하늘에 나아감이니

其羽ㅣ 可用爲儀니 吉하니라
기 우　　가 용 위 의　　길

그 깃이 가히 써 의범이 되니 길하니라.

53 - 15 ––––––––––––––– –––––––––––––––––––––

○ 象曰
상 왈

○ 상에 가로되

其羽可用爲儀吉은
기 우 가 용 위 의 길

'기우가용위의길'은

不可亂也ㄹ새라
불 가 란 야

가히 어지럽힐 수 없기 때문 일새라.

54 - 1 ─ ─ ─ ─ ─ ─ ─ ─ ─ ─ ─ ─   ─ ─ ─ ─ ─ ─ ─ ─ ─ ─ ─ ─ ─ ─

● 歸妹는
  귀 매

  征하면 凶하니 无攸利하니라
  정   흉   무유리

● 귀매는

  가면 흉하니 이로울 바가 없느니라.

54 - 2 ─ ─ ─ ─ ─ ─ ─ ─ ─ ─ ─ ─   ─ ─ ─ ─ ─ ─ ─ ─ ─ ─ ─ ─ ─ ─

● 彖曰
  상 왈

  歸妹는 天地之大義也ㅣ니
  귀 매   천지지대 의 야

  天地不交而萬物이 不興하나니
  천 지 불 교 이 만 물   불 흥

  歸妹는 人之終始也ㅣ라
  귀 매   인 지 종 시 야

  說以動하야 所歸ㅣ 妹也ㅣ니
  열 이 동   소 귀   매 야

  征凶은 位不當也ㅣ오
  정흉   위부당야

  无攸利는 柔乘剛也ㄹ새라
  무유리   유 승 강 야

● 단에 가로되

  귀매는 천지의 큰 의니

  천지가 사귀지 않으면 만물이 흥하지
  못하나니

  귀매는 사람의 마침이며 시작이니라.

  기뻐하면서 움직여 시집가는 바가
  누이동생이니

  '정흉'은 자리가 마땅치 않음이고

  '무유리'는 유가 강을 탔기 때문 일새라.

54 - 3 ─ ─ ─ ─ ─ ─ ─ ─ ─ ─ ─ ─   ─ ─ ─ ─ ─ ─ ─ ─ ─ ─ ─ ─ ─ ─

● 象曰
  상 왈

  澤上有雷ㅣ 歸妹니
  택 상 유 뢰   귀 매

  君子ㅣ 以하야
  군 자   이

● 상에 가로되

  못 위에 우뢰가 있음이 귀매이니

  군자가 본 받아서

永終하야 知敝하나니라
영종　　　지폐

마침을 영구하게하면서 해짐을
알아야하느니라.

54 - 4 ――――――――― ―――――――――――――――――

○ **初九는**
초구

○ 초구는

歸妹以娣니
귀매이제

누이동생을 시집보내는데 외동서로써 함이니

跛能履라
파능리

절름발이가 능히 밟음이라

征이면 吉하리라
정　　　길

가면 길하리라.

54 - 5 ――――――――― ―――――――――――――――――

○ **象曰**
상왈

○ 상에 가로되

歸妹以娣나 以恒也ㅣ오
귀매이제　　이항야

'귀매이제'이나 항상함으로써 함이고

跛能履吉은 相承也ㄹ새라
파능리길　　상승야

'파능리길'은 서로 받들기 때문 일새라.

54 - 6 ――――――――― ―――――――――――――――――

○ **九二는**
구이

○ 구이는

眇能視니 利幽人之貞하니라
묘능시　　이유인지정

애꾸눈이 능히 보는 것이니 유인의
바름이 이로우니라.

54 - 7 ――――――――― ―――――――――――――――――

○ **象曰**
상왈

○ 상에 가로되

利幽人之貞은 未變常也ㅣ라
이유인지정　　미변상야

'이유인지정'은 떳떳함을 변치 아니함이니라.

54 - 8 ――――――――― ―――――――――――――――――

○ **六三은**
육삼

○ 육삼은

歸妹以須ㅣ니
귀매이수

누이동생을 시집보내는데 천함으로써 함이니

反歸以娣니라
반귀이제

도리어 시집보내기를 외동서로써 함이라.

54 - 9 ─────────────   ────────────────

○ 象曰
　상 왈

　　　　　　　　　　　○ 상에 가로되

歸妹以須는 未當也ㄹ새라
귀 매 이 수　　　미 당 야

　　　　　　　　　　　'귀매이수'는 마땅치 않기 때문 일새라.

54 - 10 ────────────   ────────────────

○ 九四는
　구 사

　　　　　　　　　　　○ 구사는

歸妹愆期니
귀 매 건 기

　　　　　　　　　　　누이동생을 시집보내는데 기약을 어기니

遲歸ㅣ 有時니라
지 귀　　　유 시

　　　　　　　　　　　더디게 시집감이 때가 있느니라.

54 - 11 ────────────   ────────────────

○ 象曰
　상 왈

　　　　　　　　　　　○ 상에 가로되

愆期之志는 有待而行也ㅣ라
건 기 지 지　　　유 대 이 행 야

　　　　　　　　　　　'건기지지'는 기다림을 두어서 행함이라.

54 - 12 ────────────   ────────────────

○ 六五는
　육 오

　　　　　　　　　　　○ 육오는

帝乙歸妹니 其君之袂ㅣ
제 을 귀 매　　　기 군 지 메

　　　　　　　　　　　제을의 누이동생을 시집보냄이니
　　　　　　　　　　　그 소군의 소매가

不如其娣之袂ㅣ 良하니
불 여 기 제 지 메　　　양

　　　　　　　　　　　그 하인의 소매의 좋은 것만 같지 못하니

月幾望이면 吉하리라
월 기 망　　　길

　　　　　　　　　　　달이 거이 보름이면 길하리라.

54 - 13 ────────────   ────────────────────

○ 象曰
　상 왈

　　　　　　　　　　　○ 상에 가로되

帝乙歸妹不如其娣之袂良也는
제 을 귀 매 불 여 기 제 지 메 양 야

　　　　　　　　　　　'제을귀매불여기제지메양야'는

其位在中하야 以貴行也ㅣ라
기 위 재 중　　　이 귀 행 야

　　　　　　　　　　　그 자리가 중에 있어서 귀함으로써 행함이라.

54 - 14 ────────────   ────────────────────

○ 上六은
　상 육

　　　　　　　　　　　○ 상육은

女ㅣ 承筐无實이라
여　　승광무실

여자가 광주리를 받드는데 실물이 없음이라.

士ㅣ 刲羊无血이니 无攸利하니라
사　규양무혈　　　무유리

선비가 양을 찔러서 피가 없으니 이로울
바가 없느니라.

54 – 15 ———————————— ————————————————————

○ 象曰
　　상왈

○ 상에 가로되

上六无實은 承虛筐也ㅣ라
상육무실　　승허광야

'상육무실'이라함은 빈광주리를
이어 받들음이라.

55 − 1 ────────────────

● 豐은
　풍

　亨하니 王이야 假之하나니
　형　　　왕　　　격지

　勿憂홀뎐 宜日中이니라
　물우　　　의일중

● 풍은

　형통하니 왕이야 지극하나니

　근심을 없게 하려면 마땅히
　해가 중천에 비추듯 하니라.

55 − 2 ────────────────

●彖曰
　단왈

　豐은 大也ㅣ니 明以動이라
　풍　　대야　　　명이동

　故로 豐이니
　고　　풍

　王假之는 尙大也ㅣ오
　왕격지　　상대야

　勿憂宜日中은 宜照天下也ㅣ라
　물우의일중　　의조천하야

　日中則昃하며
　일중즉측

　月盈則食하나니
　월영즉식

　天地盈虛도 與時消息이온
　천지영허　　여시소식

　而况於人乎ㅣ며 况於鬼神乎여
　이황어인호　　　황어귀신

● 단에 가로되

　풍은 큼이니 밝음으로서 움직임이라

　고로 풍이니

　'왕격지'는 숭상함이 큼 이오

　'물우의일중'은 마땅히 천하를 비추는 것이라.

　해가 중천에 가면 기울며

　달이 차면 이지러지나니

　천지가 차고 비는 것도 때와 더불어
　사라지고 살아 남 이온

　하물며 사람이며 하물며 귀신이랴?

55 − 3 ────────────────

● 象曰
　상왈

● 상에 가로되

雷電皆至ㅣ 豐이니
뢰 전 개 지　　풍
　　　　　　　　　　　우뢰와 번개가 함께 이르는 것이 풍이니

君子ㅣ 以하야 折獄致刑하나니라
군자　이　　절옥치형
　　　　　　　　　　　군자가 본 받아서 옥사를 판결하고 형을
　　　　　　　　　　　집행하느니라.

55 − 4 ─────────────　　──────────────

○ 初九는　　　　　　　○ 초구는
　 초 구

遇其配主호대　　　　　그 짝이 되는 주인을 만나되
우 기 배 주

雖旬이나 无咎하니　　비록 평등하게하나 허물이 없으니
수 순　　 무구

往하면 有尙이리라　　가면 숭상함이 있으리라.
왕　　 유상

55 − 5 ─────────────　　──────────────

○ 象曰　　　　　　　　○ 상에 가로되
　 상 왈

雖旬无咎ㅣ니　　　　'수순무구'니
수 순 무 구

過旬이면 災也ㅣ리라　　평등이 지나치면 재앙이리라.
과 순　　 재 야

55 − 6 ─────────────　　──────────────

○ 六二는　　　　　　　○ 육이는
　 육 이

豐其蔀ㅣ라 日中見斗ㅣ니　　그 포장을 풍성함이라. 해가 중천인데
풍 기 부　　 일 중 견 두　　두성을 보니

往하면 得疑疾하리니　　가면 의심의 병을 얻으리라.
왕　　 득 의 질

有孚發若하면 吉하리라　　믿음을 두어 뜻을 펴 나가면 길하리라.
유 부 발 약　　 길

55 − 7 ─────────────　　──────────────

○ 象曰　　　　　　　　○ 상에 가로되
　 상 왈

有孚發若은 信以發志也ㅣ라　　'유부발약'은 믿음으로서 뜻을 발함이라.
유 부 발 약　　 신 이 발 지 야

239

○ 九三은
구 삼

○ 구삼은

豐其沛라 日中見沬ㅣ오
풍 기 패   일 중 견 매

그 장막을 풍성함이라 해가 중천인데
작은 별을 보고

折其右肱이니 无咎ㅣ니라
절 기 우 굉   무 구

그 오른 팔을 끊음이니 허물할 데 없느니라.

○ 象曰
상 왈

○ 상에 가로되

豐其沛라 不可大事也ㅣ오
풍 기 패   불 가 대 사 야

'풍기패'라 가히 큰일을 할 수 없고

折其右肱이라 終不可用也ㅣ라
절 기 우 굉   종 불 가 용 야

'절기우굉'이라 마침내 가히 쓸 수 없느니라.

○ 九四는
구 사

○ 구사는

豐其蔀ㅣ라 日中見斗ㅣ니
풍 기 부   일 중 견 두

그 포장을 풍성하게 한지라 해가 중천인데
두성을 보니

遇其夷主하면 吉하리라
우 기 이 주   길

그 평등한 주인을 만나면 길하리라.

○ 象曰
상 왈

○ 상에 가로되

豐其蔀는 位不當也ㄹ새오
풍 기 부   위 부 당 야

'풍기부'는 자리가 마땅치 않기 때문 일새라.

日中見斗는
일 중 견 두

'일중견두'는

幽不明也ㄹ새오
유 불 명 야

어두워서 밝지 못하기 때문 일새라.

遇其夷主는 吉行也ㅣ라
우 기 이 주   길 행 야

'우기이주'는 길하게 행함이라.

○ 六五는
육 오

○ 육오는

來章이면 有慶譽하야 吉하리라
래장　　 유경예　　 길

빛난 것이 오게 하면 경사와 명예가 있어서 길하리라.

55 – 13 ――――――――――　　　――――――――――――――

○ 象曰
　상왈

○ 상에 가로되

六五之吉은 有慶也ㅣ라
육오지길　　 유경야

육오의 길함은 경사가 있음이라.

55 – 14 ――――――――――　　　――――――――――――――

○ 上六은
　상육

○ 상육은

豐其屋하고 蔀其家ㅣ라
풍 기 옥　　　 부기가

그 집을 풍성하게하고 그 집을 포장으로 가림이라.

闚其戶하니 闃其无人하야
규 기 호　　　 격기무인

그 지게를 엿보니 고요하고 사람이 없어서

三歲라도 不覿이로소니 凶하니라
삼 세　　　 부적　　　　　 흉

삼년이 되어도 보지 못하니 흉하니라.

55 – 15 ――――――――――　　　――――――――――――――

○ 象曰
　상왈

○ 상에 가로되

豐其屋은 天際翔也ㅣ오
풍 기 옥　　 천제상야

'풍기옥'은 하늘 끝까지 오름이고

闚其戶闃其无人은 自藏也ㅣ라
규 기 호 격 기 무 인　　 자장야

'규기호격기무인'은 스스로 감춤이라.

56 - 1 ─────────────

● 旅는
려

小亨코 旅貞하야 吉하니라
소형   여정   길

● 려는

조금 형통하고 나그네가 바르게 해서
길하니라.

56 - 2 ─────────────

● 彖曰
단 왈

旅小亨은
여 소 형

柔ㅣ 得中乎外而順乎剛하고
유   득중호외이순호강

止而麗乎明이라
지 이 이 호 명

是以小亨旅貞吉也ㅣ니
시 이 소 형 여 정 길 야

旅之時義ㅣ 大矣哉라
여 지 시 의   대 의 재

● 단에 가로되

'여소형'은

유가 밖에서 중을 얻어 강에 순하고

그쳐서 밝게 걸림이라

이렇기 때문에 '소형여정길'이라 하니

여의 때와 의가 크도다.

56 - 3 ─────────────

● 象曰
상 왈

山上有火ㅣ 旅니
산 상 유 화   여

君子ㅣ 以하야 明愼用刑하며
군 자   이   명신용형

而不留獄하나니라
이 불 유 옥

● 상에 가로되

산 위에 불이 있음이 여니

군자가 본 받아서 형벌 씀을 밝고 조심하며

옥에 머무르지 않게 하나니라.

56 - 4 ────────────

○ 初六은

　초육

　旅瑣瑣니 斯其所取災니라

　여 쇄 쇄　　사 기 소 취 재

○ 초육은

나그네가 자질구레함이니 그 재앙을
취하는 바이니라.

56 - 5 ────────────

○ 象曰

　상 왈

　旅瑣瑣는 志窮하야 災也ㅣ라

　여 쇄 쇄　　지 궁　　　재 야

○ 상에 가로되

'여쇄쇄'는 뜻이 궁해서 재앙이라.

56 - 6 ────────────

○ 六二는

　육 이

　旅卽次하야 懷其資하고

　여 즉 차　　　회 기 자

　得童僕貞이로다

　득 동 복 정

○ 육이는

나그네가 여관에 나아가서 그 노자를 품고

동복의 바름을 얻음이로다.

56 - 7 ────────────

○ 象曰

　상 왈

　得童僕貞은 終无尤也ㅣ리라

　득 동 복 정　　종 무 우 야

○ 상에 가로되

'득동복정'은 마침내 허물이 없으리라.

56 - 8 ────────────

○ 九三은

　구 삼

　旅焚其次하고 喪其童僕貞이니

　여 분 기 차　　　상 기 동 복 정

　厲하니라

　려

○ 구삼은

나그네가 그 여관을 불태우고
그 동복의 바름을 잃으니

위태하니라.

56 - 9 ────────────

○ 象曰

　상 왈

　旅焚其次하니 亦以傷矣ㅣ오

　여 분 기 차　　　역 이 상 의

○ 상에 가로되

'여분기차'하니 또한 상하고

以旅與下하니 其義ㅣ 喪也ㅣ라
이 여 여 하　　기 의　상 야

나그네로써 아래를 더불어 하니
그 뜻이 잃는 것이라.

56 – 10 –––

○ 九四는
　구 사

○ 구사는

旅于處하고 得其資斧하나
여 우 처　　　득 기 자 부

나그네가 거처하고 그 노자와 도끼를 얻었으나

我心은 不快로다
아 심　　불 쾌

내 마음은 유쾌하지 못함이로다.

56 – 11 –––

○ 象曰
　상 왈

○ 상에 가로되

旅于處는 未得位也ㅣ니
여 우 처　　미 득 위 야

'여우처'라 함은 지위를 얻지 못함이니

得其資斧하나 心未快也ㅣ라
득 기 자 부　　　심 미 쾌 야

그 노자와 도끼를 얻었으나 마음이
유쾌하지 못하니라.

56 – 12 –––

○ 六五는
　육 오

○ 육오는

射雉一矢亡이라
석 치 일 시 망

꿩을 쏘는데 한 화살로 다 없애니라

終以譽命이리라
종 이 예 명

마침내 명예와 복록을 얻으리라.

56 – 13 –––

○ 象曰
　상 왈

○ 상에 가로되

終以譽命은 上逮也ㄹ새라
종 이 예 명　　상 체 야

'종이예명'은 위로 미치기 때문 일새라.

56 – 14 –––

○ 上九는
　상 구

○ 상구는

鳥焚其巢ㅣ니
조 분 기 소

새가 그 둥지를 불사르니

旅人이 先笑後號咷ㅣ라
여 인　　선 소 후 호 조

나그네가 먼저 웃고 뒤에는 울부짖느니라.

喪牛于易니 凶하니라
상우우이　　흉

소를 쉽게 해서 잃음이니 흉하니라.

56 - 15 ――――――――――　　――――――――――――

○ **象曰**
상왈

○ 상에 가로되

以旅在上하니 其義焚也ㅣ오
이여재상　　기의분야

나그네로써 위에 있으니 그 의가 불사르는
것이오.

喪牛于易하니 終莫之聞也ㅣ로다
상우우이　　종막지문야

소를 쉽게 해서 잃음이니 마침내 깨닫지
못함이로다.

57 - 1 ────────────── ──────────────

● 巽은
손

　小亨하니 利有攸往하며
　소 형　　　이유유왕

　利見大人하니라
　이견대인

● 손은

　조금 형통하니 가는 바를 둠이 이로우며

　대인을 봄이 이로우니라.

57 - 2 ────────────── ──────────────

● 彖曰
단왈

　重巽으로 以申命하나니
　중손　　　이신명

　剛이 巽乎中正而志行하며
　강　손호중정이지행

　柔ㅣ 皆順乎剛이라
　유　　개순호강

　是以小亨하니 利有攸往하며
　시이소형　　　이유유왕

　利見大人하니라
　이견대인

● 단에 가로되

　거듭 공손함으로서 명을 거듭하나니

　강이 중정함에 겸손해서 뜻을 행하며

　유가 모두 강에게 순하나니라

　이렇기 때문에 조금 형통하니 가는 바를
　둠이 이로우며

　대인을 봄이 이로우니라.

57 - 3 ────────────── ──────────────

● 象曰
상왈

　隨風이 巽이니
　수풍　　손

　君子ㅣ 以하야 申命行事하나니라
　군자　　이　　신명행사

● 상에 가로되

　따르는 바람이 손이니

　군자가 본 받아서 명을 거듭해서
　일을 행 하나니라.

○ 初六은
　초 육

　進退니 利武人之貞이니라
　진 퇴　　이 무 인 지 정

○ 초육은

　나아가고 물러섬이 무인의 정고함이
　이로우니라.

○ 象曰
　상 왈

　進退는 志疑也ㅣ오
　진 퇴　　지 의 야

　利武人之貞은 志治也ㅣ라
　이 무 인 지 정　　지 치 야

○ 상에 가로되

　'진퇴'는 뜻이 의심스러운 것이고

　'이무인지정'이라함은 뜻이 다스려짐이라.

○ 九二는
　구 이

　巽在牀下ㅣ니
　손 재 상 하

　用史巫紛若하면 吉코 无咎리라
　용 사 무 분 약　　　길　　무 구

○ 구이는

　겸손해서 평상 아래 있음이니

　사와 무처럼 정성을 들이면 길하고
　허물이 없으리라.

○ 象曰
　상 왈

　紛若之吉은 得中也ㅣㄹ새라
　분 약 지 길　　득 중 야

○ 상에 가로되

　'분약지길'은 중을 얻었기 때문 일새라.

○ 九三은
　구 삼

　頻巽이니 吝하니라
　빈 손　　　린

○ 구삼은

　자주 겸손하니 인색하니라.

○ 象曰
　상 왈

　頻巽之吝은 志窮也ㅣ라
　빈 손 지 린　　지 궁 야

○ 상에 가로되

　'자주겸손해서 인색하다'함은 뜻이
　궁함이라.

57 - 10 ----------------------- ------------------------

○ 六四는
　육 사

　悔ㅣ 亡하니 田獲三品이로다
　회　　망　　　전 획 삼 품

○ 육사는

후회가 없어지니 사냥을 해서 삼품을
얻음이로다.

57 - 11 ----------------------- ------------------------

○ 象曰
　상 왈

　田獲三品은 有功也ㅣ라
　전 획 삼 품　　유 공 야

○ 상에 가로되

'전획삼품'은 공이 있음이라.

57 - 12 ----------------------- ------------------------

○ 九五는
　구 오

　貞이면 吉하야 悔ㅣ 亡하야
　정　　　길　　　회　　망

　无不利ㅣ니 无初有終이라
　무 불 리　　　무 초 유 종

　先庚三日하며 後庚三日이면
　선 경 삼 일　　　후 경 삼 일

　吉하리라
　길

○ 구오는

바르게 하면 길해서 후회가 없어서

이롭지 않음이 없으니 처음은 없고
마침은 있느니라.

경으로 먼저 삼일하며 경으로 뒤로 삼일하면

길하리라.

57 - 13 ----------------------- ------------------------

○ 象曰
　상 왈

　九五之吉은 位正中也ㅣ새라
　구 오 지 길　　위 정 중 야

○ 상에 가로되

구오의 길함은 자리가 정중하기 때문 일새라.

57 - 14 ----------------------- ------------------------

○ 上九는
　상 구

　巽在牀下하야 喪其資斧ㅣ니
　손 재 상 하　　　상 기 자 부

　貞에 凶하니라
　정　　흉

○ 상구는

겸손해서 평상아래에 있어서 그 재물과
권력을 잃음이

바름에 흉하니라.

248

○ 象曰
　상왈

○ 상에 가로되

巽在牀下는 上窮也ㅣ오
손재상하　상궁야

'손재상하'는 올라가서 궁한 것이고

喪其資斧는 正乎아 凶也ㅣ라
상기자부　정호　흉야

'상기자부'는 바르게 하겠는가? 흉하니라.

58 - 1 ————————————— —————————————

● 兌는
　태

亨하니 利貞하니라
형　　　이정

● 태는

형통하니 바르게 함이 이로우니라.

58 - 2 ————————————— —————————————

● 彖曰
　단 왈

兌는 說也ㅣ니
태　　열야

剛中而柔外하야 說以利貞이라
강중이유외　　　열이이정

是以順乎天而應乎人하야
시 이 순 호 천 이 응 호 인

說以先民하면 民忘其勞하고
열 이 선 민　　　민 망 기 로

說以犯難하면 民忘其死하나니
열 이 범 난　　　민 망 기 사

說之大ㅣ 民勸矣哉라
열 지 대　　민 권 의 재

● 단에 가로되

태는 기뻐함이니

강이 중에 있고 유가 밖에 있어서 기뻐해서
바르게 함이 이로우니라.

이 때문에 하늘에 순하고 사람에 응하야

기쁨으로서 백성에게 먼저 하면 백성이
그 수고로움을 잊고

기쁨으로서 어려움을 범하면 백성이
죽음을 잊나니

기뻐함의 큼이 백성들이 권면하나니라.

58 - 3 ————————————— —————————————

● 象曰
　상 왈

麗澤이 兌니
이 택　　태

君子ㅣ 以하야
군 자　　이

● 상에 가로되

걸린 못이 태니

군자가 본 받아서

朋友講習하나니라
붕우 강습

벗들과 강습하나니라.

58 – 4 –––––––––––– ––––––––––––––––––––––––

○ 初九는
　초구

○ 초구는

和兌니 吉하니라
화 태　 길

화합해서 기뻐함이니 길하니라.

58 – 5 –––––––––––– ––––––––––––––––––––––––

○ 象日
　상 왈

○ 상에 가로되

和兌之吉은 行未疑也ㄹ새라
화 태 지 길　 행 미 의 야

'화태지길'은 행함에 의심스러운 데가
없기 때문 일새라.

58 – 6 –––––––––––– ––––––––––––––––––––––––

○ 九二는
　구 이

○ 구이는

孚兌니 吉코 悔ㅣ 亡하니라
부 태　 길　 회　 망

미더워서 기뻐함이니 길하고 후회가
없어지니라.

58 – 7 –––––––––––– ––––––––––––––––––––––––

○ 象日
　상 왈

○ 상에 가로되

孚兌之吉은 信志也ㄹ새라
부 태 지 길　 신 지 야

'부태지길'은 뜻이 미덥기 때문 일새라.

58 – 8 –––––––––––– ––––––––––––––––––––––––

○ 六三은
　육 삼

○ 육삼은

來兌니 凶하니라
래 태　 흉

와서 기뻐함이니 흉하니라.

58 – 9 –––––––––––– ––––––––––––––––––––––––

○ 象日
　상 왈

○ 상에 가로되

來兌之凶은 位不當也ㄹ새라
래 태 지 흉　 위 부 당 야

'래태지흉'은 자리가 마땅치 못하기
때문 일새라.

58 – 10 –––––––––––– ––––––––––––––––––––––––

○ 九四
　구 사

○ 구사는

商兌未寧이니 介疾이면 有喜리라
상태미령　　개질　유희

헤아려 기뻐해서 편치 못함이니 분별해서 미워하면 기쁨이 있으리라.

58 - 11 ———————————————— ————————————————————————————

○ **象曰**
상왈

○ 상에 가로되

九四之喜는 有慶也ㅣ라
구사지희　유경야

'구사지희'는 경사가 있음이라.

58 - 12 ———————————————— ————————————————————————————

○ **九五는**
구오

○ 구오는

孚于剝이면 有厲ㅣ리라
부우박　　유려

깎는데도 믿으면 위태함이 있으리라.

58 - 13 ———————————————— ————————————————————————————

○ **象曰**
상왈

○ 상에 가로되

孚于剝은 位正當也ㄹ새라
부우박　위부당야

'부우박'은 자리가 정당하기 때문 일새라.

58 - 14 ———————————————— ————————————————————————————

○ **上六은**
상육

○ 상육은

引兌라
인태

이끌어서 기뻐함이라.

58 - 15 ———————————————— ————————————————————————————

○ **象曰**
상왈

○상에 가로되

上六引兌ㅣ 未光也ㅣ라
상육인태　미광야

'상육인태'는 빛나지 못함이라.

59 - 1 ──────────── ────────────────

● 渙은
　환

　亨하니 王假有廟ㅣ며
　형　　　왕격유묘

　利涉大川하니 利貞하니라
　이섭대천　　　이정

● 환은

　형통하니 왕이 종묘를 둠이 지극하며

　대천을 건넘이 이로우니 바르게 함이
　이로우니라.

59 - 2 ──────────── ────────────────

● 彖曰
　단 왈

　渙亨은 剛이 來而不窮하고
　환형　　강　　래이불궁

　柔ㅣ 得位乎外而上同할새라
　유　　득위호외이상동

　王假有廟는 王乃在中也ㅣ오
　왕격유묘　　왕내재중야

　利涉大川은
　이섭대천

　乘木하야 有功也ㅣ라
　승목　　　유공야

● 단에 가로되

　'환형'은 강이 내려와서 곤궁하지 아니하고

　유가 밖에서 지위를 얻어 위와 함께하기
　때문일 새라.

　'왕격유묘'는 왕이 곧 중에 있는 것이고

　'이섭대천'은

　나무를 타서 공이 있음이라.

59 - 3 ──────────── ────────────────

● 象曰
　상 왈

　風行水上이 渙이니
　풍행수상　　환

　先王이 以하야
　선왕　　이

　享于帝하며 立廟하니라
　향우제　　　입묘

● 상에 가로되

　바람이 물위로 행함이 환이니

　선왕이 본 받아서

　상제께 제사지내며 종묘를 세우느니라.

○ 初六은
초 육

用拯호대 馬ㅣ 壯하니 吉하니라
용 증　　　　마　장　　길

○ 초육은

○ 써 구원하되 말이 씩씩하니 길하니라.

○ 象曰
상 왈

初六之吉은 順也ㄹ새라
초 육 지 길　　순 야

○ 상에 가로되

초육의 길함은 순하기 때문일 새라.

○ 九二는
구 이

渙에 奔其机면 悔ㅣ 亡하리라
환　　분 기 궤　회　 망

○ 구이는

흩어짐에 그 평상으로 달려가면 후회가 없어지리라.

○ 象曰
상 왈

渙奔其机는 得願也ㅣ라
환 분 기 궤　 득 원 야

○ 상에 가로되

'환분기궤'는 원함을 얻음이라.

○ 六三
육 삼

渙에 其躬이 无悔니라
환　 기 궁　 무 회

○ 육삼은

환에 그 몸이 후회가 없느니라.

○ 象曰
상 왈

渙其躬은 志在外也ㄹ새라
환 기 궁　　지 재 외 야

○ 상에 가로되

'환기궁'은 뜻이 밖에 있기 때문일 새라.

○ 六四는
육 사

渙에 其羣이라
환　 기 군

○ 육사는

흩어짐에 그 무리라

元吉이니 渙에
원길　　　환

크게 길하니 흩어짐에

有丘ㅣ 匪夷所思ㅣ리라
유구　　비이소사

언덕이 있음이 평이하게 생각할 바 아니니라.

59 - 11 ------------ ----------------------------

○ 象曰
　상왈

○ 상에 가로되

渙其羣元吉은 光大也ㅣ라
환기군원길　　광대야

'환기군원길'은 빛나고 큼이라.

59 - 12 ------------ ----------------------------

○ 九五는
　구오

○ 구오는

渙에 汗其大號ㅣ면
환　　한기대호

흩어짐에 그 호령함을 땀나듯하면

渙에 王居ㅣ니 无咎ㅣ리라
환　　왕거　　무구

흩어짐에 왕이 거함이니 허물이 없으리라.

59 - 13 ------------ ----------------------------

○ 象曰
　상왈

○ 상에 가로되

王居无咎는 正位也ㅣ라
왕거무구　　정위야

'왕거무구'는 바른 지위니라.

59 - 14 ------------ ----------------------------

○ 上九는
　상구

○ 상구는

渙에 其血이 去하며
환　　기혈　거

흩어짐에 그 피가 가게하며

逖에 出하면 无咎ㅣ리라
척　　출　　무구

두려움에서 벗어나면 허물이 없으리라.

59 - 15 ------------ ----------------------------

○ 象曰
　상왈

○ 상에 가로되

渙其血은 遠害也ㅣ라
환기혈　　원해야

'환기혈'은 해를 멀리함이라.

60. 水澤節	60. 수택절

60 - 1 ――――――――――――

● 節은
　절

　亨하니 苦節은 不可貞이니라
　형　　　고절　　불가정

　――――――――――――

● 절은

　형통하니 쓴 절은 가히 바르지 못하니라.

60 - 2 ――――――――――――

● 彖曰
　단왈

　節亨은
　절형

　剛柔ㅣ 分而剛得中할새오
　강유　　분이강득중

　苦節不可貞은 其道ㅣ 窮也ㄹ새라
　고절불가정　　기도　궁야

　說以行險하고
　열이행험

　當位以節하고 中正以通하니라
　당위이절　　　중정이통

　天地節而四時成하나니
　천지절이사시성

　節以制度하야
　절이제도

　不傷財하며 不害民하나니라
　불상재　　　불해민

　――――――――――――

● 단에 가로되

　'절형'은

　강과 유가 나뉘고 강이 중을 얻기 때문일 새요.

　'고절불가정'이라함은 그 도가 궁함 일새라.

　기뻐서 험한 데를 행하고

　지위를 맡아서 절제하고 중정해서 통 하니라.

　천지가 절제함에 사시가 이루어지나니

　절제해서 제도를 만들어

　재물을 상하지 않으며 백성을 해하지
　아니 하나니라.

60 - 3 ――――――――――――

● 象曰
　상왈

　澤上有水ㅣ 節이니
　택상유수　　절

　――――――――――――

● 상에 가로되

　못 위에 물이 있음이 절이니

君子ㅣ 以 하야　　　　　군자가 본 받아서
군자　　이

制數度하며 議德行하나니라　　수치와 절도를 제정하며 덕행을 의논하나니라.
제 수 도　　의 덕 행

60 - 4 ──────────　　──────────────

○ 初九는　　　　　　　○ 초구는
초 구

不出戸庭이면 无咎ㅣ리라　　호정에 나가지 않으면 허물이 없으리라.
불 출 호 정　　무구

60 - 5 ──────────　　──────────────

○ 象曰　　　　　　　　○ 상에 가로되
상 왈

不出戸庭이나 知通塞也ㅣ니라　　'불출호정'이나 통하고 막힘을 알아야
불 출 호 정　　지 통 색 야　　　　하느니라.

60 - 6 ──────────　　──────────────

○ 九二는　　　　　　　○ 구이는
구 이

不出門庭이라 凶하니라　　문정에 나가지 않는지라 흉하니라.
불 출 문 정　　흉

○ 象曰　　　　　　　　○ 상에 가로되
상 왈

不出門庭凶은 失時ㅣ 極也글새라　　'불출문정흉'은 때를 잃음이 극하기
불 출 문 정 흉　　실 시　　극 야　　　때문일 새라.

60 - 8 ──────────　　──────────────

○ 六三은　　　　　　　○ 육삼은
육 삼

不節若이면 則嗟若하리니　　절제하지 않을 것 같으면 곧 슬퍼하리니
부 절 약　　즉 차 약

无咎ㅣ니라　　　　　　허물할 데 없느니라.
무 구

60 - 9 ──────────　　──────────────

○ 象曰　　　　　　　　○ 상에 가로되
상 왈

不節之嗟를 又誰咎也ㅣ리오　　'부절지차'를 또 누구를 허물하리오.
부 절 지 차　　우 수 구 야

60 – 10 ──────────── ────────────────────

○ 六四는
　육 사

○ 육사는

安節이니 亨하니라
안 절　　　형

편안한 절이니　형통하나니라.

60 – 11 ──────────── ────────────────────

○ 象曰
　상 왈

○ 상에 가로되

安節之亨은 承上道也ㅣ라
안 절 지 형　　승 상 도 야

'안절지형'은 위의 도를 받듦이라.

60 – 12 ──────────── ────────────────────

○ 九五는
　구 오

○ 구오는

甘節이라 吉하니
감 절　　길

달콤한 절이라　길하니

往하면 有尙하리라
왕　　　유 상

가면 숭상함이 있으리라.

60 – 13 ──────────── ────────────────────

○ 象曰
　상 왈

○ 상에 가로되

甘節之吉은 居位中也ㅣ새라
감 절 지 길　　거 위 중 야

'감절지길'은 거처하는 자리가 중이기
때문일 새라.

60 – 14 ──────────── ────────────────────

○ 上六은
　상 육

○ 상육은

苦節이니 貞이면 凶코
고 절　　　정　　　흉

쓴 절이니 고집하면 흉하고

悔면 亡하리라
회　　망

뉘우치면 (흉함이) 없어지리라.

60 – 15 ──────────── ────────────────────

○ 象曰
　상 왈

○ 상에 가로되

苦節貞凶은 其道ㅣ 窮也ㅣ새라
고 절 정 흉　　기 도　　궁 야

'고절정흉'은 그 도가 궁하기 때문이라.

61 - 1 ――――――――――

● 中孚는
　중부

　豚魚ㅣ면 吉하니
　돈어　　　길

　利涉大川하고 利貞하니라
　이섭대천　　　이정

● 중부는

돼지와 물고기까지 하면 길하니

대천을 건넘이 이롭고 바르게 함이
이로우니라.

61 - 2 ――――――――――

● 彖曰
　단왈

　中孚는 柔在內而剛得中할새니
　중부　　유재내이강득중

　說而巽할새
　열이손

　孚ㅣ 乃化邦也ㅣ니라
　부　　내화방야

　豚魚吉은 信及豚魚也ㅣ오
　돈어길　　신급돈어야

　利涉大川은 乘木고 舟虛也ㅣ오
　이섭대천　　승목　주허야

　中孚코 以利貞이면
　중부　　이이정

　乃應乎天也ㅣ리라
　내응호천야

● 단에 가로되

중부는 유가 안에 있고 강이 중을 얻기
때문이니

기뻐하고 겸손하기 때문에

믿음이 이에 나라를 교화 하니라.

'돈어길'이라 함은 믿음이 돼지와
물고기 까지 미침이고

'이섭대천'은 나무를 타고 배가 비었기
때문이요

중심이 미덥고 바르게 함이 이로우면

이에 하늘에 응함이라.

● 象曰
상 왈

　　澤上有風이 中孚ㅣ니
　　택 상 유 풍　　중 부

　　君子ㅣ 以하야
　　군 자　　이

　　議獄하며 緩死하나니라
　　의 옥　　　완 사

● 상에 가로되

　못 위에 바람이 있음이 중부니

　군자가 본 받아서

　옥사를 의논하며 죽음을 늦춰 주니라.

○ 初九는
초 구

　　虞하면 吉하니
　　우　　길

　　有他ㅣ면 不燕하리라
　　유 타　　불 연

○ 초구는

　헤아리면 길하니

　다른 마음이 있으면 편치 못할 것이니라.

○ 象曰
상 왈

　　初九虞吉은 志未變也ㅣㄹ새라
　　초 구 우 길　　지 미 변 야

○ 상에 가로되

　'초구우길'은 뜻이 변치 않기 때문일 새라.

○ 九二는
구 이

　　鳴鶴이 在陰이어늘
　　명 학　　재 음

　　其子ㅣ 和之로다
　　기 자　　화 지

　　我有好爵하야 吾與爾靡之하노라
　　아 유 호 작　　　오 여 이 미 지

○구이는

　우는 학이 그늘에 있거늘

　그 새끼가 화답함이로다.

　내게 좋은 벼슬이 있어서 내가 너와
　더불어 얽히노라.

○ 象曰
상 왈

　　其子和之는 中心願也ㅣ라
　　기 자 화 지　　중 심 원 야

○ 상에 가로되

　'기자화지'는 속마음에서 원하기 때문이다.

61 - 8 ─────────────── ───────────────────────

○ 六三은　　　　　　　　　　○ 육삼은
　　육삼

　　得敵하야 或鼓或罷或泣或歌ㅣ로다　　적을 얻어 혹 두드리고, 혹 파하고,
　　득적　　　혹고혹파혹읍혹가　　　　혹 울고, 혹 노래하도다.

61 - 9 ─────────────── ───────────────────────

○ 象曰　　　　　　　　　　○ 상에 가로되
　　상왈

　　或鼓或罷는 位不當也ㄹ새라　　'혹고혹파'는 자리가 마땅하지 못하기
　　혹고혹파　　위부당야　　　　때문일 새라.

61 - 10 ─────────────── ───────────────────────

○ 六四는　　　　　　　　　　○ 육사는
　　육사

　　月幾望이니　　　　　　　달이 거의 보름이니
　　월기망

　　馬匹이 亡하면 无咎ㅣ리라　　말의 짝이 없어지면 허물이 없으리라.
　　마필　　망　　　무구

61 - 11 ─────────────── ───────────────────────

○ 象曰　　　　　　　　　　○ 상에 가로되
　　상왈

　　馬匹亡은 絶類하야 上也ㅣ라　　'마필망'은 동류를 끊어서 위로 올라간 것이라.
　　마필망　　절류　　상야

61 - 12 ─────────────── ───────────────────────

○ 九五는　　　　　　　　　　○ 구오는
　　구오

　　有孚ㅣ 攣如ㅣ면 无咎ㅣ리라　　믿음을 둠이 당기는듯하면 허물이 없으리라.
　　유부　　연여　　　무구

61 - 13 ─────────────── ───────────────────────

○ 象曰　　　　　　　　　　○ 상에 가로되
　　상왈

　　有孚攣如는 位正當也ㄹ새라　　'유부연여'는 자리가 바르고 마땅하기
　　유부연여　　위정당야　　　　때문일 새라.

○ **上九는**
상구

翰音이 登于天이니 貞하야 凶토다
한음　등우천　정　흉

○ 상구는

나는 소리가 하늘에 오름이니 고집해서
흉하도다.

○ **象曰**
상왈

翰音登于天이니 何可長也 l 리오
한음등우천　　하가장야

○ 상에 가로되

'한음등우천'이니 어찌 가히 오래갈 수
있으리오.

62 - 1 ----------------   ----------------------------

● 小過는
　소 과

　　亨하니 利貞하니
　　형　　이정

　　可小事ㅣ오 不可大事ㅣ니
　　가소사　　불가대사

　　飛鳥遺之音에 不宜上이오
　　비조유지음　　불의상

　　宜下ㅣ면 大吉하리라
　　의하　　대길

● 소과는

　　형통하니 바르게 함이 이로우니

　　작은 일은 옳고 큰일은 옳지 않으니

　　나는 새가 소리를 끼침에 위로 가는 것은
　　마땅치 않고

　　아래로 내려옴에 마땅하면 크게 길하리라.

62 - 2 ----------------   ----------------------------

● 彖曰
　단 왈

　　小過는 小者ㅣ 過而亨也ㅣ니
　　소 과　　소자　　과이형야

　　過以利貞은 與時行也ㅣ니라
　　과이이정　　여시행야

　　柔得中이라
　　유득중

　　是以小事ㅣ 吉也오
　　시이소사　　길야

　　剛失位而不中이라
　　강실위이부중

　　是以不可大事也ㅣ니라
　　시이불가대사야

　　有飛鳥之象焉하니라
　　유비조지상언

● 단에 가로되

　　'소과'는 작은 것이 지나쳐서 형통함이니

　　지나치되 바르게 함이 이로움은 때와
　　더불어 행함이라.

　　유가 중을 얻음이라

　　이렇기 때문에 작은 일이 길함이고

　　강이 자리를 잃고 중을 얻지 못하니라

　　이렇기 때문에 큰일은 옳지 않음이라.

　　나는 새의 상이 있느니라.

263

飛鳥遺之音不宜上宜下大吉은
비 조 유 지 음 불 의 상 의 하 대 길

'비조유지음 불의상 의하대길'은

上逆而下順也ㄹ새라
상 역 이 하 순 야

위로 감은 거슬리고 아래로 옴은 순한
까닭일새라.

62 - 3 ———————————— ————————————————

● 象日
상 왈

● 상에 가로되

山上有雷ㅣ 小過ㅣ니
산 하 유 뢰   소 과

산위에 우레가 있음이 소과이니

君子ㅣ 以하야 行過乎恭하며
군 자   이   행 과 호 공

군자가 본 받아서 행동은 공손에
지나게 하며

喪過乎哀하며 用過乎儉하나니라
상 과 호 애   용 과 호 검

상사는 슬픔에 지나게 하며
씀은 검소에 지나게 하나니라.

62 - 4 ———————————— ————————————————

○ 初六은
초 육

○ 초육은

飛鳥ㅣ라 以凶이니라
비 조   이 흉

나는 새라 때문에 흉하니라.

62 - 5 ———————————— ————————————————

○ 象日
상 왈

○ 상에 가로되

飛鳥以凶은 不可如何也ㅣ라
비 조 이 흉   불 가 여 하 야

'비조이흉'은 가히 어찌할 수 없음이라.

62 - 6 ———————————— ————————————————

○ 六二는
육 이

○ 육이는

過其祖하야 遇其妣니
과 기 조   우 기 비

그 할아버지를 지나서 그 (증조)할머니를
만나니

不及其君이오
불 급 기 군

그 인군에 미치지 않고

遇其臣이면 无咎ㅣ리라
우 기 신   무 구

그 신하를 만나면 허물이 없으리라.

62 - 7 ———————————— ————————————————

○ 象日
상 왈

○ 상에 가로되

不及其君은 臣不可過也ㅣ라
불급기군　　신불가과야

'불급기군'은 신하를 가히 지나치지 못함이라.

62 - 8 ──────────────　　─────────────

○ 九三은
　 구삼

○ 구삼은

弗過防之면
불과방지

막는데 지나치게 아니하면

從或戕之라 凶하리라
종혹장지　　　흉

쫓아서 혹 칠 것이라 흉하리라.

62 - 9 ──────────────　　─────────────

○ 象曰
　 상왈

○ 상에 가로되

從或戕之ㅣ 凶如何也오
종혹장지　　흉여하야

'종혹장지'는 흉함이 어떠하리오.

62 - 10 ──────────────　　─────────────

○ 九四는
　 구사

○ 구사는

无咎하니 弗過하야 遇之니
무구　　　불과　　　우지

허물이 없으니 지나치지 아니하고서 만남이니

往이면 厲ㅣ라
왕　　　려

그대로 가면 위태하니라

必戒며 勿用永貞이니라
필계　　물용영정

반드시 경계하며 길게 고집함을 쓰지 말지니라.

62 - 11 ──────────────　　─────────────

○ 象曰
　 상왈

○ 상에 가로되

弗過遇之는 位不當也ㅣ오
불과우지　　　위부당야

'불과우지'는 자리가 마땅치 않음이고

往厲必戒는 終不可長也ㅣㄹ새라
왕려필계　　　종불가장야

'왕려필계'는 마침내 가히 자라지 못하기 때문일새라.

62 - 12 ──────────────　　─────────────

○ 六五는
　 육오

○ 육오는

密雲不雨는 自我西郊ㅣ니
밀운불우　　　자아서교

빽빽한 구름이 비 오지 않음은 내가 서교로부터 함이니

公이 弋取彼在穴이로다
공   익 취 피 재 혈

공이 저 구멍에 있는 것을 쏘아 취함이로다.

62 - 13 –––––––––––––––– ––––––––––––––––––––

○ 象曰
상 왈

○ 상에 가로되

密雲不雨는 已上也닐새라
밀 운 불 우   이 상 야

'밀운불우'는 이미 올라갔기 때문 일새라.

62 - 14 –––––––––––––––– ––––––––––––––––––––

○ 上六은
상 육

○ 상육은

弗遇하야 過之니
불 우   과 지

(육오를) 만나지 않고서 지나치니

飛鳥ㅣ 離之라 凶하니 是謂災眚이라
비 조   이 지   흉   시 위 재 생

나는 새가 걸리니라
흉하니 이것이 재생이라 이르니라.

62 - 15 –––––––––––––––– ––––––––––––––––––––

○ 象曰
상 왈

○ 상에 가로되

弗遇過之는 已亢也ㅣ라
불 우 과 지   이 항 야

'불우과지'는 이미 높고 극한 것이라.

63 - 1 ——————————   ——————————————

● 旣濟는
　　기 제

● 기제는

亨이 小ㅣ니 利貞하니
형　　소　　　이정

형통함이 작은 것이니 바르게 함이 이로우니

初吉코 終亂하니라
초길　　종란

처음은 길하고 나중은 어지러우니라.

63 - 2 ——————————   ——————————————

● 彖曰
　　단 왈

● 단에 가로되

旣濟亨은 小者ㅣ 亨也ㅣ니
기제형　　소자　　형야

'기제가 형통함'은 작은 것이 형통함이니

利貞은
이정

'바르게 함이 이로움'은

剛柔ㅣ 正而位當也ㄹ새라
강유　　정이위당야

강과 유가 바르고 자리가 마땅하기
때문일 새라.

初吉은
초길

'처음은 길하다'함은

柔得中也ㅣ오
유득중야

유가 득중한 것이고

終止則亂은 其道ㅣ 窮也ㅣ라
종지즉란　　기도　　궁야

마지막에 그치면 어지러워짐은 그 도가
궁함이라.

63 - 3 ——————————   ——————————————

● 象曰
　　상 왈

● 상에 가로되

水在火上이 旣濟니
수재화상　　기제

물이 불 위에 있음이 기제이니

君子ㅣ 以하야
군자　　이

군자가 본 받아서

思患而豫防之하나니라
사 환 이 예 방 지

환란을 생각해서 미리 막느니라.

63 - 4 ————————

○ 初九는
　　초 구

○ 초구는

曳其輪하며 濡其尾면 无咎ㅣ리라
예 기 륜　　　유 기 미　　무 구

그 수레바퀴를 당기며 그 꼬리를 적시면 허물이 없으리라.

63 - 5 ————————

○ 象曰
　　상 왈

○ 상에 가로되

曳其輪은 義无咎也ㅣ니라
예 기 륜　　의 무 구 야

'예기륜'은 의리가 허물이 없느니라.

63 - 6 ————————

○ 六二는
　　육 이

○ 육이는

婦喪其茀이니 勿逐하면
부 상 기 불　　　물 축

지어미가 그의 포장을 잃음이니 쫓지 말면

七日에 得하리라
칠 일　　득

칠일 만에 얻으리라.

63 - 7 ————————

○ 象曰
　　상 왈

○ 상에 가로되

七日得은 以中道也ㅣ라
칠 일 득　　이 중 도 야

'칠일득'은 중도로써 함이라.

63 - 8 ————————

○ 九三은
　　구 삼

○ 구삼은

高宗이 伐鬼方하야
고 종　　벌 귀 방

고종이 귀방을 쳐서

三年克之니 小人勿用이니라
삼 년 극 지　　소 인 물 용

삼년 만에 이기니 소인은 쓰지 말지니라.

63 - 9 ————————

○ 象曰
　　상 왈

○ 상에 가로되

三年克之는 憊也ㅣ라
삼 년 극 지　　비 야

'삼년극지'는 곤함이라.

268

63 - 10 ——————————— ———————————

○ 六四는
육사

○ 육사는

繻에 有衣袽코 終日戒니라
유   유의여   종일계

(물이) 새는데 걸레를 두고 종일토록 경계함이라.

63 - 11 ——————————— ———————————

○ 象曰
상왈

○ 상에 가로되

終日戒는 有所疑也ㅣ라
종일계   유소의야

'종일계'는 의심스러운바가 있느니라.

63 - 12 ——————————— ———————————

○ 九五는
구오

○ 구오는

東鄰殺牛ㅣ
동린살우

동쪽 이웃의 소를 잡음이

不如西鄰之禴祭ㅣ 實受其福이니라
불여서린지약제   실수기복

서쪽 이웃의 약제가 실제로 복을 받음만
못하니라.

63 - 13 ——————————— ———————————

○ 象曰
상왈

○ 상에 가로되

東鄰殺牛ㅣ 不如西鄰之時也ㅣ니
동린살우   불여서린지시야

'동쪽 이웃의 소를 잡음이 서쪽 이웃의
때만 못함'이니

實受其福은 吉大來也ㅣ라
실수기복   길대래야

'실제로 그 복을 받는다.'함은
길함이 크게 오는 것이라.

63 - 14 ——————————— ———————————

○ 上六은
상육

○ 상육은

濡其首라 厲하니라
유기수   려

그 머리를 젖임이라 위태하니라.

63 - 15 ——————————— ———————————

○ 象曰
상왈

○ 상에 가로되

濡其首厲ㅣ 何可久也ㅣ리오
유기수려   하가구야

'유기수려'가 어찌 오래 할 수 있으리오.

64. 火水未濟 | 64. 화수미제

64 - 1 ——————————   ——————————

● 未濟는
미 제

  亨하니 小狐ㅣ 汔濟하야
  형   소호   흘제

  濡其尾니 无攸利하니라
  유기미   무유리

● 미제는

  형통하니 어린 여우가 거이 건너서

  그 꼬리를 젖임이니 이로운바가 없느니라.

64 - 2 ——————————   ——————————

● 彖曰
  단 왈

  未濟亨은 柔得中也ㅣ오
  미제형   유득중야

  小狐汔濟는 未出中也ㅣ오
  소호흘제   미출중야

  濡其尾无攸利는 不續終也ㅣ라
  유기미무유리   불속종야

  雖不當位나
  수부당위

  剛柔ㅣ 應也ㅣ니라
  강유   응야

● 단에 가로되

  '미제형'은 유가 중을 얻었기 때문이고

  '소호흘제'는 가운데서 나오지 못한 것이고

  '유기미무유리'는 이어서 마치지 못함이라.

  비록 자리는 마땅치 못하나

  강과 유가 응하니라.

64 - 3 ——————————   ——————————

● 象曰
  상 왈

  火在水上이 未濟니
  화재수상   미제

  君子ㅣ 以하야
  군자   이

  愼辨物하야 居方하나니라
  신변물   거방

● 상에 가로되

  불이 물위에 있는 것이 미제니

  군자가 본 받아서

  삼가며 물건을 분별하야 방소에 거하게
  하느니라.

64 - 4 ──────────── ────────────────────────

○ 初六은
　　초 육

○ 초육은

濡其尾니 吝하니라
유 기 미　　인

그 꼬리를 적시니 인색하니라.

64 - 5 ──────────── ────────────────────────

○ 象曰
　　상 왈

○ 상에 가로되

濡其尾ㅣ 亦不知ㅣ 極也ㅣ라
유 기 미　　역 부 지　　극 야

'유기미'는 또한 알지 못함이 극함이라.

64 - 6 ──────────── ────────────────────────

○ 九二는
　　구 이

○ 구이는

曳其輪이면 貞하야 吉하리라
예 기 륜　　　정　　　길

그 바퀴를 당기면 바르게 해서 길하리라.

64 - 7 ──────────── ────────────────────────

○ 象曰
　　상 왈

○ 상에 가로되

九二貞吉은 中以行正也ㅣᆯ새라
구 이 정 길　　중 이 행 정 야

'구이정길'은 중으로서 바름을 행하기
때문일 새라.

64 - 8 ──────────── ────────────────────────

○ 六三은
　　육 삼

○ 육삼은

未濟에 征이면 凶하나 利涉大川하니라
미 제　　정　　　흉　　이 섭 대 천

미제에 가면 흉하나 대천을 건넘이
이로우니라.

64 - 9 ──────────── ────────────────────────

○ 象曰
　　상 왈

○ 상에 가로되

未濟征凶은 位不當也ㅣᆯ새라
미 제 정 흉　　위 부 당 야

'미제정흉'은 자리가 마땅치 못하기
때문일 새라.

64 - 10 ──────────── ────────────────────────

○ 九四는
　　구 사

○ 구사는

貞이면 吉하야 悔ㅣ 亡하리니
정　　　길　　　회　 망

바르게 하면 길해서 후회가 없어지리니

271

震用伐鬼方하야
진용벌귀방

움직여 귀방을 쳐서

三年에아 有賞于大國이로다
삼년　　　유상우대국

삼년에야 큰 나라의 상이 있도다.

64 – 11 ————————————　————————————————

○ 象曰
　상왈

○ 상에 가로되

貞吉悔亡은 志行也 l 라
정길회망　　지행야

'정길회망'은 뜻이 행하는 것이라.

64 – 12 ————————————　————————————————

○ 六五는
　육오

○ 육오는

貞이라 吉하야 无悔니
정　　　길　　　무회

바르니라 길하여 후회가 없으니

君子之光이 有孚 l 라 吉하니라
군자지광　　유부　　　길

군자의 빛이 믿음이 있음이라 길하니라.

64 – 13 ————————————　————————————————

○ 象曰
　상왈

○ 상에 가로되

君子之光은 其暉 l 吉也 l 라
군자지광　　기휘　길야

'군자지광'은 그 빛남이 길하니라.

64 – 14 ————————————　————————————————

○上九는
　상구

○ 상구는

有孚于飮酒 l 면
유부우음주

술을 마시는데 믿음을 두면

无咎어니와 濡其首 l 면
무구　　　유기수

허물이 없거니와 그 머리를 적시면

有孚에 失是하리라
유부　　실시

믿음을 두는데 옳음을 잃음이라.

64 – 15 ————————————　————————————————

○ 象曰
　상왈

○ 상에 가로되

飮酒濡首 l 亦不知節也 l 라
음주유수　　역부지절야

'음주유수'는 또한 절을 알지 못함이라.

3

繫辭傳(上・下)
說卦傳
序卦傳
雜卦傳

繫辭上傳

계사상전

3-1 (1장-1) ————————

○ 天尊地卑하니 乾坤이 定矣오
　 천존지비　　　건곤　정의

　 卑高以陳하니 貴賤이 位矣오
　 비고이진　　　귀천　위의

　 動靜有常하니 剛柔ㅣ斷矣오
　 동정유상　　　강유　단의

　 方以類聚코 物以羣分하니
　 방이류취　　물이군분

　 吉凶이 生矣오
　 길흉　생의

　 在天成象코 在地成形하니
　 재천성상　　재지성형

　 變化ㅣ見矣라
　 변화　현의

○ 하늘은 높고 땅은 낮으니 건곤이 정해지고

　 낮고 높음으로써 베풀었으니 귀천이 자리하고

　 동정에 상도가 있으니 강유가 판단이 되고

　 방소로써 유를 모으고 물건으로써 무리를 나누니

　 길흉이 생기고

　 하늘에 있어서는 상을 이루고
　 땅에 있어서는 형체를 이루니

　 변화가 나타 나니라.

3-1 (1장-2) ————————

○ 是故로
　 시고

　 剛柔ㅣ相摩하며 八卦ㅣ相盪하야
　 강유　상마　　팔괘　상탕

○ 이런고로

　 강과 유가 서로 마찰하며 팔괘가 서로 섞여서

3-1 (1장-3) ————————

○ 鼓之以雷霆하며 潤之以風雨하며
　 고지이뢰정　　　윤지이풍우

　 日月이 運行하며 一寒一暑하야
　 일월　운행　　　일한일서

○ 우뢰와 번개로써 고동시키며
　 바람과 비로써 윤택하게하며

　 해와 달이 운행하며 한 번은 춥고,
　 한번은 더워서

3-1 (1장-4) ————————

○ 乾道ㅣ成男하고 坤道ㅣ成女하니
　 건도　성남　　곤도　성녀

　 乾知大始오 坤作成物이라
　 건지대시　　곤작성물

○ 건의 도는 남자를 이루고
　 곤의 도는 여자를 이루니

　 건은 크게 시작함을 주관하고
　 곤은 물건을 이룸을 짓느니라.

○ 乾以易知오 坤以簡能이니
건이이지　　곤이간능

易則易知오 簡則易從이오
이즉이지　　간즉이종

易知則有親이오 易從則有功이오
이지즉유친　　이종즉유공

有親則可久ㅣ오 有功則可大ㅣ오
유친즉가구　　유공즉가대

可久則賢人之德이오
가구즉현인지덕

可大則賢人之業이니
가대즉현인지업

易簡而天下之理ㅣ 得矣니
이간이천하지리　　득의

天下之理ㅣ得而成位乎其中矣니라.
천하지리　득이성위호기중의

右는 第一章이라
우　　제일장

○ 건은 쉬움으로써 주관하고
곤은 간단함으로써 능하니

쉬우면 쉽게 주장하고(알고)
간단하면 쉽게 따르고

알기 쉬우면 친함이 있고
따르기 쉬우면 공이 있으며

친함이 있으면 오래 할 수 있고
공이 있으면 클 수 있으며

오래할 수 있는 것은 어진 사람의 덕이고

클 수 있는 것은 어진사람의 업적이니

쉽고 간단하게 해서 천하의 이치를 얻으니

천하의 이치가 얻으면 자리가
그 가운데 이루니라

우는 제1장이라

3-1 (2장-1) ―――――― ――――――――――――――――――

○ 聖人이
　　성인

　○ 성인이

設卦하야 觀象繫辭焉하야 而明吉凶하며
설괘　　　관상계사언　　　이명길흉

　괘를 베풀어서 상을 보고
　말을 붙여 길하고 흉함을 밝히며

3-1 (2장-2) ―――――― ――――――――――――――――――― ―

○ 剛柔ㅣ 相推야 而生變化하니
　　강유　　상추　　이생변화

　○ 강과 유가 서로 밀쳐서 변화를 낳으니

3-1 (2장-3) ―――――― ――――――――――――――――――――

○ 是故로
　　시고

　○ 이런 고로

吉凶者는 失得之象也ㅣ오
길흉자　　실득지상야

　　길함과 흉함은 얻고 잃음의 상이고

悔吝者는 憂虞之象也ㅣ오
회린자　　우우지상야

　　뉘우침과 인색함은 근심하고 걱정하는 상이고

3-1 (2장-4) ―――――― ――――――――――――――――――――

○ 變化者는 進退之象也ㅣ오
　　변화자　　진퇴지상야

　○ 변함과 화함은 나아가고 물러나는 상이고

剛柔者는 晝夜之象也ㅣ오
강유자　　주야지상야

　　강과 유는 낮과 밤의 상이고

六爻之動은 三極之道也ㅣ니
육효지동　　삼극지도야

　　여섯 효의 움직임은 삼극의 도이니

3-1 (2장-5) ―――――― ――――――――――――――――――――

○ 是故로
　　시고

　○ 이런 고로

君子ㅣ 所居而安者는 易之序也ㅣ오
군자　　소거이안자　　역지서야

　　군자가 거처해서 편안히 하는 것은
　　역의 차례이고

所樂而玩者는 爻之辭也ㅣ니
소락이완자　　효지사야

　　즐기며 완미하는 것은 효의 말이니

○ **是故로**
　시고

○ 이런고로

　君子ㅣ 居則觀其象而玩其辭하고
　　군 자　　거 즉 관 기 상 이 완 기 사

　군자가 거처할 때는 괘효의 상을 보고
　괘효의 말을 완미하고

　動則觀其變而玩其占하나니
　　동 즉 관 기 변 이 완 기 점

　움직일 때는 괘효의 변하는 것을 봐서
　그 점을 완미하니

　是以自天祐之하야 吉无不利니라
　　시 이 자 천 우 지　　　길 무 불 리

　이로써 하늘로부터 도와서
　길해서 이롭지 않음이 없느니라

　右는 第二章이라
　　우　　제 이 장

　우는 제2장이라

3-1 (3장-1) ―――――――

○ 彖者는 言乎象者也ㅣ오
　단자　　언호상자야

　爻者는 言乎變者也ㅣ오
　효자　　언호변자야

――――――――――――――――――

○ '단'이라고 함은 상을 말한 것이고

　'효'라 함은 변화를 말한 것이며

3-1 (3장-2) ―――――――

○ 吉凶者는 言乎其失得也ㅣ오
　길흉자　　언호기실득야

　悔吝者는 言乎其小疵也ㅣ오
　회린자　　언호기소자야

　无咎者는 善補過也ㅣ니
　무구자　　선보과야

――――――――――――――――――

○ '길하다, 흉하다'함은 잃고 얻음을 말한 것이고

　'뉘우치다, 인색하다'함은
　조금 병폐가 있다는 말이고

　'허물이 없다'라고 함은 허물을
　잘 보완한다는 말이니

3-1 (3장-3) ―――――――

○ 是故로
　시고

　列貴賤者는 存乎位하고
　열귀천자　　존호위

　齊小大者는 存乎卦하고
　제소대자　　존호괘

　辯吉凶者는 存乎辭하고
　변길흉자　　존호사

――――――――――――――――――

○ 이런 고로

　귀하고 천함을 벌려 놓은 것은 자리에 있고

　작고 큼을 정한 것은 괘에 있고

　길하고 흉함을 분별한 것은 계사에 있고

3-1 (3장-4) ―――――――

○ 憂悔吝者는 存乎介하고
　우회린자　　존호개

　震无咎者는 存乎悔하니
　진무구자　　존호회

――――――――――――――――――

○ 뉘우치고 인색함을 근심하는 것은
　경계를 분별하는데 있고

　움직여 허물이 없음은 뉘우치는데 있으니

3-1 (3장-5) ―――――――

○ 是故로
　시고

――――――――――――――――――

○ 이런 고로

卦有小大하야 辭有險易하니
괘 유 소 대　　사 유 험 이

괘에는 크고 작은 것이 있어서
계사에 험하고 쉬운 것이 있으니

辭也者는 各指其所之니라
사 야 자　　각 지 기 소 지

계사라는 것은 각각 그 갈바를
가리킨 것이다.

右는 第三章이라
우　　제 삼 장

우는 제3장이라.

280

3-1 (4장-1) ————————   ————————————————————

○ 易이 與天地準이라   ○ 역은 천지와 더불어 같으니라.
　역　　여천지준

　故로   고로
　고

　能彌綸天地之道하나니   천지의 도를 겉으로 얽고 속으로 채우니
　능미륜천지지도

3-1 (4장-2) ————————   ————————————————————

○ 仰以觀於天文하고   ○ 우러러서 하늘의 무늬를 관찰하고
　앙이관어천문

　俯以察於地理라   구부려 땅의 이치를 살핀다.
　부이찰어지리

　是故로   이런 고로
　시고

　知幽明之故하며   그윽하고 밝음의 연고를 알며
　지유명지고

　原始反終이라   처음을 근원으로 해서 마침을 돌이켜 보니라
　원시반종

　故로   고로
　고

　知死生之說하며   죽고 사는 이론을 알며
　지사생지설

　精氣爲物이오   정과 기가 물건이 되고
　정기위물

　游魂爲變이라   혼이 놀아서 변하게 된다.
　유혼위변

　是故로   이런 고로
　시고

　知鬼神之情狀하나니라   귀신의 정상을 아느니라.
　지귀신지정상

3-1 (4장-3) ————————   ————————————————————

○ 與天地相似ㅣ라   ○ 천지와 더불어 같으니라
　여천지상사

281

故로
고

不違하나니
불 위

어긋나지 않으니,

知周乎萬物而道濟天下ㅣ라
지 주 호 만 물 이 도 제 천 하

지는 만물을 두루하고 도는 천하를 건져줌이라

故로
고

고로

不過하며
불 과

지나치지 않으며

旁行而不流하야 樂天知命이라
방 행 이 불 유　　　　락 천 지 명

곁으로 가도 흐르지 않아서
하늘을 즐거워하고 명을 아니라.

故로
고

고로

不憂하며
불 우

근심하지 않으며

安土하야 敦乎仁이라
안 토　　　돈 호 인

처지를 편안히 여겨 인을 돈독히 하는지라

故로
고

고로

能愛하나니라
능 애

능히 사랑하느니라.

3-1 (4장-4) ──────　──────────────────

○ 範圍天地之化而不過하며
　범 위 천 지 지 화 이 불 과

○ 하늘과 땅의 조화를 본뜨고 테두리해서
　지나치지 않게 하며

曲成萬物而不遺하며
곡 성 만 물 이 불 유

만물을 곡진히 이루어 버리지 않으며

通乎晝夜之道而知라
통 호 주 야 지 도 이 지

낮과 밤의 도를 통해서 아니라

故로
고

고로

神无方而易无體하니라
신 무 방 이 역 무 체

신은 방소가 없고 역은 체가 없느니라.

右는 第四章이라
우　　제 사 장

우는 제4장이라.

282

3-1. 繫辭上傳

3-1. 계사상전　제5장

3 - 1 (5장-1) ――――――――

――――――――――――――

○ 一陰一陽之謂ㅣ 道ㅣ니
　　일음일양지위　　도

○ 한번 음하고 한번 양하는 것이
　　이르되 도라 하니

繼之者ㅣ 善也ㅣ오 成之者ㅣ 性也ㅣ라
계지자　선야　　성지자　　성야

계승하는 것은 선이고 이루어
주는 것은 성이다.

3 - 1 (5장-2) ――――――――

――――――――――――――

○ 仁者ㅣ 見之에 謂之仁하며
　　인자　　견지　　위지인

○ 어진 자가 봄에 어질다 이르며

知者ㅣ 見之에 謂之知오
지자　　견지　　위지지

지혜로운 자가 봄에 지혜라 이르며

百姓은 日用而不知라
백성　　일용이부지

백성은 날마다 쓰면서도 알지 못함이라

故로
고

고로

君子之道ㅣ 鮮矣니라
군자지도　　선의

군자의 도가 드므니라.

3 - 1 (5장-3) ――――――――

――――――――――――――

○ 顯諸仁하며 藏諸用하야
　　현저인　　　장저용

○ 인을 나타내며 용을 감추어서

鼓萬物而不與聖人同憂하나니
고만물이불여성인동우

만물을 고동 하되 성인과 더불어 한가지로
근심치 아니하나니

盛德大業이 至矣哉라
성덕대업　　지의재

성한 덕과 대업이 지극하도다.

3 - 1 (5장-4) ――――――――

――――――――――――――

○ 富有之謂ㅣ 大業이오
　　부유지의　　대업

○ 부유하게 둔 것을 위대한 사업이라 이르고

日新之謂ㅣ 盛德이오
일신지위　　성덕

날로 새로워지는 것을 성대한 덕이라 이르고

3 - 1 (5장-5) ――――――――

――――――――――――――

○ 生生之謂ㅣ 易이오
　　생생지위　　역

○ 낳고 낳는 것을 역이라 이르고

3 - 1 (5장-6) ----------

○ 成象之謂ㅣ 乾이오
　성상지위　건

　效法之謂ㅣ 坤이오
　효법지위　곤

3 - 1 (5장-7) ----------

○ 極數知來之謂ㅣ 占이오
　극수지래지위　점

　通變之謂ㅣ 事ㅣ오
　통변지위　사

3 - 1 (5장-8) ----------

○ 陰陽不測之謂ㅣ 神이라
　음양불측지위　신

　右는 第五章이라
　우　제오장

○ 상을 이루어진 것을 건이라 이르고

　법을 본 받은 것을 곤이라 이르며

○ 수를 궁극해서 미래를 아는 것을
　점이라 이르고

　변화에 통하는 것을 사라 이르고

○ 음이 되어 갈지 양이 되어 갈지
　헤아릴 수 없는 것이 신이라 이른다.

　우는 제5장이라.

284

3-1 (6장-1) ────────

○ 夫易이 廣矣大矣라
부역 광의대의

以言乎遠則不禦하고
이언호원즉불어

以言乎邇則靜而正하고
이언호이즉정이정

以言乎天地之間則備矣라
이언호천지지간즉비의

○ 무릇 역이란 넓고도 크도다.

역으로써 먼 곳을 말하면 막지 못하고

역으로써 가까운 곳을 말하면
고요하면서 바르고

역으로써 천지간을 말하면
모두 갖추어져 있다.

3-1 (6장-2) ────────

○ 夫乾은
부건

其靜也ㅣ專하고 其動也ㅣ直이라
기정야 전 기동야 직

是以大ㅣ生焉하며
시이대 생언

夫坤은
부곤

其靜也ㅣ翕하고 其動也ㅣ闢이라
기정야 흡 기동야 벽

是以廣이 生焉하나니
시이광 생언

○ 무릇 건은

그 고요하게 있을 때는 전일하고
움직일 때는 곧음이라

이로써 커짐이 생기며

무릇 곤은

그 고요할 때는 닫혀져 있고
그 움직일 때는 열려진다.

이로써 넓어짐이 생기니

3-1 (6장-3) ────────

○廣大는 配天地하고
광대 배천지

變通은 配四時하고
변통 배사시

陰陽之義는 配日月하고
음양지의 배일월

○ 광대는 천지와 배합하고

변통은 사시와 배합하고

음양의 의는 일월과 배합하고

易簡之善은 配至德하니라
이 간 지 선　　배 지 덕

이간의 선은 지덕에 배합하니라.

右는 第六章이라
우　　제 육 장

우는 제6장이라.

3 - 1 (7장-1) ————— ————————————————

○ 子曰
자왈

○ 공자 가라사대

易이 其至矣乎ㄴ뎌
역　기지의호

역이 그 지극하도다.

夫易은 聖人이
부역　성인

무릇 역은 성인이

所以崇德而廣業也ㅣ니
소이숭덕이광업야

이런 까닭에 덕을 숭상하고 업을 넓힌 바이니

知는 崇코 禮는 卑하니
지　숭　예　비

지는 높고 예는 낮으니

崇은 效天하고 卑는 法地하니라
숭　효천　비　법지

숭은 하늘을 본 받고 비는 땅을 본 받음이라.

3 - 1 (7장-2) ————— ————————————————

○ 天地ㅣ 設位어든
천지　설위

○ 천지가 자리를 베풀었거든

而易이 行乎其中矣ㅣ니
이역　행호기중의

역이 그 가운데 행하니

成性存存이
성성존존

이루어진 성품이 보존하고 보존하는 것이

道義之門이라
도의지문

도의의 문이다.

右는 第七章이라
우　제칠장

우는 제7장이라.

287

3-1 (8장-1) ─────── ──────────────────

○ 聖人이 有以見天下之賾하야　　　○ 성인이 천하의 잡다한 것을 봄에 있어서
　　성인　유이견천하지색

　而擬諸其形容하며　　　　　　　　그 형체의 모양에 비기며
　이의저기형용

　象其物宜라　　　　　　　　　　　그 물건의 마땅함을 형상하는지라
　상기물의

　是故謂之象이요　　　　　　　　　이런 고로 상이라 이르고
　시고위지상

3-1 (8장-2) ─────── ──────────────────

○ 聖人이 有以見天下之動하야　　　○ 성인이 천하의 움직여 나감을 봄에 있어서
　　성인　유이견천하지동

　而觀其會通하야 以行其典禮하며　그 모이고 통용되는 것을 보아서
　이관기회통　　　이행기전례　　　그 법과 예를 행하며

　繫辭焉하야 以斷其吉凶이라　　　말을 매어서 그 길흉을 판단하는지라
　계사언　　　이단기길흉

　是故謂之爻ㅣ니　　　　　　　　이런고로 효라 이르니
　시고위지효

3-1 (8장-3) ─────── ──────────────────

○ 言天下之至賾호대 而不可惡也ㅣ며 ○ 천하의 지극히 잡다한 것을 말하되
　언천하지지색　　　이불가오야　　　가히 싫어하지 않으며

　言天下之至動호대 而不可亂也ㅣ니　천하의 지극히 동함을 말하되
　언천하지지동　　　이불가란야　　　가히 어지럽히지 아니하니

3-1 (8장-4) ─────── ──────────────────

○ 擬之而後에 言하고　　　　　　○ 비긴 뒤에야 말하고
　의지이후　　언

　議之而後에 動이니　　　　　　의논한 뒤에야 움직이니
　의지이후　　동

　擬議하야 以成其變化하니라　　비겨보고 의논해서 그 변화를 이루니라.
　의의　　　이성기변화

○ 鳴鶴이 在陰이어늘 其子ㅣ 和之로다
　　명학　　재음　　　기자　　화지

○ 우는 학이 그늘에 있거늘
　그 새끼가 화답하도다.

我有好爵하야 吾與爾靡之라하니
아유호작　　　오여이미지

내게 좋은 벼슬이 있어서 내가 너와 더불어
얽히고자하노니

子曰
자 왈

공자 가라사대

君子ㅣ 居其室하야 出其言에
군자　　거기실　　출기언

군자가 자신의 집에 거해서 그 말을 냄에

善이면 則天里之外ㅣ 應之하나니
선　　　즉천리지외　　응지

선하면 곧 천리 밖이 응하나니

況其邇者乎여
황 기 이 자 호

하물며 그 가까운데랴!

居其室하야
거 기 실

그 집에 거하야

出其言에 不善이면
출 기 언　　불선

그 말을 냄에 불선하면

則千里之外ㅣ 違之하나니
즉 천 리 지 외　　위지

곧 천리 밖이 어기나니

況其邇者乎여
황 기 이 자 호

하물며 그 가까운데랴!

言出乎身하야 加乎民하며
언 출 호 신　　　가 호 민

말은 몸에서 나와서　백성에게 더하여지며

行發乎邇하야 見乎遠하나니
행 발 호 이　　　현 호 원

행동은 가까운데서 발해서 먼데까지
나타나니

言行은 君子之樞機니
언 행　　군 자 지 추 기

언행은 군자의 추기니

樞機之發이 榮辱之主也ㅣ라
추 기 지 발　　영 욕 지 주 야

추기의 발함이 영욕의 주인이라.

言行은
언 행

언행은

君子之所以動天地也ㅣ니 可不愼乎아
군 자 지 소 이 동 천 지 야　　　가 불 신 호

군자가 천지를 움직이는 것이니
가히 삼가지 않으랴.

289

3-1 (8장-6) ———————— ————————————————

○ 同人이 先號咷而後笑ㅣ라하니 ○ 동인이 먼저 부르짖어 울고 뒤에는
동인　　선호조이후소　　　　　웃는다하니

子曰　　　　　　　　　　　　공자 가라사대
자왈

君子之道ㅣ　　　　　　　　　군자의 도가
군자지도

或出或處或黙或語ㅣ나　　　　혹 나가기도하고 혹 처하기도하고
혹 출 혹 처 혹 묵 혹 어　　　　　혹 침묵하기도하고 혹 말하기도하나

二人이 同心하니 其利ㅣ 斷金이로다　두 사람이 마음을 같이하니 그 예리하기가
이인　　동심　　기리　　단금　　　쇠를 끊는 도다.

同心之言이 其臭ㅣ 如蘭이로다　마음을 같이해서 하는 말이
동심지언　　기취　　여란　　　　그 향기가 난초와 같도다.

3-1 (8장-7) ———————— ————————————————

○ 初六藉用白茅ㅣ니 无咎ㅣ라하니 ○ 초육은 자리를 까는데
초육자용백모　　　　무구　　　　흰 띠를 사용하니 허물이 없다하니

子曰 苟錯諸地라도 而可矣어늘　공자가라사대 땅에 놓더라도 옳거늘
자왈 구조저지　　이가의

藉之用茅하니　　　　　　　　자리를 까는데 띠를 쓰니
자지용모

何咎之有ㅣ리오 愼之至也ㅣ라　무슨 허물이 있으리오?
하구지유　　　　신지지야　　　　조심함이 지극한 것이다.

夫茅之爲物이 薄而用은 可重也ㅣ니　무릇 띠의 물건 됨이 하잘것 없어도
부모지위물　　박이용　가중야　　사용함에는 가히 소중함이니

愼斯術也하야 以往이면 其无所失矣리라　이러한 마음 씀을 조심해서 가면
신사술야　　　이왕　　기무소실의　　그야말로 잃을 바가 없을 것이다.

3-1 (8장-8) ———————— ————————————————

○ 勞謙이니 君子ㅣ 有終이니 吉이라하니 ○ 수고로운 겸이니 군자가 마침이 있으니
노겸　　　군자 유종　　길　　　길하다고 하니

子曰 勞而不伐하며　　　　　　공자 가라사대 수고하고도
자왈 노이불벌　　　　　　　　　자랑하지 않으며

有功而不德이 厚之至也ㅣ니　공이 있어도 덕으로 생각하지 않음이
유공이부덕　　후지지야　　　　두터움이 지극하니

290

語以其功下人者也ㅣ라
어 이 기 공 하 인 자 야

그 공로가 있으면서 사람들에게
낮춤을 말함이라

德言盛이오 禮言恭이니
덕 언 성　　　예 언 공

덕은 성대함을 말함이고 예는 공손함을
말함이니

謙也者는 致恭하야 以存其位者也ㅣ라
겸 야 자　　치 공　　이 존 기 위 자 야

겸이라는 것은 공손함을 이루어 그 지위를
보존하는 것이다.

3－1 (8장－9) ————————　————————————————

○ 亢龍이니 有悔라하니
　 항 용　　유 회

○ 지나치게 높은 용이니 뉘우침이 있다하니

子曰 貴而无位하며 高而无民하며
자 왈 귀 이 무 위　　고 이 무 민

공자 가라사대 귀해도 자리가 없으며
높아도 백성이 없으며

賢人이 在下位而无輔ㅣ라
현 인　　재 하 위 이 무 보

어진 사람이 아래 자리에 있어도 도와주는
이가 없는지라

是以動而有悔也ㅣ니라
시 이 동 이 유 회 야

이렇기 때문에 움직이면 뉘우침이 있느니라.

3－1 (8장－10) ————————　————————————————

○ 不出戶庭이면 无咎ㅣ라하니
　 불 출 호 정　　무 구

○ 호정에 나가지 않으면 허물이 없다하니

子曰
자 왈

공자 가라사대

亂之所生也ㅣ 則言語ㅣ 以爲階니
난 지 소 생 야　　즉 언 어　　이 위 계

어지러움이 생기는 것은 말의 단계가
되는 것이니

君不密則失臣하며 臣不密則失身하며
군 불 밀 즉 실 신　　신 불 밀 즉 실 신

인군이 주밀하지 못하면 신하를 잃으며
신하가 주밀하지 못하면 몸을 잃으며

幾事ㅣ 不密則害成하나니
기 사　　불 밀 즉 해 성

기밀스러운 일을 주밀하지 못하면
해를 이루나니

是以君子ㅣ 愼密而不出也하나니라
시 이 군 자　　신 밀 이 불 출 야

이렇기 때문에 군자는 삼가고
주밀해서 나가지 않느니라.

3－1 (8장－11) ————————　————————————————

○ 子曰
　 자 왈

○ 공자 가라사대

作易者ㅣ 其知盜乎ㄴ뎌
작 역 자　　기 지 도 호

역을 지은 자 그야말로 도적을 아는져!

易曰 負且乘이라 致寇至라하니
역왈 부차승　치구지

역에 말하기를 짊어져야 하는데도 타는지라 도적이 이름을 이르게 하니

負也者는 小人之事也ㅣ오
부야자　소인지사야

지는 것은 소인의 일이고

乘也者는 君子之器也ㅣ니
승야자　군자지기야

타는 것은 군자의 기구이니

小人而乘君子之器라
소인이승군자지기

소인이면서 군자의 기구를 탄지라

盜ㅣ 思奪之矣며
도　사탈지의

도적이 뺏을 생각을 하며

上을 慢코 下를 暴ㅣ라
상　만　하　포

위를 거만하게 하고 아래를 사납게 함이라

盜ㅣ 思伐之矣니
도　사벌지의

도적이 칠 생각을 하니

慢藏이 誨盜ㅣ며
만장　회도

감춤을 태만히 하는 것이
도적을 가르치는 것이며

冶容이 誨淫이니
야용　회음

용모를 다듬는 것이
음탕함을 가르치는 것이니

易曰
역왈

역에 가로되

負且乘致寇至라하니 盜之招也ㅣ라
부차승치구지　도지초야

짊어져야 하는데도 타는지라 도적이 이름을 이르게 하나니 도적을 부름이라.

右는 第八章이라
우　제팔장

우는 제8장이라.

292

3 - 1 (9장-1) ———————— ————————————————

○ 天一 地二 天三 地四 天五
　천일 지이 천삼 지사 천오

○ 하늘 하나 땅 둘 하늘 셋 땅 넷 하늘 다섯

地六 天七 地八 天九 地十이니
지육 천칠 지팔 천구 지십

땅 여섯 하늘 일곱 땅 여덟
하늘 아홉 땅 열이니

天數ㅣ 五ㅣ오 地數ㅣ 五ㅣ니
천수　　오　　　지수　　　오

하늘 수가 다섯이고 땅의 수가 다섯이니

五位相得하며 而各有合하니
오위상득　　　이각유합

다섯 자라가 서로 얻으며 각각 합함이 있으니

3 - 1 (9장-2) ———————— ————————————————

○ 天數ㅣ 二十有五ㅣ오
　천수　　이십유오

○ 하늘 수가 스물다섯이고

地數ㅣ 三十이라
지수　　삼십

땅의 수가 서른이라.

凡天地之數ㅣ 五十有五ㅣ니
범천지지수　　오십유오

모든 하늘과 땅의 수가 쉰다섯이니

此ㅣ 所以成變化하며 而行鬼神也ㅣ라
차　　소이성변화　　　이행귀신야

이것이 변화를 이루고 귀신을 부리니라.

3 - 1 (9장-3) ———————— ————————————————

○ 大衍之數ㅣ 五十이니 其用은 四十有九ㅣ라
　대연지수　　오십　　　기용　　사십유구

○ 크게 넓혀진 수가 쉰이니
　그 쓰임은 마흔 아홉이다.

分而爲二하야 以象兩하고
분이위이　　　이상양

나누어 둘로 해서 양의를 형상하고

掛一하야 以象三하고
괘일　　　이상삼

하나를 걸어서 삼재를 형상하고

揲之以四하야 以象四時하고
설지이사　　　이상사시

네 무더기로써 세어서 사시를
형상하고

歸奇於扐하야 以象閏하나니
귀기어륵　　　이상윤

나머지를 손가락에 끼워서
윤달을 형상하니

五歲에 再閏이라
오세　　재윤

다섯 해에 두 번 윤달을 두니라.

故로　　　　　　　　　　　　　　　고로
고

再扐而後에 掛하나니라　　　　　　두 번 낀 다음에 거느니라.
재 륵 이 후　　괘

3 - 1 (9장-4) ————　　　——————————————

○ 乾之策이 二百一十有六이오　　　○ 건의 책수가 216이고
건 지 책　　 이 백 일 십 유 육

坤之策이 百四十有四ㅣ라　　　　　곤의 책수가 144이다.
지 지 책　　 백 사 십 유 사

凡三百有六十이니 當期之日하고　　모두 360이니 1년의 날수에 해당하고
범 삼 백 유 육 십　　 당 기 지 일

3 - 1 (9장-5) ————　　　——————————————

○ 二篇之策이　　　　　　　　　　○ 두 편의 책수가
이 편 지 책

萬有一千五百二十이니 當萬物之數也하니　11,520이니 만물의 수에 해당하니
만 유 일 천 오 백 이 십　　 당 만 물 지 수 야

是故로　　　　　　　　　　　　　이런고로
시 고

四營而成易하고 十有八變而成卦하니　네 번 경영해서 역을 이루고
사 영 이 성 역　　 십 유 팔 변 이 성 괘　　열여덟 번 변해서 괘를 이루니

3 - 1 (9장-6) ————　　　——————————————

○ 八卦而小成하야　　　　　　　　○ 팔괘가 작게 이루어져서
팔 괘 이 소 성

3 - 1 (9장-7) ————　　　——————————————

○ 引而伸之하며 觸類而長之하면　○ 이끌어서 펴며 류 끼리 접촉해서 자라나가면
인 이 신 지　　 촉 류 이 장 지

天下之能事ㅣ 畢矣리니　　　　　　천하의 능한 일이 다할 것이니
천 하 지 능 사　　 필 의

3 - 1 (9장-8) ————　　　——————————————

○ 顯道하고 神德行이라　　　　　○ 도를 나타내고 덕행을 신묘하게 행하는지라
현 도　　　 신 덕 행

是故로　　　　　　　　　　　　　이런 고로
시 고

可與酬酢이며 可與祐神矣니　　　　가히 더불어 수작하며 가히 더불어
가 여 수 작　　 가 여 우 신 의　　　신을 도우니

294

○ 子ㅣ曰
　　자　왈

○ 공자 가라사대

知變化之道者ㅣ 其知神之所爲乎ㄴ뎌
지변화지도자　기지신지소위호

변화의 도를 아는 이는 그야 말로
신이 하는 바를 알진져!

右는 第九章이라
우　　제구장

우는 제9장이라.

3-1 (10장-1) ————————　————————————————

○ 易有聖人之道ㅣ 四焉하니
역유성인지도　사언

○ 역에는 성인의 도, 네 가지가 있으니

以言者는 尙其辭하고
이언자　상기사

역으로써 말 하려고하는 자는
그 효사를 숭상하고

以動者는 尙其變하고
이동자　상기변

역으로써 움직이려는 사람은
그 변함을 숭상하고

以制器者는 尙其象하고
이제기자　상가상

역으로써 기구를 만들려는 사람은
그 상을 숭상하고

以卜筮者는 尙其占하나니
이복서자　상기점

역으로써 점을 치려는 사람은
그 점을 숭상하나니

3-1 (10장-2) ————————　————————————————

○ 是以君子ㅣ 將有爲也하며 將有行也에
시이군자　장유위야　장유행야

○ 이렇기 때문에 군자가 장차 하려는
것이 있으며 장차 행하여 함이 있음에

問焉而以言하거든 其受命也ㅣ 如嚮하야
문언이이언　　기수명야　여향

물어서 말을 하려거든 그 명을
받음이 메아리 같아서

无有遠近幽深히 遂知來物하나니
무유원근유심　수지래물

멀고 가까우며 그윽하고 깊은 것 할 것
없이 드디어 올 일을 아나니

非天下之至精이면 其孰能與於此ㅣ리오
비천하지지정　기숙능여어차

천하의 지극한 정미로움이 아니면
그 누가 여기에 참여하리오!

3-1 (10장-3) ————————　————————————————

○ 參伍以變하며 錯綜其數하야
삼오이변　착종기수

○ 셋과 다섯으로 변하며 그 수를 섞고 모아

通其變하야 遂成天地之文하며
통기변　수성천지지문

그 변함을 통해서 하늘과 땅의 무늬를 이루며

極其數하야 遂定天下之象하나니
극기수　수정천하지상

그 수를 다해서 드디어 천하의 상을 정하나니

非天下之至變이면 其孰能與於此ㅣ리오
비천하지지변　기숙능여어차

천하의 지극한 변함이 아니면
그 누가 능히 여기에 참여하리오!

3-1 (10장-4)

○ 易은 无思也하며 无爲也하야
　　역　　무사야　　　무위야

　　○ 역은 생각함도 없으며 함도 없어서

　　寂然不動이라가 感而遂通天下之故하나니
　　적연부동　　　　감이수통천하지고

　　고요히 움직이지 않다가 느껴서 드디어
　　천하의 연고를 통하나니

　　非天下之至神이면 其孰能與於此ㅣ리오
　　비천하지지신　　　기숙능여어차

　　천하의 지극한 신이 아니면 그 누가
　　여기에 능히 참여하리오!

3-1 (10장-5)

○ 夫易은 聖人之所以極深而研幾也ㅣ니
　　부역　　　성인지소이극심이연기야

　　○ 무릇 역은 성인이 이런 까닭에
　　깊은 것을 궁극하고 기미를 연구하나니

　　唯深也 故로
　　유심야　고

　　오직 깊기 때문이라 고로

　　能通天下之志하며
　　능통천하지지

　　능히 천하의 뜻을 통하며

　　唯幾也 故로
　　유기야　고

　　오직 기미한지라 고로

　　能成天下之務하며
　　능성천하지무

　　능히 천하의 업무를 이루며

　　唯神也 故로
　　유신야　고

　　오직 신령스러우니라 고로

　　不疾而速하며 不行而至하나니
　　부질이속　　　불행이지

　　빨리 아니해도 빠르며 행하지 않아도
　　이르나니

3-1 (10장-6)

○ 子曰
　　자 왈

　　○ 공자 가라사대

　　易有聖人之道四焉者ㅣ 此之謂也ㅣ라
　　역유성인지도사언자　　차지위야

　　역에 성인의 도 네 가지가 있다는 것이
　　이것을 이름이니라.

　　右는 第十章이라
　　우　　제십장

　　우는 제10장이라.

297

3-1 (11장-1) ————

○子曰 夫易은 何爲者也오
　자왈 부역　하위자야

夫易은 開物成務하야
부역　　개물성무

冒天下之道하나니
모천하지도

如斯而已者也ㅣ라
여사이이자야

是故로
시고

聖人이 以通天下之志하며
성인　　이통천하지지

以定天下之業하며
이정천하지업

以斷天下之疑하나니라
이단천하지의

○ 공자 가라사대 무릇 역은 무엇을 하는 것인고?

무릇 역은 사물을 열고 업을 이루어지게 해서

천하의 도를 덮으니

이와 같이 할 따름이라.

이런 고로

성인이 역으로써 천하의 뜻을 통하며

역으로써 천하의 업을 정하며

천하의 의심스러움을 판단하나니라.

3-1 (11장-2) ————

○ 是故로
　시고

著之德은 圓而神이오
시지덕　　원이신

卦之德은 方以知오
괘지덕　　방이지

六爻之義는 易以貢이니
육효지의　　역이공

聖人이 以此로
성인　　이차

洗心하야 退藏於密하며
세심　　퇴장어밀

吉凶에 與民同患하야
길흉　　여민동환

○ 이런 고로

시초의 덕은 둥글며 신령스럽고

괘의 덕은 모나서 지혜스럽고,

육효의 의는 바꾸어서 이바지하니

성인이 이로써

마음을 씻어 물러나 은미한데 감추며,

길하고 흉함에 백성과 더불어
근심을 한가지로 하여야

神以知來코 知以藏往하나니
신 이 지 래　　　지 이 장 왕

신령스러움으로 오는 것을 알고
지혜로움으로써 간 것을 감추니

其孰能與於此哉ㅣ리오
기 숙 능 여 어 차 재

그 누가 능히 여기에 참여하리오.

古之聰明叡知神武而不殺者夫ㄴ뎌
고 지 총 명 예 지 신 무 이 불 살 자 부

옛적에 총명하고 착하고 지혜롭고 신비스럽고
무력을 가지고도 죽지 않는 사람인뎌.

3 - 1 (11장 - 3) ────────── ──────────────────────────

○ 是以明於天之道而察於民之故하야
시 이 명 어 천 지 도 이 찰 어 민 지 고

○ 이로써 하늘의 도를 밝히고 백성의
연고를 살펴

是興神物하야 以前民用하니
시 흥 신 물　　　이 전 민 용

이에 신비스러운 물건을 일으켜서
백성보다 앞에 써야하니

聖人이 以此齋戒하야 以神明其德夫ㄴ뎌
성 인　 이 차 재 계　　　이 신 명 기 덕 부

성인이 이로써 재계해서 그 덕을
신비스럽게 밝힘인뎌.

3 - 1 (11장 - 4) ────────── ──────────────────────────

○ 是故로
시 고

○ 이런고로

闔戶를 謂之坤이오 闢戶를 謂之乾이오
합 호　 위 지 곤　　 벽 호　 위 지 건

문을 닫는 것을 곤이라 이르고
문을 여는 것을 건이라 이르고

一闔一闢을 謂之變이오
일 합 일 벽　　 위 지 변

한 번은 닫고 한 번은 여는 것을
변이라 이르고

往來不窮을 謂之通이오
왕 래 불 궁　　 위 지 통

가고 오는데 궁하지 않음을 통이라 이르고

見을 乃謂之象이오
현　　 내 위 지 상

나타나는 것을 상이라 이르고

形을 乃謂之器오
형　　 내 위 지 기

형체가 있는 것을 그릇이라 이르고

制而用之를 謂之法이오
제 이 용 지　　 위 지 법

지어서 쓰는 것을 법이라 이르고

利用出入하야 民咸用之를 謂之神이라
이 용 출 입　　　 민 함 용 지　　 위 지 신

출입을 이롭게 하야 백성들이 다함께
쓰는 것을 신이라 이르니라.

3 - 1 (11장 - 5) ────────── ──────────────────────────

○ 是故로
시 고

○ 이런 고로

易有太極하니 是生兩儀하고　　　　역에 태극이 있으니 이것이 양의를 낳고
역유태극　　　시생양의

兩儀ㅣ 生四象하고　　　　　　　　양의가 사상을 낳고
양의　　생사상

四象이 生八卦하니　　　　　　　　사상이 팔괘를 낳으니
사상　　생팔괘

3 - 1 (11장-6) --------　　　　------------------------

○ 八卦ㅣ 定吉凶하고　　　　　　　　○ 팔괘가 길흉을 정하고
팔괘　　정길흉

吉凶이 生大業하나니라　　　　　　　길흉이 대업을 생하나니라.
길흉　　생대업

3 - 1 (11장-7) --------　　　　------------------------

○ 是故로　　　　　　　　　　　　　　○ 이런고로
시고

法象이 莫大乎天地하고　　　　　　　법과 상이 천지보다 큰 것이 없고
법상　　막대호천지

變通이 莫大乎四時하고　　　　　　　변하고 통함이 사시보다 큰 것이 없고
변통　　막대호사시

縣象著明이 莫大乎日月하고　　　　　상을 매달아 밝음을 나타냄이
현상저명　　　막대호일월　　　　　　해와 달보다 큰 것이 없고

崇高ㅣ 莫大乎富貴하고　　　　　　　숭고함이 부귀보다 큰 것이 없고
숭고　　막대호부귀

備物하며 致用하며 立象成器하야　　물건을 갖추며 쓰임을 이루게 하며
비물　　　치용　　　입상성기　　　　형상을 세우고 그릇을 이루어

　△'立成器'를 ☞'立(象)成器'로 기록 함
　　(전게 書 貞, 378쪽 ○節齋蔡氏曰 이하 세주 참조)

以爲天下利ㅣ 莫大乎聖人하고　　　　천하를 이롭게 함이 성인보다도 큼이 없고
이위천하리　　막대호성인

探賾索隱하며 鉤深致遠하야　　　　　그윽한 것을 더듬고 숨은 것을 찾으며
탐색색은　　　구심치원　　　　　　　깊은데 것을 끌어내고 먼데 것을 이루어

以定天下之吉凶하며　　　　　　　　　천하의 길하고 흉함을 정하며
이정천하지길흉

成天下之亹亹者ㅣ 莫大乎蓍龜하나니라　천하의 힘쓰고 힘쓰는 것을 이루는 자
성천하지미미자　　　막대호시귀　　　시초와 거북보다 큰 것이 없느니라.

300

○ 是故로
　시고

○ 이런 고로

　　天生神物이어늘 聖人이 則之하며
　　천생신물　　　성인　칙지

하늘의 신령스런 물건을 낳거늘
성인이 법 받으며

　　天地變化ㅣ어늘 聖人이 效之하며
　　천지변화　　　성인　효지

하늘과 땅이 변화하거늘 성인이 본 받으며

　　天垂象하야 見吉凶이어늘
　　천수상　　　현길흉

하늘이 상을 드리워 길하고 흉함을
나타내거늘

　　聖人이 象之하며
　　성인　상지

성인 형상하며

　　河出圖하며 洛出書ㅣ어늘
　　하출도　　　낙출서

하수에서 하도가 나오고 낙수에서
낙서가 나오거늘

　　聖人이 則之하니
　　성인　칙지

성인이 법 받으니

○ 易有四象은 所以示也ㅣ오
　역유사상　　소이시야

○ 역에 사상이 있음은
(어떤 형상을) 보여주는 것이오.

　　繫辭焉은 所以告也ㅣ오
　　계사언　　소이고야

말을 맴은 일깨워 줌이오.

　　定之以吉凶은 所以斷也ㅣ라
　　정지이길흉　　소이단야

길흉을 결정하여 줌은 써
(길흉을) 판단 하니라.

　　右는 第十一章이라
　　우　　제십일장

우는 제11장이라.

3 - 1 (12장-1) ————— ———————————————————

○ 易曰 自天祐之라 吉无不利라하니   ○ 역에 말하기를 하늘로부터 돕는지라
역왈 자천우지   길무불리   길해서 이롭지 않음이 없다하니

子曰 祐者는 助也ㅣ니   공자 가라사대 우는 돕는 것이니
자왈   우자   조야

天之所助者ㅣ 順也ㅣ오   하늘이 돕는 것을 순이고
천지소조자   순야

人之所助者ㅣ 信也ㅣ니   사람이 돕는 것을 신이니
인지소조자   신야

履信思乎順하고 又以尙賢也ㅣ라   신을 이행하고 순하게 할것을 생각하며
이신사호순   우이상현야   또 써 어진이를 숭상 하는지라

是以自天祐之吉无不利也ㅣ니라   이로써 하늘로부터 도와 길해서
시이자천우지길무불리야   이롭지 않음이 없느니라.

3 - 1 (12장-2) ————— ———————————————————

○ 子曰 書不盡言하며 言不盡意니   ○ 공자 가라사대 글로는 말을 다 할 수 없으며
자왈 서부진언   언부진의   말로는 뜻을 다 할 수 없으니

然則聖人之意를 其不可見乎아   그러면 성인의 뜻을 그야말로 보지 않겠는가?
연즉성인지의   기불가견호

聖人이 立象하야 以盡意하며   성인이 상을 세워서 뜻을 다하였으며
성인   입상   이진의

△'子曰聖人'을 ☞ '聖人'으로 기록 함 (전게 書 貞, 382쪽-383쪽 참조)

設卦하야 以盡情僞하며   괘를 베풀어서 참되고 거짓됨을 다하였으며
설괘   이진정위

繫辭焉하야 以盡其言하며   말을 매어서 그 말을 다하며
계사언   이진기언

變而通之하야 以盡利하며   변하고 통해서 이로움을 다하며
변이통지   이진리

鼓之舞之하야 以盡神하니라   고동 시키고 춤추게 해서 신묘함을 다하느니라.
고지무지   이진신

3-1 (12장-3) ——————— ————————————————

○ 乾坤은 其易之縕耶ㄴ뎌
　건곤　기역지온야

　○ 건과 곤은 그야말로 역이 쌓임인져

乾坤이 成列而易이 立乎其中矣니
건곤　　성열이역　입호기중의

건과 곤이 열을 이룸에 역이
그 가운데 서니

乾坤이 毁則无以見易이오
건곤　　훼즉무이견역

건과 곤이 훼손되면 역을 볼 수 없고

易을 不可見則乾坤이 或幾乎息矣리라
역　　불가견즉건곤　　혹기호식의

역을 가히 볼 수 없으면 건과 곤이
혹 거이 쉴 것이다.

3-1 (12장-4) ———————— ————————————————

○ 是故로
　시고

　○ 이런 고로

形而上者를 謂之道ㅣ오
형이상자　　위지도

형상해서 위에 있는 것이 도라 이르고

形而下者를 謂之器오
형이하자　　위지기

형상해서 아래 있는 것이 기라 이르고

化而裁之를 謂之變이오
화이재지　　위지변

변화해서 마름질하는 것을 변이라 이르고

推而行之를 謂之通이오
추이행지　　위지통

미루어서 행하는 것을 통이라 이르고

擧而措之天下之民을 謂之事業이라
거이조지천하지민　　위지사업

들어서 천하의 백성들에게 베푸는 것을
사업이라 이르느니라.

3-1 (12장-5) ———————— ————————————————

○ 是故로
　시고

　○ 이런 고로

夫象은 聖人이 有以見天下之賾하야
부상　　성인　유이견천하지색

무릇 상은 성인이 천하의 그윽한 것을 보아서

而擬諸其形容하며 象其物宜ㅣ라
이의저기형용　　　상기물의

그 형용을 비기며 그 물건의 마땅함을
형상 하니라.

是故謂之象이오
시고위지상

이런고로 상이라 이르고

聖人이 有以見天下之動하야
성인　　유이견천하지동

성인이 천하의 움직임을 보아

而觀其會通하야 以行其典禮하며
이관기회통　　　이행기전례

그 모이고 통함을 관찰하야
그 법과 예를 행하며

繫辭焉하야 以斷其吉凶이라
계 사 언　　　이 단 기 길 흉

말을 매어서 그 길흉을 판단 하니라

是故謂之爻ㅣ니
시 고 위 지 효

이런 고로 효라 이르니

3-1 (12장-6) ────────　　　────────────────────

○ 極天下之賾者는 存乎卦하고
극 천 하 지 색 자　　　존 호 괘

○ 천하의 그윽한 것을 다한 것은 괘에 있고

鼓天下之動者는 存乎辭하고
고 천 하 지 동 자　　　존 호 사

천하의 움직임을 고동 시키는 것은 사에 있고

3-1 (12장-7) ────────　　　────────────────────

○ 化而裁之는 存乎變하고
화 이 재 지　　　존 호 변

○ 변화해서 마름질함은 변함에 있고

推而行之는 存乎通하고
추 이 행 지　　　존 호 통

미루어서 행함은 통함에 있고

神而明之는 存乎其人하고
신 이 명 지　　　존 호 기 인

신령스럽게 해서 밝힘은
그 사람에게 있고

黙而成之하며 不言而信은 存乎德行하니라
묵 이 성 지　　　불 언 이 신　존 호 덕 행

묵묵히 이루어 내며 말을 안 해도
믿는 것은 덕행에 있느니라.

右는 第十二章이라
우　　　제 십 이 장

우는 제12장이라.

繫辭下傳

계사하전

3 - 2 (1장-1) ―――――

○ **八卦成列하니 象在其中矣오**
　　팔 괘 성 렬　　　상 재 기 중 의

　因而重之하니 爻在其中矣오
　　인 이 중 지　　　효 재 기 중 의

○ 팔괘가 열을 이루니 상이 그 가운데 있고

　인해서 거듭하니 효가 그 가운데 있고

3 - 2 (1장-2) ―――――

○ **剛柔ㅣ 相推하니 變在其中矣오**
　　강 유　　상 추　　　변 재 기 중 의

　繫辭焉而命之하니 動在其中矣라
　　계 사 언 이 명 지　　　동 재 기 중 의

○ 강과 유가 서로 밀치니 변화가
　그 가운데 있고

　말을 매어서 명령하니 움직임이
　그 가운데 있느니라.

3 - 2 (1장-3) ―――――

○ **吉凶悔吝者는 生乎動者也ㅣ오**
　　길 흉 회 린 자　　　생 호 동 자 야

○ 길하고 흉하며 뉘우치고 인색한 것은
　동하는데서 생김이고

3 - 2 (1장-4) ―――――

○ **剛柔者는 立本者也ㅣ오**
　　강 유 자　　입 본 자 야

　變通者는 趣時者也ㅣ라
　　변 통 자　　취 시 자 야

○ 강과 유는 근본을 세우는 것이고

　변하고 통함은 때를 따르는 것이라.

3 - 2 (1장-5) ―――――

○ **吉凶者는 貞勝者也ㅣ니**
　　길 흉 자　　정 승 자 야

○ 길하고 흉한 것은 바른 것이 이기는 것이니

3 - 2 (1장-6) ―――――

○ **天地之道는 貞觀者也ㅣ오**
　　천 지 지 도　　정 관 자 야

　日月之道는 貞明者也ㅣ오
　　일 월 지 도　　정 명 자 야

　天下之動은 貞夫一者也ㅣ라
　　천 하 지 동　　정 부 일 자 야

○ 천지의 도는 바르게 보여주는 것이고

　해와 달의 도는 바르게 밝혀줌이고

　천하의 움직임은 바르게 무릇 하나일
　따름이다.

3 - 2 (1장-7) ———————— ————————————————————

○ **夫乾은 確然하니 示人易矣오**
　　부건　　확연　　　시인이의

　　무릇 건은 확연하니 사람에게
　　쉬움으로 보여줌이요

　夫坤은 隤然하니 示人簡矣니
　　부곤　　퇴연　　　시인간의

　　무릇 곤은 퇴연하니 사람에게 간단함으로
　　보여줌이니

3 - 2 (1장-8) ———————— ————————————————————

○ **爻也者는 效此者也ㅣ오**
　　효야자　　효차자야

○ 효라 함은 이러한 것을 본받는 것이고

　象也者는 像此者也ㅣ라
　　상야자　　상차자야

　　상이라 함은 이러한 것을 형상하는 것이라.

3 - 2 (1장-9) ———————— ————————————————————

○ **爻象은 動乎內하고 吉凶은 見乎外하고**
　　효상　　동호내　　　길흉　　현호외

○ 효와 상은 안에서 동하고
　　길함과 흉함은 밖에서 나타나고

　功業은 見乎變하고 聖人之情은 見乎辭하니라
　　공업　　현호변　　　성인지정　　현호사

　　공업은 변화하는데서 나타나고
　　성인의 정은 말에서 나타 나니라.

3 - 2 (1장-10) ———————— ————————————————————

○ **天地之大德曰生이오 聖人之大寶曰位니**
　　천지지대덕왈생　　　성인지대보왈위

○ 천지의 대덕은 가로되 생이고,
　　성인의 대보는 가로되 위니

　何以守位오 曰仁이오
　　하이수위　　왈인

　　무엇으로써 지위를 지킬까?
　　가로되 인이고,

　何以聚人고 曰財니
　　하이취인　　왈재

　　무엇으로써 사람을 모을까?
　　가로되 재니

　理財하며 正辭하며
　　이재　　　정사

　　재를 다스리며 말을 바르게 하며

　禁民爲非ㅣ 曰義라
　　금민위비　　왈의

　　백성의 그른 일을 함을
　　금지시킴을 가로되 의라.

　右는 第一章이라.
　　우　　제일장

　　우는 제1장이라.

3 - 2 (2장-1) —————　　—————————————

○ 古者包犧氏之王天下也에　　○ 옛날에 포희씨가 천하에 왕 노릇할 때에
　고 자 포 희 씨 지 왕 천 하 야

　仰則觀象於天하고 俯則觀法於地하며　　우러른 즉 하늘에 형상을 관찰하고
　앙 즉 관 상 어 천　　부 즉 관 법 어 지　　구부린 즉 땅의 법칙을 살피며

　觀鳥獸之文과 與地之宜하며　　조수의 문채와 땅의 마땅함을 관찰하며
　관 조 수 지 문　　여 지 지 의

　近取諸身하고 遠取諸物하야　　가까이는 몸에서 취하고
　근 취 저 신　　원 취 저 물　　멀리는 물건에서 취하야

　於是에 始作八卦하야　　이에 비로소 팔괘를 지어
　어 시　　시 작 팔 괘

　以通神明之德하며 以類萬物之情하니　　신명의 덕을 통하며 만물의 정상을 분류하니
　이 통 신 명 지 덕　　이 류 만 물 지 정

3 - 2 (2장-2) —————　　—————————————

○ 作結繩而爲網罟하야　　○ 노끈을 매어서 그물을 만들어
　작 결 승 이 위 망 고

　以佃以漁하니 蓋取諸離하고　　사냥도하고 물고기도 잡으니
　이 전 이 어　　개 취 저 리　　대개 리(☲)괘에서 취하고

3 - 2 (2장-3) —————　　—————————————

○ 包犧氏沒커늘 神農氏作하야　　○ 포희씨가 돌아가시거늘 신농씨가 일어나서
　포 희 씨 몰　　신 농 씨 작

　斲木爲耜하고 揉木爲耒하야　　나무를 깎아 보습을 만들고 나무를 휘여
　촉 목 위 사　　유 목 위 뢰　　쟁기를 만들어

　耒耜之利로 以敎天下하니　　쟁기질하고 김매는 이로써 천하백성들을
　뇌 누 지 리　　이 교 천 하　　가르치니

　蓋取諸益하고　　대개 익(☲)괘에서 취하고
　개 취 저 익

3 - 2 (2장-4) —————　　—————————————

○日中爲市하야 致天下之民하며　　○ 한 낮이면 저자를 열어서 천하 백성들을
　일 중 위 시　　치 천 하 지 민　　이르게 하며

聚天下之貨하야 交易而退하야
취 천하지화　　교역이퇴

천하의 보물을 모아서 교역하고 물러나

各得其所케하니 蓋取諸噬嗑하고
각 득 기 소　　개 취 저 서 합

각각 그 필요한 바를 얻게 하니
대개 서합(☲☳)괘에서 취하고

3 - 2 (2장-5) ──────────────　──────────────────

○ 神農氏沒커늘 黃帝堯舜氏作하야
신 농 씨 몰　　황 제 요 순 씨 작

○ 신농씨가 죽거늘 황제 요순씨가 일어나

通其變하야 使民不倦하며
통 기 변　　사 민 불 권

그 변함을 통하여 백성으로 하여금
게으르지 않게 하며

神而化之하야 使民宜之하니
신 이 화 지　　사 민 의 지

신령스럽게 감화시켜 백성들로
하여금 마땅하게 하니

易이 窮則變하고 變則通하고 通則久ㅣ라
역　궁 즉 변　　변 즉 통　　통 즉 구

역이 궁하면 변하고 변하면 통하고
통하면 오래하니라.

是以自天祐之하야 吉无不利니
시 이 자 천 우 지　　길 무 불 리

이로써 하늘로부터 도와 길해서
이롭지 않음이 없으니

黃帝堯舜이 垂衣裳而天下治하니
황 제 요 순　　수 의 상 이 천 하 치

황제 요순이 의상을 드리우고 있어도
천하가 다스려지니

蓋取諸乾坤하고
개 취 저 건 곤

대개 건(☰) 곤(☷)괘에서 취하였고,

3 - 2 (2장-6) ──────────　──────────────────

○ 刳木爲舟하고 剡木爲楫하야
고 목 위 주　　염 목 위 즙

○ 나무를 파서 배를 만들고
나무를 깎아서 노를 만들어

舟楫之利로 以濟不通하야
주 즙 지 리　　이 제 불 통

배와 노의 이로움으로써 통하지 못한 데를
건너게 하야

致遠以利天下하니 蓋取諸渙하고
치 원 이 리 천 하　　개 취 저 환

먼데를 이르게 해서 천하를 이롭게 하니
대개 환(☴☵)괘에서 취하고,

3 - 2 (2장-7) ──────────　──────────────────

○ 服牛乘馬하야 引重致遠하야
복 우 승 마　　인 중 치 원

○ 소를 길들이고 말을 타서 무거운 짐을
끌어 먼데를 이르게 하야

以利天下하니 蓋取諸隨하고
이 리 천 하　　개 취 저 수

천하를 이롭게 하니 대개 수(☱☳)괘에서
취하고

3 - 2 (2장-8) ───────── ──────────────────

○ 重門擊柝하야 以待暴客하니 ○ 문을 거듭하여 목탁을 쳐서 사나운
　중문 격탁　　　이대포객　　　　 객을 막으니

　蓋取諸豫하고　　　　　　　　　　 대개 예(☳☷)괘에서 취하고,
　개취저예

3 - 2 (2장-9) ───────── ──────────────────

○ 斷木爲杵하고 掘地爲臼하야 ○ 나무를 잘라서 절구 공이를 만들고 땅을
　단목위저　　　굴지위구　　　　 파서 절구(확)를 만들어

　臼杵之利로 萬民이 以濟하니 　확과 절구 공이의 이로움으로 만백성이
　구저지리　　만민　　이제　　　　 써 구제함이니

　蓋取諸小過하고　　　　　　　　　 대개 소과(☳☶)괘에서 취하고
　개취저소과

3 - 2 (2장-10) ───────── ──────────────────

○ 弦木爲弧하고 剡木爲矢하야 ○ 나무를 휘어 활을 만들고 나무를 깎아서
　현목위호　　　염목위시　　　　 화살을 만들어

　弧矢之利로 以威天下하니 　활과 화살의 이로움으로써 천하를 위엄하니
　호시지리　　이위천하

　蓋取諸睽하고　　　　　　　　　　 대개 규(☲☱)괘에서 취하고,
　개취저규

3 - 2 (2장-11) ───────── ──────────────────

○上古엔 穴居而野處ㅣ러니 ○ 상고에는 동굴에서 살고 들에서 거처하더니
　상고　　혈거이야처

　後世聖人이 易之以宮室하야 　후세에 성인이 궁실로써 바꾸어
　후세성인　　역지이궁실

　上棟下宇하야 以待風雨하니 　기둥을 세우고 지붕을 내려 풍우를 막으니
　상동하우　　　이대풍우

　蓋取諸大壯하고　　　　　　　　　 대개 대장(☳☰)괘에서 취하고
　개취저대장

3 - 2 (2장-12) ───────── ──────────────────

○ 古之葬者는 厚衣之以薪하야 ○ 옛적에 장사지내는 자 섶으로써 후의를 하야
　고지장자　　후의지이신

　葬之中野하야 不封不樹하며 　들 가운데에 장사지내어 봉분도 하지 않고
　장지중야　　　불봉불수　　　　 나무도 심지 않으며

喪期ㅣ 无數ㅣ러니 後世聖人이
상기　무수　　후세성인

상기가 수가 없더니 후세에 성인이

易之以棺槨하니 蓋取諸大過하고
역지이관곽　　개 취 저 대 과

관곽으로써 바꾸니 대개 대과(䷛）
괘에서 취하고

3 - 2 (2장-13) ━━━━━━━━ ━━━━━━━━━━━━━━━━━━

○ **上古엔 結繩而治러니**
　상고　　결승이치

○ 상고에는 노끈을 매어서 다스리더니

後世聖人이 易之以書契하야
후세성인　　역지이서계

후세에 성인이 서계로써 바꾸어서

百官이 以治하며
백관　　이 치

백관이 써 다스리며

萬民이 以察하니 蓋取諸夬니라
만 민　　이 찰　　개 취 저 쾌

만민이 써 살피니 대개 쾌(䷪）쾌에서
취하니라.

右는 第二章이라
우　　제 이 장

우는 제2장이라.

3 - 2 (3장-1) ---------　　　---------------

○ 是故로 易者는 象也 l 니 象也者는 像也 l 오
　　시고　역자　상야　　　상야자　상야

○ 이런 고로 역은 상이니
　상이라는 것은 형상이고

3 - 2 (3장-2) ---------　　　---------------

○ 彖者는 材也 l 오
　　단자　　재야

○ 단이라는 것은 재질이고

3 - 2 (3장-3) ---------　　　---------------

○ 爻也者는 效天下之動者也 l 니
　　효야자　　　효천하지동자야

○ 효라는 것은 천하의 움직임을
　본 받는 것이니

3 - 2 (3장-4) ---------　　　---------------

○ 是故로 吉凶이 生而悔吝이 著也 l 니라
　　시고　길흉　생이회린　저야

○ 이런 고로 길흉이 생기고 뉘우치고
　인색함이 나타 나나니라.

　　右는 第三章이라
　　우　　제삼장

우는 제3장이라.

3 - 2 (4장-1) ―――――――　――――――――――――――――

○ 陽卦는 多陰하고 陰卦는 多陽하니
　　양괘　　다음　　음괘　　다양

○ 양괘는 음이 많고 음괘는 양이 많으니

3 - 2 (4장-2) ―――――――　――――――――――――――――

○ 其故는 何也ㅣ오
　　기고　　하야

○ 그 연고는 어찌해서인고

陽卦는 奇오 陰卦는 耦ㄹ새라
양괘　　기　음괘　　우

양괘는 홀수이고 음괘는 짝수이기
때문 일새라.

3 - 2 (4장-3) ―――――――　――――――――――――――――

○ 其德行은 何也ㅣ오
　　기 덕행　　하야

○ 그 덕행은 무엇 인고

陽은 一君而二民이니 君子之道也ㅣ오
양　　일군이이민　　　군자지도야

양은 한 임금의 두 백성이니 군자의 도요

陰은 二君而一民이니 小人之道也ㅣ라
음　　이군이일민　　　소인지도야

음은 두 임금의 한 임금이니 소인의 도이니라.

右는 第四章이라
우　　제사장

우는 제4장이라.

3-2 (5장-1) ————————

○ 易曰
  역 왈

  憧憧往來면 朋從爾思ㅣ라하니
  동동왕래   붕종이사

  子曰 天下ㅣ 何思何慮ㅣ리오
  자왈 천하   하사하려

  天下ㅣ 同歸而殊塗하며
  천하   동귀이수도

  一致而百慮ㅣ니
  일치이백려

  天下ㅣ 何思何慮ㅣ리오
  천하   하사하려

○ 역에 가로되

  자주자주 가고 오면 벗이 네 생각을 좇는다하니

  공자 가라사대 천하가 무엇을 생각하고 무엇을 염려하리오.

  천하가 돌아가는 곳은 같되 길이 다르며

  이르는 것은 하나지만 백가지 생각이니

  천하가 무엇을 생각하고 무엇을 염려하리오.

3-2 (5장-2) ————————

○ 日往則月來하고 月往則日來하야
  일왕즉월래   월왕즉일래

  日月이 相推而明生焉하며
  일월   상추이명생언

  寒往則暑來하고 暑往則寒來하야
  한왕즉서래   서왕즉한래

  寒暑ㅣ 相推而歲成焉하니
  한서   상추이세성언

  往者는 屈也ㅣ오 來者는 信也ㅣ니
  왕자   굴야   래자   신야

  屈信이 相感而利生焉하나니라
  굴신   상감이이생언

○ 해가 가면 달이 오고, 달이 가면 해가 와

  해와 달이 서로 밀어서 밝음이 생기며

  추위가 가면 더위가 오고 더위가 가면 추위가 와

  춥고 더운 것이 서로 밀어서 한해가 이루어지니

  가는 것은 굽힘이요 오는 것은 폄이니

  굽히고 펴는 것이 서로 느껴서 이로움이 생기니라.

3-2 (5장-3) ————————

○ 尺蠖之屈은 以求信也ㅣ오
  척확지굴   이구신야

  龍蛇之蟄은 以存身也ㅣ오
  용사지칩   이존신야

○ 자벌레가 몸을 굽힘은 써 폄을 구함이고

  용과 뱀이 움추림은 몸을 보존하려함이고

精義入神은 以致用也ㅣ오
정의입신　이치용야

의리를 정미롭게 해서 신에 들어감은 써 사용함을 이루기 위함이고

利用安身은 以崇德也ㅣ니
이용안신　이숭덕야

씀을 이롭게 하고 몸을 편안히 함은 덕을 숭상함이니

3 - 2 (5장-4) ━━━━━━━ ━━━━━━━━━━━━━━━━

○ 過此以往은 未之或知也ㅣ니
　過차이왕　미지혹지야

○ 이를 지나서 감은 혹 알 수 없으니

窮神知化ㅣ 德之盛也ㅣ라
궁신지화　덕지성야

신을 궁구하고 변화를 아는 것이 덕의 성함이라.

3 - 2 (5장-5) ━━━━━━━ ━━━━━━━━━━━━━━━━

○ 易曰 困于石하며 據于蒺藜ㅣ라
역왈　곤우석　거우질려

○ 역에 가로되 돌에 곤하며 가시덩굴에 웅거함이라

入于其宮이라도 不見其妻ㅣ 凶이라하니
입우기궁　불견기처　흉

집에 들어가더라도 그 아내를 보지 못하니 흉하다하니

子曰
자왈

공자 가라사대

非所困而困焉하니 名必辱하고
비소곤이곤언　명필욕

곤하지 아니할 곳에 곤하니 이름이 반드시 욕되고

非所據而據焉하니 身必危하리니
비소거이거언　신필위

웅거할 곳이 아닌데 웅거하니 몸이 반드시 위태하리니

旣辱且危하야 死期將至어니
기욕차위　사기장지

이미 욕되고 또 위태해서 죽을 기약이 장차 이르니

妻其可得見邪아
처기가득견야

아내를 그야말로 얻어 보겠는가?

3 - 2 (5장-6) ━━━━━━━ ━━━━━━━━━━━━━━━━

○ 易曰
역왈

○ 역에 가로되

公用射隼于高墉之上하야 獲之니 无不利라하니
공용석준우고용지상　획지　무불리

공이 써 높은 담 위에 새매를 쏘아 잡으니 이롭지 않음이 없다하니

子曰 隼者는 禽也ㅣ오
자왈　준자　금야

공자가라사대 준이라는 것은 새요

弓矢者는 器也ㅣ오 射之者는 人也ㅣ니
궁시자　기야　석지자　인야

활과 화살은 무기요, 그것으로 쏘는 것은 사람이니

315

君子ㅣ 藏器於身하야
군자　장기어신

군자가 무기를 몸에 감추어

待時而動이면 何不利之有ㅣ리오
대시이동　　하불리지유

때를 기다렸다가 움직이면 어찌 이롭지
않음이 있으리오.

動而不括이라 是以出而有獲하나니
동이불괄　　시이출이유획

움직임에 막힘이 없는지라
이로써 나아감에 잡음이 있나니

語成器而動者也ㅣ라
어성기이동자야

무기를 이룬 뒤에 움직이라는 말이라.

3-2 (5장-7) ―――――――　　―――――――――――――

○ 子曰
자왈

○ 공자 가라사대

小人은 不恥不仁하며 不畏不義라
소인　　불치불인　　　불외불의

소인은 어질지 못함을 부끄러워아니하며
의롭지 못함을 두려워 아니하나니

不見利면 不勸하며 不威면 不懲하나니
불견리　　불권　　　불위　　부징

이를 보지 않으면 권하지 아니하며
위엄하지 아니하면 징계하지 아니하나니

小懲而大誡ㅣ 此ㅣ 小人之福也라
소징이대계　　차　　소인지복야

작은 징계로 크게 경계되는 것이
이 또한 소인의 복이 되는 것이다.

易曰
역왈

역에 가로되

屨校하야 滅趾니 无咎ㅣ라하니
구교　　　멸지　　무구

형틀에 매어 발꿈치를 멸함이 허물이
없다하니

此之謂也ㅣ라
차지위야

이것을 이름이라.

3-2 (5장-8) ―――――――　　―――――――――――――

○ 善不積이면 不足以成名이오
선부적　　　부족이성명

○ 선은 쌓지 않으면 족히 써 이름을 이루지 못하고

惡不積이면 不足以滅身이니
악부적　　　부족이멸신

악은 쌓지 않으면 족히 써 몸을 멸하지 않으니

小人이 以小善으로 爲无益而弗爲也하며
소인　　이소선　　　위무익이불위야

소인은 작은 선으로써 이익이 없다
하여서 하지 아니하며

以小惡으로 爲无傷而弗去也ㅣ라
이소악　　　위무상이불거야

작은 악으로써 상함이 없다하여 버리지
아니하니라.

故로 惡積而不可掩이며 罪大而不可解니
고　악적이불가엄　　죄대이불가해

고로 악은 쌓여서 가히 가릴 수 없으며
죄는 커서 풀 수 없으니

易曰 何校하야 滅耳니 凶이라하니라
역왈　하교　　멸이　흉

역에 가로되 형틀을 매어 귀를 멸하니
흉하다고 하니라.

3 - 2 (5장-9)

○ 子曰 危者는 安其位者也ㅣ오
　자왈　위자　안기위자야

○ 공자 가라사대 위태할까 여기는 자는
그 위를 편안하게 하는 것이고

亡者는 保其存者也ㅣ오
망자　보기존자야

망할까 염려하는 자는 그 존재를
보호하는 것이고

亂者는 有其治者也ㅣ니
란자　유기치자야

어지러울까 염려하는 자는
그 다스림을 두는 것이니

是故로
시고

이런 고로

君子ㅣ 安而不忘危하며
군자　안이불망위

군자가 편안해도 위태함을 잊지 아니하며

存而不忘亡하며 治而不忘亂이라
존이불망망　　치이불망란

보존하였어도 망함을 잊지 아니하며
다스려졌어도 어지러울 때를 잊지 않느니라.

是以身安而國家를 可保也ㅣ니
시이신안이국가　가보야

이로써 몸이 편안해야 국가를 가히
보존함이니

易曰
역왈

역에 가로되

其亡其亡이라아 繫于包桑이라하니라
기망기망　　계우포상

그 망할까 망할까하여야
우묵한 뽕나무에 맨다하니라.

3 - 2 (5장-10)

○ 子曰
　자왈

○ 공자가라사대

德薄而位尊하며 知小而謀大하며
덕박이위존　　지소이모대

덕이 박한데 지위는 높으며
지혜는 작은데 꾀가 크며

力小而任重하면 鮮不及矣나니
역소이임중　　선불급의

힘은 작은데 책임이 무거우면
(재앙이) 미치지 않을 이가 적나니

易曰
역왈

역에 가로되

鼎이 折足하야 覆公餗하니
정 절족 복공속

솥이 발이 부러져서 공의 밥을 엎으니

其形이 渥이라 凶이라하니
기형 악 흉

그 얼굴이 젖어 붉음이라 흉하다하니

言不勝其任也ㅣ라
언불승 기임야

그 책임을 이기지 못함을 말함이라.

3－2 (5장－11) ━━━━━━━ ━━━━━━━━━━━━━

○ 子曰 知幾ㅣ 其神乎ㄴ뎌
자왈 지기 기신호

○ 공자 가라사대 기미를 앎이
그야말로 신인져!

君子ㅣ
군자

군자가

上交不諂하며 下交不瀆하나니 其知幾乎ㄴ뎌
상교불첨 하교부독 기지기호

위로 사귀되 아첨하지 않으며 아래를
사귀되 더럽히지 않으니 그 기미를 앎인져!

幾者는 動之微니 吉之先見者也ㅣ니
기자 동지미 길지선현자야

기미라는 것은 움직임이 미미함이니
길(흉)이 먼저 나타나는 것이니

君子ㅣ 見幾而作하야 不俟終日이니
군자 견기이작 불사종일

군자가 기미를 보고 일어나서 해를
마칠 때까지 기다리지 않으니

3－2 (5장－12) ━━━━━━━ ━━━━━━━━━━━━━

○ 易曰
역 왈

○ 역에 가로되

介于石이라 不終日이니 貞코 吉타하니
개우석 부종일 정 길

절개가 돌이라 해를 마치지 않으니
바르고 길하다하니

介如石焉커니 寧用終日이리오 斷可識矣로다
개여석언 영용종일 단가식의

절개가 돌 같으니 어찌 종일 쓰리오.
판단함을 가히 알지로다.

君子ㅣ
군자

군자가

知微知彰知柔知剛하나니
지미 지창 지유 지강

미미한 것도 알고 밝게 드러난 것도알고
부드러운 것도 알고 강한 것도 아나니

萬夫之望이라
만부지망

모든 대장부가 우러러 바라보는 것이라.

3－2 (5장－13) ━━━━━━━ ━━━━━━━━━━━━━

○ 子曰
자왈

○ 공자 가라사대

318

顔氏之子ㅣ 其殆庶幾乎ㄴ뎌
안 씨 지 자　　기 태 서 기 호

안씨의 자식이 그야말로 거이 (도에) 가까울진져!

有不善이면 未嘗不知하며
유 불 선　　　미 상 부 지

선하지 않은 일이 있으면 일찍이 알지 못함이 없으며

知之ㅣ면 未嘗復行也하나니
지 지　　　미 상 부 행 야

그것을 알면 일찍이 다시 행하지 아니하나니

易曰
역 왈

역에 가로되

不遠復이라 无祗悔니 元吉이라하니라
불 원 복　　무 지 회　　원 길

멀지 않아 회복함이라 뉘우치는데 이르지 않으니 크게 길하다하니라.

3－2 (5장－14) ————————　————————————————————

○ 天地ㅣ 絪縕에 萬物이 化醇하고
　 천 지　 인 온　　만 물　 화 순

○ 천지가 기운이 쌓이고 쌓임에 만물이 화해서 두텁게 엉기고

男女ㅣ 構精에 萬物이 化生하나니
남 녀　 구 정　　만 물　 화 생

남녀가 정분을 얽음에 만물이 화하여 생하나니

易曰
역 왈

역에 가로되

三人行엔 則損一人코
삼 인 행　　즉 손 일 인

세 사람이 다님에 곧 한 사람을 덜고

一人行엔 則得其友ㅣ라하니
일 인 행　　즉 득 기 우

한 사람이 다님에 곧 그 벗을 얻는다하니

言致一也ㅣ라
언 치 일 야

하나를 이룸을 말함이라.

3－2 (5장－15) ————————　————————————————————

○ 子曰
　 자 왈

○ 공자 가라사대

君子ㅣ 安其身而後에아 動하며
군 자　 안 기 신 이 후　　동

군자가 그 몸을 편안히 한 뒤에야 움직이며

易其心而後에아 語하며
이 기 심 이 후　　어

그 마음을 安易(안이) 한 뒤에야 말하며

定其交而後에아 求하나니
안 기 교 이 후　　구

그 사귐을 정한 뒤에야 요구하나니

君子ㅣ 脩此三者故로 全也하나니
군 자　 수 차 삼 자 고　 전 야

군자가 세 가지를 닦는 자라 고로 온전하나니

危以動하면 則民不與也코
위이동   즉민불여야

위태함으로써 움직이면 곧 백성이 참여하지 않고

懼以語하면 則民不應也코
구이어   즉민불응야

두려움으로써 말하면 곧 백성이 응하지 않고

无交而求하면 則民不與也하나니
무교이구   즉민불여야

사귐이 없이 요구하면 곧 백성이 주지 않나니

莫之與하면 則傷之者ㅣ 至矣나니
막지여   즉상지자   지의

함께하는 이가 없으면 곧 상하게 할 자가 이르나니

易曰 莫益之라 或擊之리니
역왈 막익지   혹격지

역에 가로되 더하여 줌이 없는지라 혹 치려함이리니

立心勿恒이니 凶이라하니라
입심물항   흉

마음을 세워 항상 하지 못하니 흉하다 하니라.

右는 第五章이라
우   제오장

우는 제5장이라.

3 - 2 (6장-1) ——————　——————————————

○ 子曰 乾坤은 其易之門邪ㄴ뎌　　○ 공자 가라사대 건곤은 그 역의 문인져.
　　자왈 건곤　기역지문야

　乾은 陽物也ㅣ오　　　　　　　건은 양의 물건이고
　　건　양물야

　坤은 陰物也ㅣ니　　　　　　　곤은 음의 물건이니
　　곤　음물야

　陰陽이 合德하야　　　　　　　음양이 덕을 합하야
　　음양　합덕

　而剛柔ㅣ 有體라　　　　　　　강과 유가 체가 있는지라
　　이강유　유체

　以體天地之撰하며　　　　　　써 천지의 일을 체득하며
　　이체천지지선

　以通神明之德하니　　　　　　써 신명의 덕을 통하나니
　　이통신명지덕

3 - 2 (6장-2) ——————　——————————————

○ 其稱名也ㅣ 雜而不越하나　　○ 그 이름을 일컬음이 섞이되 넘지 아니하나
　　기칭명야　잡이불월

　於稽其類엔 其衰世之意耶ㄴ뎌　그 유를 상고해보면 그 쇠한 세상의 뜻인져.
　　어계기류　기쇠세지의야

3 - 2 (6장-3) ——————　——————————————

○ 夫易은 彰往而察來하며　　　○ 무릇 역은 지나간 것을 밝히고 미래를 살피며
　　부역　창왕이찰래

　微顯闡幽하며　　　　　　　　나타난 것을 미세하게하고 그윽한 것을 밝히며
　　미현천유

　當名하며 辨物하며　　　　　　이름에 마땅하게 하며 물건을 분별하며
　　당명　변물

　正言하며 斷辭하니 則備矣라　말을 바르게 하며 말을 판단하니
　　정언　단사　즉비의　　　　곧 갖추어져 있느니라.

△'夫易彰往而察來(而)微顯闡幽(開而)當名辨物正言斷辭則備矣'를
　☞'夫易彰往而察來微顯闡幽當名辨物正言斷辭則備矣'로 기록 함
　(전게 書　貞, 465쪽 本義 참조)

○ 其稱名也ㅣ 小하나　　　　　　○ 그 이름을 일컬음이 적으나
　기 칭 명 야　　소

其取類也ㅣ 大하며　　　　　　　그 유를 취함이 크며
기 취 류 야　　대

其旨ㅣ 遠하며 其辭ㅣ 文하며　　그 뜻이 심원하며 그 말이 문채 나며
기 지　원　　　기 사　문

其言이 曲而中하며　　　　　　　그 말이 곡진하되 맞으며
기 언　곡 이 중

其事ㅣ 肆而隱하니　　　　　　　그 일이 베풀되 (이치는) 숨겨 놓았으니
기 사　사 이 은

因貳하야 以濟民行하야　　　　　의심하는 것을 인하야 백성의 행함을
인 이　　　이 제 민 행　　　　　건너 줌으로써

以明失得之報ㅣ니라　　　　　　실과 득의 응보를 밝히느니라.
이 명 실 득 지 보

右는 第六章이라　　　　　　　　우는 제6장이니라
우　　제 육 장

3-2 (7장-1) ―――――   ―――――――――――――

○ 易之興也ㅣ 其於中古乎신뎌   ○ 역의 흥함이 그 중고시대인져
   역지흥야   기어중고호

   作易者ㅣ 其有憂患乎신뎌   역을 지은자 그 근심이 있었음인져.
   작역자   기유우환호

3-2 (7장-2) ―――――   ―――――――――――――

○ 是故로   ○ 이런고로
   시고

   履는 德之基也ㅣ오   이는 덕의 기초함이오.
   리   덕지기야

   謙은 德之柄也ㅣ오   겸은 덕의 자루오.
   겸   덕지병야

   復은 德之本也ㅣ오   복은 덕의 근본이오.
   복   덕지본야

   恒은 德之固也ㅣ오   항은 덕의 굳음이오.
   항   덕지고야

   損은 德之修也ㅣ오   손은 덕의 닦음이오
   손   덕지수야

   益은 德之裕也ㅣ오   익은 덕의 넉넉함이오
   익   덕지유야

   困은 德之辨也ㅣ오   곤은 덕의 분별함이오.
   곤   덕지변야

   井은 德之地也ㅣ오   정은 덕의 땅이오.
   정   덕지지야

   巽은 德之制也ㅣ라   손은 덕의 지음이라. (이상은 九德卦 1陳)
   손   덕지제야

3-2 (7장-3) ―――――   ―――――――――――――

○ 履는 和而至하고   ○ 리는 화하되 지극하고
   리   화이지

   謙은 尊而光하고   겸은 높되 빛나고
   겸   존이광

   復은 小而辨於物하고   복은 작되 물건을 분별하고
   복   소이변어물

323

恒은 雜而不厭하고
항   잡이불염

항은 섞이되 싫어하지 아니하고

損은 先難而後易하고
손   선난이후이

손은 먼저는 어렵되 뒤에는 쉽고

益은 長裕而不設하고
익   장유이불설

익은 길고 넉넉하되 베풀지 아니하고

困은 窮而通하고
곤   궁이통

곤은 궁하되 통하고

井은 居其所而遷하고
정   거기소이천

정은 그 장소에 거하되 옮기고

巽은 稱而隱하니라
손   칭이은

손은 맞추되 숨기니라. (이상은 九德卦 2陳)

3－2 (7장－4) ―――――――   ――――――――――――――――――――

○ 履以和行코
  리이화행

○ 리로써 행동을 화하게 하고

謙以制禮코
겸이제례

겸으로써 예를 제정하고

復以自知코
복이자지

복으로써 스스로 알고

恒以一德코
항이일덕

항으로써 덕을 한결 같이하고

損以遠害코
손이원해

손으로써 해로운 것을 멀리하고

益以興利코
익이흥리

익으로써 이를 흥하게 하고

困以寡怨코
곤이과원

곤으로써 원망을 적게 하고

井以辨義코
정이변의

정으로써 의리를 분별하고

巽以行權하나니라
손이행권

손으로써 권리를 행사하나니라. (이상은 九德卦 3陳)

右는 第七章이라
우   제칠장

우는 제7장이라.

324

3 - 2 (8장-1) ━━━━━━━

━━━━━━━━━━━━━

○易之爲書也ㅣ 不可遠이오
역지위서야   불가원

○ 역의 글됨이 가히 멀리 할 수 없고

爲道也ㅣ 屢遷이라
위도야   누천

도 됨이 여러 번 옮기느니라.

變動不居하야
변동불거

변하고 옮기기 때문에 한 곳에 거하지 아니하야

周流六虛하야
주류육허

육허에 두루 흘러

上下ㅣ 无常하며
상하   무상

오르고 내림에 항상 함이 없으며

剛柔ㅣ 相易하야
강유   상역

강과 유가 서로 바뀌어

不可爲典要ㅣ오
불가위전요

가히 법칙과 요약을 삼지 못하고

唯變所適이니
유변소적

오직 변하여 따라가는 바이니

3 - 2 (8장-2) ━━━━━━━

━━━━━━━━━━━━━

○ 其出入以度하야 外內에 使知懼하며
기출입이도   외내   사지구

○ 그 나고 드는데 법도로써 하여 외내에
두려운 것을 알게 하며

3 - 2 (8장-3) ━━━━━━━

━━━━━━━━━━━━━

○ 又明於憂患與故ㅣ라
우명어우환여고

○ 또한 근심과 걱정과 연고를 밝히는지라

无有師保ㅣ나 如臨父母하니
무유사보   여임부모

(지도해주는) 스승이 없으나 부모가
임하는것과 같으니

3 - 2 (8장-4) ━━━━━━━

━━━━━━━━━━━━━

○初率其辭而揆其方컨대
초솔기사이규기방

○ 처음에 그 말을 따라서 그 방법을
헤아려 보건대

旣有典常이어니와
기유전상

이미 법칙과 상도가 있거니와

苟非其人이면
구 비 기 인

진실로 그 사람이 아니면

道不虛行하나니라
도 불 허 행

도가 헛되어 행하지 아니 하나니라.

右는 第八章이라
우　　 제 팔 장

우는 제8장이라.

3 - 2 (9장-1) ――――――

○ 易之爲書也ㅣ
　　역지위서야

　原始要終하야 以爲質也코
　　원시요종　　　이위질야

　六爻相雜은 唯其時物也ㅣ라
　　육효상잡　　유기시물야

――――――――――――

○ 역의 글됨이

　시초를 근원으로 하여 마침을 살핌으로써
　바탕을 삼고

　육효가 서로 섞이는 것은 오직 그 때와
　물건을 취상함이라.

3 - 2 (9장-2) ――――――

○ 其初는 難知오
　　기초　　난지

　其上은 易知니 本末也ㅣ라
　　기상　　이지　　본말야

　初辭擬之하고 卒成之終하니라
　　초사의지　　　졸성지종

――――――――――――

○ 그 처음(초효)은 알기 어렵고

　그 상(상효)은 알기가 쉬우니 본과 말이라.

　처음 말은 비겨보고 마침내는 마침을
　이루느니라.

3 - 2 (9장-3) ――――――

○ 若夫雜物과 撰德과
　　약부잡물　　선덕

　辨是與非는
　　변시여비

　則非其中爻ㅣ면 不備하리라
　　즉비기중효　　　불비

――――――――――――

○ 만약 섞인 물건과 덕을 가림과

　옳고 그름을 분별하는 것은

　그 가운데 있는 효가 아니면 갖추지
　못할 것이리라.

3 - 2 (9장-4) ――――――

○ 噫라
　　희

　亦要存亡吉凶인댄 則居可知矣어니와
　　역요존망길흉　　　즉거가지의

　知者ㅣ 觀其彖辭하면 則思過半矣리라
　　지자　관기단사　　　즉사과반의

――――――――――――

○ 희라!

　또한 존망과 길흉을 살피고자 하면
　곧 가만히 있어서도 알 수 있거니와

　지혜로운 자가 그 단사를 보면 생각이
　반은 지나리라.

3 – 2 (9장–5) ‒‒‒‒‒‒‒   ‒‒‒‒‒‒‒‒‒‒‒‒‒‒‒‒‒‒‒‒‒‒‒

○ 二與四ㅣ 同功而異位하야   ○ 이효와 사효가 공은 같되 자리가 달라
  이여사   동공이이위

  其善이 不同하니   그 선이 같지 아니하니
  기선   부동

  二多譽코 四多懼는 近也ㄹ새니   이효는 명예가 많고 사효는 두려움이
  이다예   사다구   근야   많은 것은 (오효와) 가깝기 때문이니

  柔之爲道ㅣ   유의 도 됨이
  유지위도

  不利遠者컨마는   먼 것이 이롭지 않건마는
  불리원자

  其要无咎는 其用柔中也ㄹ새라   그 중요함이 허물이 없다는 것은
  기요무구   기용유중야   그 유로 중을 쓰기 때문일새라.

3 – 2 (9장–6) ‒‒‒‒‒‒‒   ‒‒‒‒‒‒‒‒‒‒‒‒‒‒‒‒‒‒‒‒‒‒‒

○ 三與五ㅣ   ○ 삼효와 오효는
  삼여오

  同功而異位하야 三多凶코   공은 같되 자리가 달라서 삼효는 흉이 많고
  동공이이위   삼다흉

  五多功은 貴賤之等也ㄹ새니   오효는 공이 많음은 귀천이 차등 때문이니
  오다공   귀천지등야

  其柔는 危코 其剛은 勝耶ㄴ뎌   그 유는 위태하고 그 강은 이김인져.
  기유   위   기강   승야

  右는 第九章이라   우는 제9장이라.
  우   제구장

3-2 (10장-1) ————————

○ 易之爲書也ㅣ 廣大悉備하야
역지위서야   광대실비

有天道焉하며 有人道焉하며
유천도언   유인도언

有地道焉하니
유지도언

兼三才而兩之라
겸삼재이양지

故로 六이니
고   육

六者는 非他也ㅣ라
육자   비타야

三才之道也ㅣ니
삼재지도야

○ 역의 글됨이 넓고 크며 다 갖추어

하늘의 도가 있으며 사람의 도가 있으며

땅의 도가 있으니

삼재를 겸해서 둘로 하기 때문이라.

고로 육이니

육이라는 것은 다름이 아니라

삼재의 도이니

3-2 (10장-2) ————————

○ 道有變動이라
도유변동

故(로) 曰爻ㅣ오
고   왈효

爻有等이라
효유등

故(로) 曰物이오
고   왈물

物相雜이라
물상잡

故(로) 曰文이오
고   왈문

文不當이라
문부당

○ 도에 변동이 있기 때문이라.

고로 효라 말하고

효에는 차등이 있는지라

고로 물이라 말하고

물은 서로 섞임이라

고로 무늬라 말하고

무늬는 마땅치 않음이라

故로 吉凶이 生焉하니라
고　　길흉　생언

고로 길흉이 생기니라.

△'故로 日爻ㅣ오 爻有等이라 故(로)日物이오 物相雜이라 故(로)日 文이오 文不當
　이라 故(로) 吉凶이 生焉하니라'의 현토 중 '(故로)'의 세 곳 현토는 大山 金碩鎭
　先生,『周易傳義 大全 譯解』下, 1447쪽 참조함.

右는 第十章이라
우　　제십장

우는 제10장이라.

330

3-2 (11장-1) ————————　————————————————

○ **易之興也ㅣ**
역 지 흥 야

　○ 역의 흥함이

　其當殷之末世周之盛德邪ㄴ뎌
　기 당 은 지 말 세 주 지 성 덕 야

　은나라의 말세와 주나라의 성덕에
　해당함인져.

　當文王與紂之事邪ㄴ뎌
　당 문 왕 여 주 지 사 야

　문왕과 주왕의 일에 해당함인져.

　是故로
　시 고

　이런 고로

　其辭ㅣ 危하야 危者를 使平하고
　기 사　　위　　위 자　　사 평

　그 말이 위태해서 위태한자를 하여금
　평이하게하고

　易者를 使傾하니 其道ㅣ 甚大하야
　이 자　　사 경　　기 도　　심 대

　나태한자를 하여금 기울게하니
　그 도가 매우 커서

　百物을 不廢하나
　백 물　　불 폐

　백가지 물건을 없애지 않으나

　懼以終始면 其要ㅣ 无咎리니
　구 이 종 시　　기 요　　무 구

　두려워함으로서 종과 시를 하면
　그 중요함은 허물이 없으리라.

　此之謂易之道也ㅣ라
　차 지 위 역 지 도 야

　이것을 역의 도라 이르니라.

　右는 第十一章이라
　우　　제 십 일 장

　우는 제11장이라.

3 - 2 (12장-1) ———————   ————————————

○ 夫乾은 天下之至健也ㅣ니
　부건　　천하지지건야

○ 무릇 건은 천하의 지극히 건장함이니

德行이 恒易以知險하고
덕행　　항이이지험

덕행이 항상 쉬움으로써 험함을 알고

夫坤은 天下之至順也ㅣ니
부곤　　천하지지순야

무릇 곤은 천하의 지극히 순함이니

德行이 恒簡以知阻하나니
덕행　　항간이지조

덕행이 항상 간단함으로써 막힘을 아나니

3 - 2 (12장-2) ———————   ————————————

○ 能說諸心하며 能研諸慮하야
　능열저심　　　능연저려

○ 능히 마음으로 기뻐하며
　능히 생각을 연마하야

△'能說諸心能研諸(侯之)慮'를 ☞ '能說諸心能研諸慮'로 기록 함
　(전게 書 貞, 502쪽 本義 참조)

定天下之吉凶하며 成天下之亹亹者ㅣ니
정천하지길흉　　　성천하지미미자

천하의 길함과 흉함을 정하며
천하가 힘써 이루 도록하니

3 - 2 (12장-3) ———————   ————————————

○ 是故로 變化云爲에 吉事ㅣ 有祥이라
　시고　　변화운위　길사　유상

○ 이런 고로 변하고 화하고 말하고
　행함에 길한 일이 상서로 움이 있느니라.

象事하야 知器하며 占事하야 知來하나니
상사　　지기　　　점사　　지래

일을 형상하여 그릇을 알며 일을
점처서 오는 것을 아나니

3 - 2 (12장-4) ———————   ————————————

○ 天地設位에 聖人이 成能하니
　천지설위　성인　　성능

○ 천지가 위를 베풀어 졌음에 성인이
　능함을 이루나니

人謀鬼謀에 百姓이 與能하나니라
인모귀모　　백성　여능

사람이 꾀하며 귀신이 꾀함에 백성이
능함에 참여할 수 있느니라.

3 - 2 (12장 - 5) ━━━━━━━━ ━━━━━━━━━━━━━━━━━━━━━━━

○ 八卦는 以象告하고 　　　　　　　○ 팔괘는 상으로써 고하고
　 팔괘　　이상고

　 爻象은 以情言하니 　　　　　　　　효사와 단사는 실정으로써 말함이니
　 효단　　이정언

　 剛柔ㅣ 雜居而吉凶을 可見矣라 　　강과 유가 서로 섞이어서 거함에 길하고
　 강유　　잡거이길흉　 가견의 　　　흉함을 가히 볼 수 있느니라.

3 - 2 (12장 - 6) ━━━━━━━━ ━━━━━━━━━━━━━━━━━━━━━━━

○ 變動은 以利言하고 　　　　　　　 ○ 변동은 이로써 말하고
　 변동　　이이언

　 吉凶은 以情遷이라 　　　　　　　　 길흉은 실정으로써 옮겨지니라.
　 길흉　　이정천

　 是故로 　　　　　　　　　　　　　　이런 고로
　 시고

　 愛惡ㅣ 相攻而吉凶이 生하며 　　　사랑과 미워함이 서로 공격해서
　 애오　　상공이길흉　 생 　　　　　길흉이 생기며

　 遠近이 相取而悔吝이 生하며 　　　멀고 가까운 것이 서로 취하여
　 원근　　상취이회린　 생 　　　　　후회와 인색함이 생기며

　 情僞ㅣ 相感而利害ㅣ 生하나니 　　참과 거짓이 서로 느껴 이로움과
　 정위　　상감이이해　 생 　　　　　해로움이 생기나니

　 凡易之情이 近而不相得하면 　　　 모든 역의 정이 가까우면서 서로 얻지 못하면
　 범역지정　　근이불상득

　 則凶或害之하며 悔且吝하나니라 　흉하거나 혹 해치며 후회스럽고 인색하나니라.
　 즉흉혹해지　　 회차린

3 - 2 (12장 - 7) ━━━━━━━━ ━━━━━━━━━━━━━━━━━━━━━━━

○ 將叛者는 其辭ㅣ 慙하고 　　　　　○ 장차 배반하려는 사람은 그 말이
　 장반자　　기사　 참 　　　　　　　부끄럽고

　 中心疑者는 其辭ㅣ 枝하고 　　　　속마음이 의심스런 사람은 그 말이
　 중심의자　　기사　 지 　　　　　　가지가 나고

　 吉人之辭는 寡하고 躁人之辭는 多하고　 길한 사람의 말은 적고
　 길인지사　 과　 조인지사　 다 　　　 조급한 사람의 말은 많고

誣善之人은 其辭ㅣ 游하고
무선지인   기사   유

거짓 선한체하는 사람은 그 말이 놀고

失其守者는 其辭ㅣ 屈하니라
실기수자   기사   굴

그 지킴을 잃은 사람은 그 말이 비굴하니라.

右는 第十二章이라
우   제십이장

우는 제12장이라.

說卦傳

설 괘 전

3 - 3 (1장-1) ― ― ― ― ― ―   ― ― ― ― ― ― ― ― ― ― ― ―

○ 昔者聖人之作易也에   ○ 옛적 성인이 역을 지음에
　　석 자 성 인 지 작 역 야

　幽贊於神明而生蓍하고   　그윽하게 신명을 도와서 시초를 내고
　　유 찬 어 신 명 이 생 시

3 - 3 (1장-2) ― ― ― ― ― ―   ― ― ― ― ― ― ― ― ― ― ― ―

○ 參天兩地而倚數하고   ○ 하늘은 셋으로 땅은 둘로 해서 수를 붙이고
　　삼 천 양 지 이 의 수

3 - 3 (1장-3) ― ― ― ― ― ―   ― ― ― ― ― ― ― ― ― ― ― ―

○ 觀變於陰陽而立卦하고   ○ 음양의 변화를 봐서 괘를 세우고
　　관 변 어 음 양 이 입 괘

　發揮於剛柔而生爻하니   　강유를 발휘해서 효를 낳으니
　　발 휘 어 강 유 이 생 효

3 - 3 (1장-4) ― ― ― ― ― ―   ― ― ― ― ― ― ― ― ― ― ― ―

○ 和順於道德而理於義하며   ○ 도덕에 화순하고 의리에 다스리게 하며
　　화 순 어 도 덕 이 이 어 의

　窮理盡性하야 以至於命하니라   　이치를 궁구하고 본성을 다하여서
　　궁 리 진 성　　　이 지 어 명   　천명에 이르게 하니라.

　右는 第一章이라   　우는 제1장이라.
　　우　　　제 일 장

336

3 - 3 (2장-1) ----------

○ **昔者聖人之作易也는**
석 자 성 인 지 작 역 야

○ 옛적 성인이 역을 지음은

將以順性命之理니
장 이 순 성 명 지 리

장차 성명의 이치에 순응함이니

是以
시 이

이로써

立天之道曰陰與陽이오
입 천 지 도 왈 음 여 양

하늘의 도를 세움을 가로되 음과 양이오,

立地之道曰柔與剛이오
입 지 지 도 왈 유 여 강

땅의 도를 세움을 가로되 유와 강이오,

立人之道曰仁與義니
입 인 지 도 왈 인 여 의

사람의 도를 세움을 가로되 인과 의이니

兼三才而兩之라
겸 삼 재 이 양 지

삼재를 겸해서 둘로 하니라

故로 易이 六畫而成卦하고
고   역   육 획 이 성 괘

고로 역이 육획으로 괘를 이루고

分陰分陽하며 迭用柔剛이라
분 음 분 양   질 용 유 강

음을 나누고 양을 나누며 번갈아
유와 강을 쓰니라.

故로 易이 六位而成章하니라
고   역   육 위 이 성 장

고로 역이 여섯 자리로 해서 문장을
이루니라.

右는 第二章이라
우   제 이 장

우는 제2장이라.

3 - 3 (3장-1) ──────── ────────────────────

○ 天地ㅣ 定位에 山澤이 通氣하며   ○ 천지가 자리를 정함에 산과 못이
　 천지　　정위　　산택　　통기　　　　　기운을 통하며

　△원문 참고 書『周易』〈附諺解 貞〉에는 '天地ㅣ 定位(하여)'의 현토로 되어 있으나,
　 '天地ㅣ 定位(에)'로 기록함은 也山先師의 현토 임
　 (眞山 文明洙先師,『周易講座』下經, 345쪽-346쪽 해설 참조)

　 雷風이 相薄하며　　　　　　　　우레와 바람이 부딪히며
　　뇌풍　　상박

　 水火ㅣ 不相射하야 八卦相錯하니　물과 불이 서로 쏘지 않아서 팔괘가 서로 섞이니
　　수화　불상석　　　팔괘상착

3 - 3 (3장-2) ──────── ────────────────────

○ 數往者는 順코　　　　　　　　　○ 가는 것을 세는 것은 순하고
　 수왕자　　순

　 知來者는 逆하니　　　　　　　　오는 것을 아는 것은 거스름이니
　　지래자　　역

　 是故로 易은 逆數也ㅣ라　　　　　이런 고로 역은 거슬러 세는 것이니라.
　　시고　　역　　역수야

　 右는 第三章이라　　　　　　　　우는 제3장이라.
　　우　　제삼장

3 - 3 (4장-1) ————————　　　———————————————

○ 雷以動之코 風以散之코
　뇌이동지　　풍이산지

　　　雨以潤之코 日以烜之코
　　　우이윤지　　일이훤지

　　　艮以止之코 兌以說之코
　　　간이지지　　태이열지

　　　乾以君之코 坤以藏之하나니라
　　　건이군지　　곤이장지

　　　右는 第四章이라
　　　우　　제사장

○ 우레로써 움직이고 바람으로써 흩어지고

　비로써 윤택하고 해로써 말리고

　간으로써 그치고 태로써 기뻐하고

　건으로써 주장하고 곤으로써 감추느니라.

　우는 제4장이라.

3-3 (5장-1) ───────── ───────────────────────

○ 帝ㅣ 出乎震하야 齊乎巽하고
　제　출호진　　제호손

　相見乎離하고 致役乎坤하고
　상　견호리　　치역호곤

　說言乎兌하고 戰乎乾하고
　열언호태　　　전호건

　勞乎坎하고 成言乎艮하니라
　노호감　　　성언호간

○ 제가 진에서 나와 손에서 가지런하고

　리에서 상견하고 곤에서 역사(役事)를 이루고

　태에서 기뻐하고 건에서 싸우고

　감에서 위로하고 간에서 이룬다 말 하니라.

3-3 (5장-2) ───────── ───────────────────────

○ 萬物이 出乎震하니 震은 東方也ㅣ라
　만물　출호진　　진　동방야

　齊乎巽하니 巽은 東南也ㅣ니
　제호손　　　손　동남야

　齊也者는 言萬物之潔齊也ㅣ라
　제야자　　언만물지결제야

　離也者는 明也ㅣ니
　리야자　　명야

　萬物이 皆相見할새니 南方之卦也ㅣ니
　만물　개상견　　　남방지괘야

　聖人이 南面而聽天下하야
　성인　　남면이청천하

　嚮明而治하니 蓋取諸此也ㅣ라
　향명이치　　　개취저차야

　坤也者는 地也ㅣ니
　곤야자　　지야

　萬物이 皆致養焉할새
　만물　　개치양언

　故로 曰致役乎坤이라
　고　　왈치역호곤

　兌는 正秋也ㅣ니
　태　　정추야

○ 만물이 진에서 나오니 진은 동방이라.

　손에서 가지런하니 손은 동남방이니

　제라는 것은 만물이 깨끗하게 가지런히
　하는 것을 말함이니라

　리라는 것은 밝음이니

　만물이 다 서로 봄이니 남방의 괘이니

　성인이 얼굴을 남쪽으로 해서 천하의 말
　(백성들의 말)을 들어

　밝은 곳을 향하여 다스리니 대개
　이것에서 취하나라.

　곤이라는 것은 땅이니

　만물이 다 (땅으로 인하여) 길러짐을
　이루기 때문일새

　고로 가로되 곤에서 역사(役事)를 이룬다
　하나라.

　태는 정히 가을이니

萬物之所說也ㄹ새
만물 지 소 열 야

만물이 기뻐하는 바이기 때문일새

故로 日說言乎兌라
고 　 왈 열 언 호 태

고로 가로되 태괘에서 기뻐한다고 말 하니라.

戰乎乾은 乾은 西北之卦也ㅣ니
전 호 건 　 건 　 서 북 지 괘 야

건에서 싸운다함은 건은 서북방의 괘이니

言陰陽相薄也ㅣ라
언 음 양 상 박 야

음양이 서로 부딪침을 말함이라.

坎者는 水也ㅣ니
감 자 　 수 야

감이라는 것은 물이니

正北方之卦也ㅣ니 勞卦也ㅣ니
정 북 방 지 괘 야 　 　 노 괘 야

정북방의 괘이니 위로하는 괘이니

萬物之所歸也ㄹ새
만 물 지 소 귀 야

만물이 돌아가는 바이기 때문일새

故로 日勞乎坎이라
고 　 왈 노 호 감

고로 가로되 감에서 위로한다 하니라.

艮은 東北之卦也ㅣ니
간 　 동 북 지 괘 야

간은 동북방의 괘이니

萬物之所成終而所成始也ㄹ새
만 물 지 소 성 종 이 소 성 시 야

만물이 마침을 이루는 바이고 시작을
이루는 바이기 때문일새

故로 日成言乎艮이라
고 　 왈 성 언 호 간

고로 가로되 간에서 이룬다고 말 하니라.

右는 第五章이라
우 　 제 오 장

우는 제5장이라.

3－3 (6장－1) －－－－－－－－　　－－－－－－－－－－－－－－－－－－－－－

○ 神也者는 妙萬物而爲言者也ㅣ니
　신야자　　묘만물이위언자야

○ 신이라는 것은 만물을 현묘하게 함을
　말함이니

動萬物者ㅣ 莫疾乎雷하고
동만물자　　막질호뢰

만물을 움직이는 것이 우레보다
빠른 것이 없고

撓萬物者ㅣ 莫疾乎風하고
요만물자　　막질호풍

만물을 흔들리게 하는 것이 바람보다
빠른 것이 없고

燥萬物者ㅣ 莫熯乎火하고
조만물자　　막한호화

만물을 말리는 것이 불보다 말리는
것이 없고

說萬物者ㅣ 莫說乎澤하고
열만물자　　막열호택

만물을 기쁘게 하는 것이 못보다
기쁘게 하는 것이 없고

潤萬物者ㅣ 莫潤乎水하고
윤만물자　　막윤호수

만물을 윤택하게 하는 것이
물보다 윤택하게 하는 것이 없고

終萬物始萬物者ㅣ 莫盛乎艮하니
종만물시만물자　　　막성호간

만물을 마치게 하고 만물을 시작하게
하는 것이 간보다 성대한 것이 없으니

故로 水火ㅣ 相逮하며
고　　수화　　상체

고로 물과 불이 서로 미치며(따르며)

雷風이 不相悖하며
뇌풍　　불상패

우레와 바람이 서로 거스르지 아니하며

山澤이 通氣然後에아
산택　　통기연후

산과 못이 기운을 통한 뒤에야

能變化하야 旣成萬物也하니라
능변화　　　기성만물야

능히 변화해서 이미 만물을 이루었느니라.

右는 第六章이라
우　　제육장

우는 제6장이라.

3-3 (7장-1) ----------　----------------------

○ 乾은 健也ㅣ오　　　　　　○ 건은 굳셈이오,
　　건　　건야

　坤은 順也ㅣ오　　　　　　　곤은 순함이오,
　　곤　　순야

　震은 動也ㅣ오　　　　　　　진은 움직임오,
　　진　　동야

　巽은 入也ㅣ오　　　　　　　손은 들어감이오,
　　손　　입야

　坎은 陷也ㅣ오　　　　　　　감은 빠짐이오,
　　감　　함야

　離는 麗也ㅣ오　　　　　　　리는 걸림이오,
　　리　　리야

　艮은 止也ㅣ오　　　　　　　간은 그침이오,
　　간　　지야

　兌는 說也ㅣ라　　　　　　　태는 기뻐함이니라.
　　태　　열야

　右는 第七章이라　　　　　　우는 제7장이라.
　　우　　제칠장

3 - 3 (8장-1) ------------   ---------------------------

○ 乾爲馬ㅣ오 坤爲牛ㅣ오
   건 위 마   곤 위 우

  震爲龍이오 巽爲雞ㅣ오
   진 위 용   손 위 계

  坎爲豕ㅣ오 離爲雉ㅣ오
   감 위 시   리 위 치

  艮爲狗오 兌爲羊이라
   간 위 구   태 위 양

  右는 第八章이라
   우   제 팔 장

○ 건은 말이 되고, 곤은 소가 되고

  진은 용이 되고, 손은 닭이 되고

  감은 돼지가 되고, 리는 꿩이 되고

  간은 개가 되고, 태는 양이 되니라.

  우는 제8장이라.

3 - 3 (9장-1) —————— ——————————————————

○乾爲首ㅣ오 坤爲腹이오
　건위수　　　곤위복

○ 건은 머리가 되고, 곤은 배가 되고

震爲足이오 巽爲股ㅣ오
　진위족　　　손위고

진은 발이 되고, 손은 넓적다리가 되고

坎爲耳ㅣ오 離爲目이오
　감위이　　　이위목

감은 귀가 되고, 리는 눈이 되고

艮爲手ㅣ오 兌爲口ㅣ라
　간위수　　　태위구

간은 손이 되고, 태는 입이 되니라.

右는 第九章이라
　우　　제구장

우는 제9장이라.

345

3 - 3 (10장-1) ――――――　―――――――――――――

○ 乾은 天也ㅣ라 故로 稱乎父ㅣ오　　○ 건은 하늘이라 고로 아버지라 칭하고
　건　　천야　　　고　　칭호부

坤은 地也ㅣ라 故로 稱乎母ㅣ오　　　곤은 땅이라 고로 어머니라 칭하고
곤　　지야　　　고　　칭호모

震은 一索而得男이라 故로 謂之長男이오　진은 한번 구해서 남자를 얻음이라
진　　일색이득남　　　고　　위지장남　　　고로 장남이라 이르고

巽은 一索而得女ㅣ라 故로 謂之長女ㅣ오　손은 한번 구해서 여자를 얻음이라
손　　일색이득녀　　　고　　위지장녀　　　고로 장녀라 이르고

坎은 再索而得男이라 故로 謂之中男이오　감은 두 번 구해서 남자를 얻음이라
감　　재색이득남　　　고　　위지중남　　　고로 중남이라 이르고

離는 再索而得女ㅣ라 故로 謂之中女ㅣ오　리는 두 번 구해서 여자를 얻음이라
리　　재색이득녀　　　고　　위지중녀　　　고로 중녀라 이르고

艮은 三索而得男이라 故로 謂之少男이오　간은 세 번 구해서 남자를 얻음이라
간　　삼색이득남　　　고　　위지소남　　　고로 소남이라 이르고

兌는 三索而得女ㅣ라 故로 謂之少女ㅣ라　태는 세 번 구해서 여자를 얻음이라
태　　삼색이득녀　　　고　　위지소녀　　　고로 소녀라 이르니라.

右는 第十章이라　　　　　　　　　　우는 제10장이라.
우　　제십장

3 - 3 (11장-1) --------
○ 乾은
  건

  爲天 爲圜 爲君 爲父 爲玉
  위천 위원 위군 위부 위옥

  爲金 爲寒 爲氷 爲大赤 爲良馬
  위금 위한 위빙 위대적 위양마

  爲老馬 爲瘠馬 爲駁馬 爲木果ㅣ라
  위노마 위척마 위박마 위목과

○ 건은

  하늘이 되고, 둥근 것이 되고, 임금이 되고,
  아버지가 되고, 구슬이 되고,

  금이 되고, 추운 것이 되고, 얼음이 되고,
  크게 붉은 것이 되고, 좋은 말이 되고,

  늙은 말이 되고, 야윈 말이되고, 얼룩
  말이 되고, 나무 열매가 되니라.

3 - 3 (11장-2) --------
○ 坤은
  곤

  爲地 爲母 爲布 爲釜
  위지 위모 위포 위부

  爲吝嗇 爲均 爲子母牛
  위인색 위균 위자모우

  爲大輿 爲文 爲衆 爲柄이오
  위대여 위문 위중 위병

  其於地也에 爲黑이라
  기어지야   위흑

○ 곤은

  땅이 되고, 어머니가 되고, 펴는 것이 되고,
  솥이 되고,

  인색함이 되고, 고른 것이 되고,
  새끼 달린 어미소가 되고,

  큰 수레가 되고, 무늬가 되고, 무리가 되고,
  자루가 됨이오,

  그 땅에는 검은 빛이 되니라.

3 - 3 (11장-3) --------
○ 震은
  진

  爲雷 爲龍 爲玄黃 爲敷
  위뢰 위룡 위현황 위부

  爲大塗 爲長子 爲決躁
  위대도 위장자 위결조

  爲蒼莨竹 爲萑葦오
  위창랑죽 위환위

○ 진은

  우레가 되고, 용이 되고,
  검고 누런 것이 되고, 폄이 되고,

  큰 길이 되고, 장자가 되고,
  결단하고 조급함이 되고,

  푸른 대가 되고, 갈대가 됨이오,

其於馬也에 爲善鳴
기어마야　위선명

그 말에 잘 우는 말이 되고,

爲馵足 爲作足 爲的顙이오
위주족　위작족　위적상

말 발이 흰 것이 되고, 뒷발질 잘하는 말발,
이마가 흰털가진 말이 됨이오,

其於稼也에 爲反生이오
기어가야　위반생

그 심는 데는 도로 나는 것이 됨이오,

其究ㅣ 爲健이오 爲蕃鮮이라
기구　위건　위번선

그 궁구함에는 굳셈이 되고, 번성하고
고운 것이 되니라.

3－3 (11장－4) ―――――― ――――――――――――――――――

○ 巽은
손

○ 손은

爲木 爲風 爲長女 爲繩直
위목 위풍 위장녀 위승직

나무가 되고, 바람이 되고, 장녀가 되고,
먹줄이 곧음이 되고

爲工 爲白 爲長 爲高
위공 위백 위장 위고

장인이 되고, 흰 것이 되고, 긴 것이 되고,
높은 것이 되고,

爲進退 爲不果 爲臭오
위진퇴 위불과 위취

나아가고 물러남이 되고, 과감하지
못함이 되고, 냄새가 됨이오,

其於人也애 爲寡髮
기어인야　위과발

그 사람에는 털이 적은 것이 되고,

爲廣顙 爲多白眼
위광상 위다백안

이마가 넓은 것이 되고, 눈에 흰자위가
많음이 되고,

爲近利市三倍오
위근리시삼배

이익을 가까이해서 저자에서 삼배를
얻음이 됨이오,

其究ㅣ 爲躁卦라
기구　위조괘

그 궁구함이 조급한 괘가 되니라.

3－3 (11장－5) ―――――― ――――――――――――――――――

○ 坎은
감

○ 감은

爲水 爲溝瀆 爲隱伏
위수 위구독 위은복

물이 되고, 도랑이 되고, 숨어 엎드림이 되고,

爲矯輮 爲弓輪이오
위교유 위궁륜

굽은 것을 펴고 곧은 것을 구부림이 되고,
활과 수레바퀴가 됨이오,

其於人也에 爲加憂 爲心病
기어인야　위가우 위심병

그 사람에는 근심을 더함이 되고, 심장병이 되고,

爲耳痛 爲血卦 爲赤이오
위 이 통 위 혈 괘 위 적

귀앓이가 되고, 피괘가 되고, 붉은 것이 됨이오,

其於馬也에 爲美脊
기 어 마 야　 위 미 척

그 말에는 아름다운 말 등이 되고,

爲亟心 爲下首
위 극 심 위 하 수

마음이 급한 말이 되고, 머리를 떨구는 말이 되고,

爲薄蹄 爲曳ㅣ오
위 박 제 위 예

발꿈치가 엷은 말이 되고, 끄는 말이 됨이오,

其於輿也에 爲多眚이오
기 어 여 야　 위 다 생

그 수레에는 재앙이 많음이 됨이오,

爲通 爲月 爲盜ㅣ오
위 통 위 월 위 도

통하는 것이 되고, 달이 되고, 도적이 됨이오,

其於木也에 爲堅多心이라
기 어 목 야　 위 견 다 심

그 나무에는 굳은 심이 많은 나무가 되니라.

3 - 3 (11장-6) ―――――――　――――――――――――――――

○ 離는
　　리

○ 리는

爲火 爲日 爲電 爲中女
위 화 위 일 위 전 위 중 녀

불이되고, 해가 되고, 번개가 되고, 중녀가 되고,

爲甲冑 爲戈兵이오
위 갑 주 위 과 병

갑옷과 투구가 되고, 창과 병기가 됨이오,

其於人也에 爲大腹이오
기 어 인 야　 위 대 복

그 사람에게 큰 배가 됨이오,

爲乾卦 爲鱉 爲蟹
위 건 괘 위 별 위 해

건괘가 되고, 자라가 되고, 게가 되고,

爲蠃 爲蚌 爲龜오
위 라 위 방 위 귀

소라가 되고, 조개가 되고, 거북이 됨이오,

其於木也에 爲科上槁라
기 어 목 야　 위 과 상 고

그 나무는 속이 비고 위가 마른나무가 되니라.

3 - 3 (11장-7) ―――――――　――――――――――――――――

○ 艮은
　　간

○ 간은

爲山 爲徑路 爲小石
위 산 위 경 로 위 소 석

산이 되고, 지름길이 되고, 작은 돌멩이가 되고,

爲門闕 爲果蓏 爲閽寺 爲指
위 문 궐 위 과 라 위 혼 시 위 지

문과 큰문이 되고, 과일과 풀 열매가 되고, 내시가 되고, 손가락이 되고,

爲狗 爲鼠 爲黔喙之屬 l 이오
위구 위서 위검 훼지속

개가 되고, 쥐가 되고, 검은 부리의
날짐승이 됨이오.

其於木也에 爲堅多節이라
기어목야   위견다절

그 나무는 굳고 마디가 많은 나무가 되니라.

3 - 3 (11장-8) ―

○ 兌는
  태

○ 태는

爲澤 爲少女 爲巫 爲口舌
위택 위소녀 위무 위구설

못이 되고, 소녀가 되고, 무당이 되고,
입과 혀가 되고,

爲毁折 爲附決이오
위훼절 위부결

해지고 끊어짐이 되고, 아부하고
결단함이 됨이오,

其於地也에 爲剛鹵 l 오
기어지야   위강로

그 땅에는 강하고 짠 것이 됨이오,

爲妾 爲羊이라
위첩 위양

첩이 되고 양이 되니라.

右는 第十一章이라
우   제십일장

우는 제 11장이라.

350

序卦傳

서괘전

3 - 4 (상편-1) ─────────

○ 有天地然後에 萬物니 生焉하니
　유천지연후　만물　생언

○ 하늘과 땅(건 ☰ 과 곤 ☷)이 있은 뒤에 만물이 생기니

3 - 4 (상편-2) ─────────

○ 盈天地之間者ㅣ 唯萬物이라
　영천지지간자　유만물

○ 하늘과 땅 사이에 기득 찬 것이 오직 만물이라.

故로 受之以屯하니
고　수지이둔

고로 둔괘(☵)로써 받으니.

屯者는 盈也ㅣ니
둔자　영야

둔이라는 것은 찬 것이니

屯者는 物之始生也ㅣ라
둔자　물지시생야

둔이라는 것은 만물이 비로소 생김이라.

3 - 4 (상편-3) ─────────

○ 物生必蒙이라
　물생필몽

○ 만물이 생기면 반드시 어리기 때문이라.

故로 受之以蒙하니
고　수지이몽

고로 몽괘(☶)로써 받으니

蒙者는 蒙也ㅣ니 物之穉也ㅣ라
몽자　몽야　물지치야

몽이라는 것은 어림이니 물건의 어림이라.

物穉不可不養也ㅣ라
물치불가불양야

물건이 어림으로 가히 기르지 않을 수 없는지라

故로 受之以需하니
고　수지이수

고로 수괘(☴)로써 받으니

需者는 飮食之道也ㅣ라
수자　음식지도야

수라는 것은 음식의 도이니라.

飮食必有訟이라
음식필유송

음식은 반드시 송사가 있음이라

故로 受之以訟하고
고　수지이송

고로 송괘(☵)로써 받고

3 - 4 (상편-4) ----------　　　---------------------------

○ **訟必有衆起라**
　　송 필유 중 기

○ 송사는 반드시 무리로 일어 나나니라.

　故로 受之以師하고
　　고　　수 지 이 사

　고로 사괘(䷆)로써 받고,

　師者는 衆也ㅣ니 衆必有所比라
　　사 자　　중 야　　　중 필유 소 비

　사는 무리니 무리는 반드시 돕는 바가 있느니라.

　故로 受之以比하고
　　고　　수 지 이 비

　고로 비괘(䷇)로써 받고

3 - 4 (상편-5) ----------　　　---------------------------

○ **比者는 比也ㅣ니 比必有所畜이라**
　　비 자　　비 야　　　비 필유 소 축

○ 비라는 것은 도움이니,
　　도우면 반드시 쌓는 바가 있느니라.

　故로 受之以小畜하고
　　고　　수 지 이 소 축

　고로 소축괘(䷈)로서 받고

　物畜然後에 有禮라
　　물 축 연 후　　유 례

　물건이 쌓인 뒤에 예절이 있느니라.

　故로 受之以履하고
　　고　　수 지 이 리

　고로 리괘(䷉)로써 받고

3 - 4 (상편-6) ----------　　　---------------------------

○ **履而泰然後에 安이라**
　　리 이 태 연 후　　안

○ 이행하여 태평한 연후에 편안하니라.

　故로 受之以泰하고
　　고　　수 지 이 태

　고로 태괘(䷊)로써 받고

　泰者는 通也ㅣ니 物不可以終通이라
　　태 자　통 야　　　물 불 가 이 종 통

　태라는 것은 통함이니 물건이 끝까지
　통할 수 없느니라.

　故로 受之以否하고
　　고　　수 지 이 비

　고로 비괘(䷋)로써 받고

3 - 4 (상편-7) ----------　　　---------------------------

○ **物不可以終否라**
　　물 불 가 이 종 비

○ 물건은 가히 끝까지 비색하지 않는지라

　故로 受之以同人하고
　　고　　수 지 이 동 인

　고로 동인괘(䷌)로써 받고

　與人同者는 物必歸焉이라
　　여 인 동 자　　물 필 귀 언

　사람과 더불어 함께하는 것은
　물건은 반드시 도는 지라

故로 受之以大有하고
고　　수지이대유

고로 대유괘(䷍)로써 받고

3 - 4 (상편-8) ─────────　─────────────────

○ **有大者는 不可以盈이라**
유대자　　불가이영

○ 큰 것을 둔자는 가히 써 가득차면 아니 되느라.

故로 受之以謙하고
고　　수지이겸

고로 겸괘(䷏)로써 받고

有大而能謙이 必豫라
유대이능겸　　필예

큰 것을 두고도 겸손할 수 있음이
반드시 즐거우니라.

故로 受之以豫하고
고　　수지이예

고로 예괘(䷏)로써 받고

3 - 4 (상편-9) ─────────　─────────────────

○ **豫必有隨ㅣ라**
예필유수

○ 예는 반드시 따름이 있는지라

故로 受之以隨하고
고　　수지이수

고로 수괘(䷐)로써 받고

以喜隨人者ㅣ 必有事ㅣ라
이희수인자　　필유사

기쁨으로써 사람을 따르는 것은
반드시 일이 있는지라

故로 受之以蠱하고
고　　수지이고

고로 고괘(䷑)로써 받고

3 - 4 (상편-10) ─────────　─────────────────

○ **蠱者는 事也ㅣ니 有事而後에 可大ㅣ라**
고자　　사야　유사이후　가대

○ 고라는 것은 일이니 일이 있은 뒤에
가히 크니라

故로 受之以臨하고
고　　수지이림

고로 임괘(䷒)로써 받고

臨者는 大也ㅣ니 物大然後에 可觀이라
임자　대야　물대연후　가관

임이라는 것은 큰 것이니 물건이 커진
연후에 가히 볼 수 있느니라

故로 受之以觀하고
고　　수지이관

고로 관괘(䷓)로써 받고

3 - 4 (상편-11) ─────────　─────────────────

○ **可觀而後에 有所合이라**
가관이후　　유소합

○ 가히 볼 수 있은 뒤에 합치는 바가 있느니라.

故로 受之以噬嗑하고
고　　수지이서합

고로 서합괘(䷔)로써 받고

嗑者는 合也ㅣ니 物不可以苟合而已라
합자　합야　　　물불가이구합이이

씹는 것은 합함이니 물건이 가히 써
구차하게 합하지만 않는지라

故로 受之以賁하고
고　　수지이비

고로 비괘(䷕)로써 받고

3 - 4 (상편-12) ————————　——————————————

○ 賁者는 飾也ㅣ니 致飾然後에 亨則盡矣라
　비자　식야　　치식연후　형즉진의

○ 비라는 것은 꾸밈이니 꾸밈을 이룬 뒤에
형통하면 다함이라.

故로 受之以剝하고
고　　수지이박

고로 박괘(䷖)로써 받고

剝者는 剝也ㅣ니 物不可以終盡이니
박자　박야　　　물불가이종진

박이라는 것은 깎음이니 물건이
가히 써 끝까지 다할 수 (깎일 수) 없으니

剝이 窮上反下ㅣ라
박　　궁상반하

박이 위에서 궁해서 아래로 돌아 오니라

故로 受之以復하고
고　　수지이복

고로 복괘(䷗)로써 받고

3 - 4 (상편-13) ————————　——————————————

○ 復則不妄矣라
　복즉불망　의

○ 회복하면 망령되지 않음이라

故로 受之以无妄하고
고　　수지이무망

고로 무망괘(䷘)로써 받고

有无妄然後에 可畜이라
유무망연후　　가축

망령됨이 없은 뒤에 쌓느니라.

故로 受之以大畜하고
고　　수지이대축

고로 대축괘(䷙)로 받고

3 - 4 (상편-14) ————————　——————————————

○ 物畜然後에 可養이라
　물축연후　　가양

○ 물건이 쌓인 뒤에 가히 기르니라

故로 受之以頤하고
고　　수지이이

고로 이괘(䷚)로써 받고

頤者는 養也ㅣ니 不養則不可動이라
이자　양야　　　불양즉불가동

이라는 것은 기름이니 기르지 않으면
가히 움직이지 못하니라

故로 受之以大過하고
고　　수지이대과

고로 대과괘(䷛)로써 받고

○ **物不可以終過ㅣ라**
물불 가이종 과

    故로 受之以坎하고
    고   수 지이감

    坎者는 陷也ㅣ니 陷必有所麗ㅣ라
    감자   함야   함필유소리

    故로 受之以離하니 離者는 麗也ㅣ라
    고   수지이리   리자   리야

    右는 上篇이라
    우   상 편

○ 물건은 가히 써 끝까지 지나칠 수 없는지라

    고로 감괘(☵)로써 받고

    감이라는 것은 빠짐이니 빠지면
    반드시 걸리는 바가 있는지라

    고로 리괘(☲)로써 받으니 리라는 것은
    걸림이니라.

    우는 상편이라.

3 - 4 (하편-1) ――――――― ―――――――――――――――

○ **有天地然後에 有萬物하고**
　유천지연후　　유만물

○ 천지가 있은 연후에 만물이 있고

　有萬物然後에 有男女하고
　유만물연후　　유남녀

　만물이 있은 연후에 남녀가 있고

　有男女然後에 有夫婦하고
　유남녀연후　　유부부

　남녀가 있은 연후에 부부가 있고

　有夫婦然後에 有父子하고
　유부부연후　　유부자

　부부가 있은 연후에 부자가 있고

　有父子然後에 有君臣하고
　유부자연후　　유군신

　부자가 있은 연후에 군신이 있고

　有君臣然後에 有上下하고
　유군신연후　　유상하

　군신이 있은 연후에 상하가 있고

　有上下然後에 禮義有所錯ㅣ니라
　유상하연후　　예의유소조

　상하가 있은 연후에 예의를 둘 바가 있느니라.

　夫婦之道ㅣ 不可以不久也ㅣ라
　부부지도　　불가이불구야

　부부(함 ䷞ 을 말함)의 도가 가히 써 오래지 않을 수 없느니라.

　故로 受之以恒하고
　고　　수지이항

　고로 항괘(䷟)로써 받고

3 - 4 (하편-2) ――――――― ―――――――――――――――

○ **恒者는 久也ㅣ니 物不可以久居其所ㅣ라**
　항자　구야　　물불가이구거기소

○ 항이라는 것은 오램이니 물건이 가히 써 오래 그 자리에 거하지 못하는지라

　故로 受之以遯하고
　고　　수지이돈

　고로 돈괘(䷠)로써 받고

　遯者는 退也ㅣ니 物不可以終遯이라
　돈자　퇴야　　물불가이종돈

　돈이라는 것은 물러섬이니 물건은 가히 써 끝끝내 물러날 수만 없는지라

　故로 受之以大壯하고
　고　　수지이대장

　고로 대장괘(䷡)로써 받고

3 - 4 (하편-3) ――――――― ―――――――――――――――

○ **物不可以終壯이라**
　물불가이종장

○ 물건은 가히 써 끝까지 장할 수 없는지라

故로 受之以晉하고　　　　　　고로 진괘(☲☷)로써 받고
고　　수지이진

晉者는 進也ㅣ니 進必有所傷이라　진이라는 것은 나아감이니 나아가면
진자　　진야　　　진필유소상　　반드시 다치는 바가 있느니라.

故로 受之以明夷하고　　　　　　고로 명이괘(☷☲)로써 받고
고　　　수지이명이

3－4 (하편-4) －－－－－－－　　－－－－－－－－－－－－－－－－－

○ 夷者는 傷也ㅣ니　　　　　　　○ 이라는 것은 다침이니
이자　　　상야

傷於外者ㅣ 必反其家ㅣ라　　　　밖에서 다친 자는 반드시 집으로 돌아 오니라.
상어외자　　필반기가

故로 受之以家人하고　　　　　　고로 가인괘(☴☲)로써 받고
고　　　수지이가인

家道ㅣ 窮必乖라　　　　　　　　집안의 도가 곤궁하면 반드시
가도　　궁필괴　　　　　　　　　(가도가) 어긋나니라

故로 受之以睽하고　　　　　　　고로 규괘(☲☱)로써 받고
고　　　수지이규

3－4 (하편-5) －－－－－－－　　－－－－－－－－－－－－－－－－－

○ 睽者는 乖也ㅣ니 乖必有難이라　○ 규라는 것은 어긋남이니 어긋나면 반드시
규자　　괴야　　　괴필유난　　　어려움이 있는지라

故로 受之以蹇하고　　　　　　　고로 건괘(☵☶)로써 받고
고　　　수지이건

蹇者는 難也ㅣ니 物不可以終難이라　건이라는 것은 어려움이니 물건이 가히
건자　　난야　　　물불가이종난　　써 끝까지 어렵지만 않는지라

故로 受之以解하고　　　　　　　고로 해괘(☳☵)로써 받고
고　　　수지이해

3－4 (하편-6) －－－－－－－　　－－－－－－－－－－－－－－－－－

○ 解者는 緩也ㅣ니 緩必有所失이라　○ 해라는 것은 느슨함이니 느슨하면
해자　　완야　　　완필유소실　　반드시 잃는 바가 있느니라.

故로 受之以損하고　　　　　　　고로 손괘(☶☱)로써 받고
고　　　수지이손

損而不已면 必益이라　　　　　　덜어서 말지 아니하면 반드시 더해짐이라
손필불이　　필익

故로 受之以益하고
고　　　수지이익

고로 반드시 익괘(☲)로써 받고

3 - 4 (하편-7) －－－－－－－

○ 益而不已면 必決ㅣ이라
익이불이　　　필결

○ 더해서 말지 아니하면 반드시 결단 나니라

故로 受之以夬하고
고　　　수지이쾌

고로 쾌괘(☱)로써 받고

夬者는 決也ㅣ니 決必有所遇ㅣ라
쾌자　　결야　　결필유소우

쾌라는 것은 결단함이니 결단하면 반드시 만나는 바가 있느니라.

故로 受之以姤하고
고　　　수지이구

고로 구괘(☴)로써 받고

3 - 4 (하편-8) －－－－－－－

○ 姤者는 遇也ㅣ니 物相遇而後에 聚ㅣ라
구자　　우야　　물상우이후　취

○ 구라는 것은 만남이니 물건이 서로 만난 뒤에 모이니라.

故로 受之以萃하고
고　　　수지이취

고로 취괘(☱)로써 받고

萃者는 聚也ㅣ니 聚而上者를 謂之升이라
취자　　취야　　취이상자　　위지승

취라는 것은 모이는 것이니 모여서 올라가는 것을 '승'이라 이르니라.

故로 受之以升하고
고　　　수지이승

고로 승괘(☷)로써 받고

3 - 4 (하편-9) －－－－－－－

○ 升而不已면 必困이라
승이불이　　필곤

○ 오르기만 하고 말지 아니하면 반드시 곤함이라.

故로 受之以困하고
고　　　수지이곤

고로 곤괘(☱)로써 받고

困乎上者ㅣ 必反下ㅣ라
곤호상자　　필반하

위에서 곤한 자는 반드시 아래로 돌아 오니라.

故로 受之以井하고
고　　　수지이정

고로 정괘(☵)로써 받고

3 - 4 (하편-10) －－－－－－－

○ 井道ㅣ 不可不革이라
정자　　불가불혁

○ 우물의 도는 가히 고치지 아니하지 못하니라

故로 受之以革하고
고　　　수지이혁

고로 혁괘(☲)로써 받고

革物者ㅣ 莫若鼎이라
혁물자　　막약정

물건을 고치는 것은 솥만 같은 것이 없느니라.

故로 受之以鼎하고
고　　수지이정

고로 정괘(☲)로써 받고

3 - 4 (하편-11) ——————

○ 主器者ㅣ 莫若長子ㅣ라
　주기자　　막약장자

○ 그릇을 주관하는 자는 장자만 같은 이가 없느니라.

故로 受之以震하고
고　　수지이진

고로 진괘(☳)로써 받고

震者는 動也ㅣ니
진자　　동야

진이라는 것은 움직임이니

物不可以終動하야 止之라
물불가이종동　　　지지

물건은 가히 써 끝 까지 움직이지 못하여 그치니라

故로 受之以艮하고
고　　수지이간

고로 간괘(☶)로써 받고

3 - 4 (하편-12) ——————

○ 艮者는 止也ㅣ니 物不可以終止라
　간자　　지야　　물불가이종지

○ 간이라는 것은 그침이니 물건은 가히 써 끝 까지 그치지만 못하니라

故로 受之以漸하고
고　　수지이점

고로 점괘(☴)로써 받고

漸者는 進也ㅣ니 進必有所歸라
점자　　진야　　진필유소귀

점이라는 것은 나아감이니 나아가면 반드시 돌아오는 바가 있느니라.

故로 受之以歸妹하고
고　　수지이귀매

고로 귀매괘(☳)로써 받고

3 - 4 (하편-13) ——————

○ 得其所歸者ㅣ 必大ㅣ라
　득기소귀자　　필대

○ 그 돌아올 바를 얻은 자는 반드시 커지느니라.

故로 受之以豐하고
고　　수지이풍

고로 풍괘(☳)로써 받고

豐者는 大也ㅣ니
풍자　　대야

풍이라는 것은 큼이니

窮大者ㅣ 必失其居ㅣ라
궁대자　　필실기거

궁극이 큰 자(큰 것이 궁극에 이른 자)는 반드시 그 거처를 잃느니라.

故로 受之以旅하고
고　　수지이려

3 – 4 (하편–14) ――――――――

○ **旅而无所容이라**
여이무소용

고로 여괘(☲☶)로써 받고

――――――――――――――

○ 나그네로서 포용할 바가 없는지라.

故로 受之以巽하고
고　　수지이손

고로 손괘(☴)로써 받고

巽者는 入也ㅣ니 入而後에 說之라
손자　　입야　　입이후　　열지

손이라는 것은 들어감이니 들어간 뒤에 기뻐하는지라.

故로 受之以兌하고
고　　수지이태

고로 태괘(☱)로써 받고

3 – 4 (하편–15) ――――――――

○ **兌者는 說也ㅣ니 說而後에 散之라**
태자　　열야　　열이후　　산지

――――――――――――――

○ 태라는 것은 기뻐함이니 기뻐한 뒤에 흩어지니라

故로 受之以渙하고
고　　수지이환

고로 환괘(☴☵)로써 받고

渙者는 離也ㅣ니 物不可以終離라
환자　　리야　　　물불가이종리

환이라는 것은 떠남이니 물건은 가히 써 끝까지 떠날 수 없느니라.

故로 受之以節하고
고　　수지이절

고로 절괘(☵☱)로써 받고

3 – 4 (하편–16) ――――――――

○ **節而信之라**
절이신지

――――――――――――――

○ 절도로서 믿음이라.

故로 受之以中孚하고
고　　수지이중부

고로 중부괘(☴☱)로써 받고

3 – 4 (하편–17) ――――――――

○ **有其信者는 必行之라**
유기신자　　필행지

――――――――――――――

○ 그 믿음이 있는 자는 반드시 행하느니라.

故로 受之以小過하고
고　　수지이소과

고로 소과괘(☳☶)로써 받고

3 – 4 (하편–18) ――――――――

○ **有過物者는 必濟라**
유과물자　　필제

――――――――――――――

○ 물을 지남이 있는 자 반드시 건너니라.

故로 受之以旣濟하고
고　　수지이기제

고로 기제괘(䷾)로써 받고

物不可窮也ㅣ라
물불가궁야

물건은 가히 궁하지만은 않느니라.

故로 受之以未濟하야 終焉하니라
고　　수지이미제　　종언

고로 미제괘(䷿)로써 받아서 (서괘를)
마치니라.

右는 下篇이라
우　　하편

우는 하편이라.

雜卦傳

잡괘전

3-5-1 ──────

○ 乾剛坤柔 l 오
건 강 곤 유

○ 건(☰)은 강하고 곤(☷)은 유하고

3-5-2 ──────

○ 比樂師憂 l 라
비 락 사 우

○ 비(☵)는 즐겁고 사(☷)는
근심 하니라.

3-5-3 ──────

○ 臨觀之義는 或與或求 l 라
임 관 지 의   혹 여 혹 구

○ 임(☷)과 관(☴)의 뜻은 혹 주고
혹 구하니라.

3-5-4 ──────

○ 屯은 見而不失其居 l 오
둔   현 이 불 실 기 거

蒙은 雜而著 l 라
몽   잡 이 저

○ 둔(☵)은 나타나되 그 거처를 잃지 않고

몽(☶)은 섞이되 나타 나니라.

3-5-5 ──────

○震은 起也 l 오
진   기 야

艮은 止也 l 라
간   지 야

○ 진(☳)은 일어남이고

간(☶)은 그침이라.

3-5-6 ──────

○ 損益은 盛衰之始也 l 라
손 익   성 쇠 지 시 야

○ 손(☶)과 익(☴)은 성쇠의 시작이니라.

3-5-7 ──────

○ 大畜은 時也 l 오
대 축   시 야

无妄은 災也 l 라
무 망   재 야

○ 대축(☶)은 때이고

무망(☰)은 재앙이니라.

3-5-8 ──────

○ 萃는 聚而升은 不來也 l 라
취   취 이 승   불 래 야

○ 취(☱)는 모임이고 승(☷)은
오지 않음이다.

3 - 5 - 9 ────────

○ 謙은 輕而豫는 怠也ㅣ라
　겸　경이예　　태야

○ 겸(䷎)은 가벼움이고 예(䷏)는 게으름이니라.

3 - 5 - 10 ────────

○ 噬嗑은 食也ㅣ오
　서합　식야

○ 서합(䷔)은 먹음이고

賁은 无色也ㅣ라
비　무색야

비(䷕)는 색이 없음이니라.

3 - 5 - 11 ────────

○ 兌는 見而巽은 伏也ㅣ라
　태　현이손　복야

○ 태(䷹)는 나타남이고 손(䷸)은 엎드림이니라.

3 - 5 - 12 ────────

○ 隨는 无故也ㅣ오 蠱則飭也ㅣ라
　수　무고야　　고즉칙야

○ 수(䷐)는 연고가 없고 고(䷑)는 곧 신칙함이니라.

3 - 5 - 13 ────────

○ 剝은 爛也ㅣ오 復은 反也ㅣ라
　박　난야　　복　반야

○박(䷖)은 헤어짐이고 복(䷗)은 돌아옴이니라.

3 - 5 - 14 ────────

○ 晉은 晝也ㅣ오 明夷는 誅也ㅣ라
　진　주야　　명이　주야

○ 진(䷢)은 낮이고 명이(䷣)는 다침이니라.

3 - 5 - 15 ────────

○ 井은 通而困은 相遇也ㅣ라
　정　통이곤　상우야

○ 정 (䷯)은 통함이고 곤(䷮)은 서로 만남이니라.

3 - 5 - 16 ────────

○ 咸은 速也ㅣ오 恒은 久也ㅣ라
　함　속야　　항　구야

○ 함(䷞)은 빠름이고 항(䷟)은 오래함이니라.

3 - 5 - 17 ────────

○ 渙은 離也ㅣ오 節은 止也ㅣ라
　환　리야　　절　지야

○ 환(䷺)은 떠남이고 절(䷻)은 그침이니라.

3 - 5 - 18 ────────

○ 解는 緩也ㅣ오 蹇은 難也ㅣ라
　해　완야　　건　난야

○ 해(䷧)는 느슨함이고 건(䷦)은 어려움이니라.

3 - 5 - 19

○ 睽는 外也 ㅣ오 家人은 內也 ㅣ라
　　규　　외야　　　가인　　　내야

○ 규(☲☱)는 밖이고 가인(☲☲)은 안이니라.

3 - 5 - 20

○ 否泰는 反其類也 ㅣ라
　　비태　　　반기류야

○ 비(☰☷)와 태(☷☰)는 그 유를 반대로 함이니라.

3 - 5 - 21

○ 大壯則止오 遯則退也 ㅣ라
　　대장즉지　　　돈즉퇴야

○ 대장(☳☰)은 곧 그침이고 돈(☰☶)은 물러섬이다.

3 - 5 - 22

○ 大有는 衆也 ㅣ오 同人은 親也 ㅣ라
　　대유　중야　　　동인　친야

○ 대유(☲☰)는 무리이고 동인(☰☲)은 친함이니라.

3 - 5 - 23

○ 革은 去故也 ㅣ오 鼎은 取新也 ㅣ라
　　혁　거고야　　　정　취신야

○ 혁(☱☲)은 묵은 것을 버림이고 정(☲☴)은 새로움을 취함이니라.

3 - 5 - 24

○ 小過는 過也 ㅣ오 中孚는 信也 ㅣ라
　　소과　과야　　　중부　신야

○ 소과(☳☶)는 지나침이고 중부(☴☱)는 믿음이니라.

3 - 5 - 25

○ 豊은 多故 ㅣ오 親寡는 旅也 ㅣ라
　　풍　다고　　　친과　여야

○ 풍(☳☲)은 연고가 많음이고 친함이 적은 것은 여(☲☶)이니라.

3 - 5 - 26

○ 離는 上而坎은 下也 ㅣ라
　　리　상이감　　하야

○ 리(☲☲)는 올라가고 감(☵☵)은 내려옴이니라.

3 - 5 - 27

○ 小畜은 寡也 ㅣ오 履는 不處也 ㅣ라
　　소축　과야　　　리　불처야

○ 소축(☴☰)은 적은 것이고 리(☰☱)는 처하지 않음이니라.

3 - 5 - 28

○ 需는 不進也 ㅣ오 訟은 不親也 ㅣ라
　　수　부진야　　　송　불친야

○ 수(☵☰)는 나아가지 않음이고 송(☰☵)은 친하지 않음이다.

3 - 5 - 29 ━━━━━━━

○ 大過는 顚也ㅣ라
　 대과　 전야

○ 대과(䷛)는 넘어짐이니라.

3 - 5 - 30 ━━━━━━━

○姤는 遇也ㅣ니 柔遇剛也ㅣ오
　구　 우야　　유우강야

○ 구(䷫)는 만남이니 유가 강을 만남이고

3 - 5 - 31 ━━━━━━━

○漸은 女歸니 待男行也ㅣ라
　점　 여귀　 대남행야

○ 점(䷴)은 여자가 시집감이니
남자를 기다려 행함이니라.

3 - 5 - 32 ━━━━━━━

○ 頤는 養正也ㅣ오
　 이　 양정야

○ 이(䷚)는 바름을 기름이고

3 - 5 - 33 ━━━━━━━

○ 旣濟는 定也ㅣ라
　 기제　 정야

○ 기제(䷾)는 정함이니라.

3 - 5 - 34 ━━━━━━━

○ 歸妹는 女之終也ㅣ오
　 귀매　 여지종야

○ 귀매(䷵)는 여자의 마침이고

3 - 5 - 35 ━━━━━━━

○ 未濟는 男之窮也ㅣ라
　 미제　 남지궁야

○ 미제(䷿)는 남자의 궁함이니라.

3 - 5 - 36 ━━━━━━━

○ 夬는 決也ㅣ라 剛決柔也ㅣ니
　 쾌　 결야　　 강결유야

○ 쾌(䷪)는 결단함이라 강이 유를
결단함이니

　君子道長이오 小人道憂也ㅣ라
　군자도장　　 소인도우야

군자의 도는 자라고
소인의 도는 근심 하니라.

367

海山 李 龍 林

- 제주도 무릉 사장동 출생
- 조선대학교교육대학원 한문교육 전공 (석사)
- 海養 朴奎鉉先師 瑞石山房 『小學』(光州, 1984入門)
- 晩翠 魏啓道先師 三省室 『大學』·『論語』·『孟子』·『中庸』·『詩經』(光州, 1986入門)
- 眞山 文明洙先師 光州羲文學會 『周易』(光州, 1997入門)
- 大山 金碩鎭先師 濟州東方文化振興會周易講義 修了(場所: 小學堂漢文學院 2003~2004)
- 소학당한문학원장 (1989~현재)
- 제주특별자치도노인복지관 『한문』·『생활역학』 강사 (2011~현재)
- 제주대학교 평생교육원 『생활역학상담지도사』·『경서강독지도사』 강사 역임 (2010~2018)
- 개별지도 수업모형에 의한 효율적인 한문문장 이해력 향상 연구 발표 〈제주도교육청. 1993〉
- 『사자소학』(효, 친)
- 『추구』(자연편, 인물편)
- hi - 『한자 포토스토리』(8급)

※ 主要 참조도서 :

1. 眞山 『周易講座』(文明洙 著. 眞山學會, 1995. 3. 1)
2. 『周易傳義大全譯解』(金碩鎭 譯解. 大有學堂, 1996. 2. 11)
3. 『周易印解』(德山 金秀吉 · 乾元 尹相喆 共譯, 1997. 5. 30)

쉽게 읽는 좌우 뜻풀이

周易解(全)

뜻풀이:海山 李 龍 林

2023년 4월 25일 인쇄
2023년 5월 02일 발행
저 자 / 海山 李 龍 林
발행처 / 도서출판 고륜 古輪
· 전화 (02) 745-6745(代)
· 팩스 (02) 745-6748
· E-mail : kr6745@nate.com
· 등록 2002.9.9 제1-3114호

값 30,000원

ⓒ도서출판 고륜 2012, printed in KOREA
ISBN 978-89-90409-92-8